坚守

“指数基金之父”博格的长赢之道

STAY THE COURSE

The Story of Vanguard and the Index Revolution

[美] 约翰·博格 著
(John C. Bogle)

望京博格 李天骋 译

中信出版集团 | 北京

图书在版编目（CIP）数据

坚守：“指数基金之父”博格的长赢之道 /（美）约翰·博格著；望京博格，李天骋译. -- 北京：中信出版社，2020.4

书名原文：Stay the Course

ISBN 978-7-5217-1030-4

Ⅰ. ①坚… Ⅱ. ①约… ②望… ③李… Ⅲ. ①金融投资—经验 Ⅳ. ①F830.59

中国版本图书馆CIP数据核字（2019）第228003号

坚守：“指数基金之父”博格的长赢之道

著　　者：[美]约翰·博格
译　　者：望京博格　李天骋
出版发行：中信出版集团股份有限公司
（北京市朝阳区惠新东街甲4号富盛大厦2座　邮编　100029）
承 印 者：中国电影出版社印刷厂

开　　本：787mm × 1092mm　1/16　　印　　张：20.5　　字　　数：234千字
版　　次：2020年4月第1版　　印　　次：2020年4月第1次印刷
京权图字：01-2019-4111　　广告经营许可证：京朝工商广字第8087号
书　　号：ISBN 978-7-5217-1030-4
定　　价：79.00元

服务热线：400-600-8099
投稿邮箱：author@citicpub.com

即将90岁

即使在我迎来耄耋之年的岁月里，
我也会努力遵循苏格兰人哈利·劳德（1870—1950年）先生
提出的饱含赤诚和激情的忠告：

——

走在正确的道路上

生之归宿，吾之求索。
生命之途，路途漫漫，或喜或悲。
途亦悠悠，心之所向，往复求之。
财之倚身，爱之临门，路途不歇。
坡虽陡，心亦宽，笑颜展，心若定，志若坚，捷径现。
勇做星，路依稀。
生之归宿，吾之求索。
吾之求索……路迢迢，心杲杲，力遥遥，身寥寥，路行不止。
行至终点，欢欣雀跃，世之美好，寤寐求索，跃然眼前。

——

目 录

第二部分

共同基金谱

推荐序

伯顿·马尔基尔

很多金融机构都自称“共同基金”，事实上只是徒有其名。约翰·博格创立的先锋领航集团却是真实践行着“共同”两个字。先锋基金由委托人所有，始终把持有人的利益放在第一位。任何“盈利”最终都以降费的形式返还给持有人。任何新的投资工具，只有当它们能为持有人带来切实利益的时候，才会被创造出来。

我在先锋领航集团董事会任职 28 年。我可以证明，董事会的每项政策都是通过一个简单的标准来确立的：这项政策对个人投资者来说是好还是坏？有趣的是，约翰·博格被戏称为“个人投资者最好的朋友”。我最喜欢的关于博格的描述大概是由一群致力于传播博格投资理念的追随者撰写的。“一些共同基金创始人选择赚取数十亿美元，但（博格创建先锋基金）是为了有所作为。”他们说。

这是多么大的差异！在一个以征收高额费率而闻名的行业中，先锋基金收取的费率是最低的。除此之外，先锋领航集团致力于将规模效应带来的利润分配给持有人，并随着时间的推移坚定不移地降低费率。博格自己的研究也表明，费率是投资业绩最重要的决定因素。

如果你想拥有一只业绩居于前1/4的基金，那么最好的办法就是找一只费率居于后1/4的基金。博格非常有先见之明地提出："投资是一门你投入越少，获得的收益越高的生意。"

较低的费率，仅仅是管理着5万亿美元的先锋领航集团取得巨大商业成功的部分原因。

先锋领航集团在将各式各样的新投资工具推向市场以适应不同投资人群的需求上，也是极具创造力和创新性的。它是第一家推出拥有三种不同久期（短期、中期、长期）的免税债券基金公司。然后它将这个想法扩展到应税债券。先锋领航集团创造了第一个整体债券市场指数基金，然后是第一个平衡型指数基金，同时持有综合债券和权益股票。在不断降低成本的驱动下，先锋领航集团推出"海军上将"系列基金。先锋领航集团在1992年首次引入"因子基金"投资，因此开创了当下非常流行的因子投资先河。

然而，最重要的创新是推出了第一只可供大众投资的指数基金，这项创新使得之前所述的任何成就都黯然失色。在我看来，指数基金是为个人投资者创造的最重要的金融产品。

金融创新经常被贬低，因为金融创新通常与金融工程和复杂的衍生工具相关联，这些工具并未被创造者很好地理解，理所当然地也会被评级机构和投资者误解。这类不幸事件的后果不仅是对不幸的投资者和全球金融机构造成的损失，而且复杂的抵押贷款支持证券的存在也助长了巨大的房地产泡沫。当泡沫破灭时，随之而来的是经济的急剧衰退，其影响实际上颠覆了整个世界的金融体系。正因为如此，人们对这种金融技术的敌意也就好理解了，也难怪许多观察家认为，过去一个世纪唯一有价值的金融创新就是ATM（自动取款机）。

我们可以接受的是，并非所有的金融创新都有利于社会，实际上有些创新是有害的。但是，一味地将所有新的金融工具都看作收益甚微，甚至没有收益，将是一个严重的错误。对我而言，指数基金毫无疑问是我们这个时代最重要的金融创新，对于个人投资者的储蓄和投资来说，它在确保你安全退休方面具有显而易见的好处。

只需要购买并持有整体股票市场指数中所有股票的指数基金，就可以保证投资者获得市场产生的回报率。因为指数基金调仓比较少，它们可以最大限度地降低交易成本。指数基金和 ETF（交易型开放式指数基金）可以以接近零的费率被购买，因此它们第一次使得个人投资者能够获得市场产生的全部回报。

根据标准普尔的研究，截至 2017 年的 15 年间，超过 90% 的主动管理型基金表现落后于其基准指数。主动管理型基金的平均表现与其对等的指数基金每年相差一个百分点。指数基金不提供平均表现：它们为投资者提供前十分位数的回报。指数基金为投资者提供了一个投资储蓄并获得最高回报的理想工具。

约翰·博格创建的“第一只指数投资信托基金”（今天的先锋 500 指数基金），受到专业投资人的嘲笑，它被称为“博格的愚蠢”或“注定的失败”，甚至是“一点儿都不美国”。虽然约翰·博格本人也未曾料到它及其姊妹基金“整体股票市场基金”（Total Stock Market Fund）将成为世界上最大的两只共同基金，但博格确切地知道，他的创新会给普通投资者提供一个公平的选择；并且他管理的先锋基金专注于为委托人实现利益，这将从根本上改变数百万人实现金融安全的能力。

试想一名中等收入的人，在 1977 年年底将初始的 500 美元投入刚刚成立的先锋 500 指数基金，然后每个月从收入中拿出 100 美元定投。表 1 显示了截至 2017 年年底的投资结果。通过看起来不起眼的投资，他最终将获得 75 万美元的储备金。

表 1 先锋 500 指数基金平均美元成本实例

截至每年12月31日（年）	累计投资总成本（美元）	赎回股份总价值（美元）
1978	1 600	1 669
1979	2 800	3 274
1980	4 000	5 755
1981	5 200	6 630
1982	6 400	9 487
1983	7 600	12 783
1984	8 800	14 864
1985	10 000	20 905
1986	11 200	25 935
1987	12 400	28 221
1988	13 600	34 079
1989	14 800	46 126
1990	16 000	45 803
1991	17 200	61 010
1992	18 400	66 817
1993	19 600	74 687
1994	20 800	76 779
1995	22 000	106 944
1996	23 200	132 768
1997	24 400	178 217
1998	25 600	230 619
1999	26 800	280 565
2000	28 000	256 271
2001	29 200	226 622
2002	30 400	177 503
2003	31 600	229 524
2004	32 800	255 479
2005	34 000	268 933
2006	35 200	312 318
2007	36 400	330 350
2008	37 600	208 941
2009	38 800	265 756
2010	40 000	306 756
2011	41 200	313 981
2012	42 400	364 932
2013	43 600	483 743
2014	44 800	550 388
2015	46 000	558 467
2016	47 200	625 764
2017	48 400	762 690

数据来源：先锋领航集团。

如果这个人每月投入150美元，那么在2017年年底，他将成为百万富翁。这也难怪指数基金被称为“投资者可能拥有的最好的朋友”，而约翰·博格则被称为“有史以来最伟大的为基金业带来实惠的投资倡导者”。

2016年，投资者从主动管理型的共同基金中赎回了3 400亿美元，同时投资指数基金超过5 000亿美元。2017年和2018年，同样的趋势仍在继续。今天，超过45%的投资基金都是指数基金。基金行业正在发生巨变。主动管理型基金的管理者再也无法获得卓越的投资结果，因此他们想出了批判指数基金的新言论来反击它。据他们说，指数基金对股票市场和整体经济都构成了严重威胁。

华尔街最受尊敬的研究机构之一桑福德·伯恩斯坦（Sanford C.Bernstein）于2016年发表了一份长达47页的报告《通往奴役的沉默之路》：投资者投资于指数基金的自由市场体系，甚至比政府指导所有资本投资的中央计划经济更糟糕。报告称，指数基金会导致资金被投入一系列不考虑可行性和增长机会等因素的投资。只有主动管理型基金的管理者能确保新信息在股票价格中得到适当的反映。

如果每个人只投资指数基金，那么指数基金会增长到足够大，以至股票会被严重地错误定价，这可能吗？如果每个人都选择指数基金，那么谁能确保股票价格反映的是有关不同公司前景的所有可用信息呢？谁会进行股票的充分交易来确保市场合理有效？指数投资的悖论是股票市场需要一些活跃的交易者，他们分析并采纳新信息，以便股票能被合理定价，且流动性充足以确保投资者能够及时买卖。活跃的交易者在确定证券价格和资金分配方式上扮演着重要角色。

主动管理人通过收取大量管理费来履行这一职能。他们将继续推行他们的服务，并声称他们拥有高于平均水平的洞察力，这使得他们能够击败市场，与盖瑞森·凯勒的乌比冈湖效应不同的是，他们不可能都收获高于平均水平的市场回报。即使主动管理人员的比例缩小到总人数的 10% 或 5%，用他们来反映市场信息也足够了。我们现在的主动管理太多了，而不是太少。

作为一个想法实验，我们能假设每个人都投资指数，而个股股价没有反映新信息。假设一家制药公司开发出一种新的抗癌药物，该药物有望使公司的销售额和收益翻一番，但其股价并没有上涨以反映这一消息。在自由市场体系中，一些交易者或对冲基金肯定会抬高股票价格并试图从错误定价中获利，这是必然的。在自由市场体系中，我们可以预期，无论有多少指数投资人，寻求市场机会的参与者都会尽可能地利用有利的套利方式。

数据表明，指数基金的表现优于主动管理型基金的比例随着时间的推移在增大。如果非要说有什么不同的话，那就是随着指数投资占比的增长，股票市场正变得越来越有效，而不是越来越无效。图 1 呈现了这个数据。实线显示了指数投资随时间的推移而增长，并衡量了指数化权益投资基金的百分比。图中的点代表标准普尔 1 500 基准指数表现优于主动管理型股票基金的百分比。图中所显示的数据是从 2018 年标准普尔报告中得出的三年平均值，比较了截至 2017 年年底的主动管理型基金业绩与指数投资回报。显而易见，表现优于标准普尔 1 500 指数的主动管理型基金比例随着时间的推移在下降，与此同时，被动管理的资金比例则与日俱增。

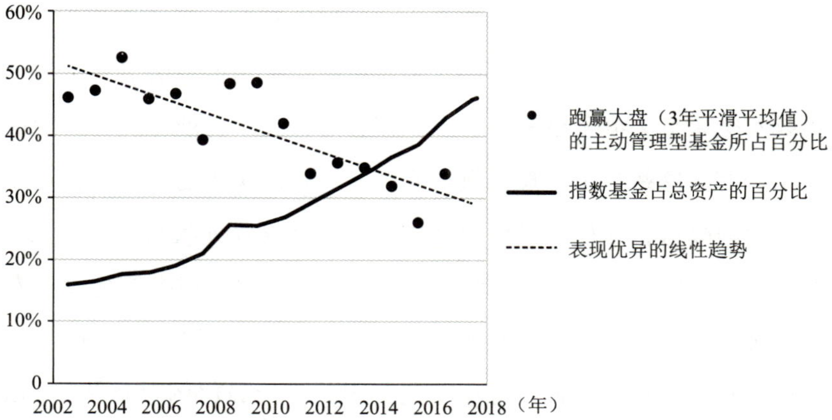

图 1　指数基金的表现优于主动管理型基金

数据来源:《战略洞察力网站和标准普尔主动管理型基金业绩报告》，2018 年 3 月。

可以肯定的是，指数投资者都是搭便车者。他们从主动交易中获利，同时又不用承担成本。但是通过他人给出的价格信号搭便车，很难说是自由市场体系的弊端，它是自由市场体系的基本特征。在自由市场经济中，我们都依赖于他人确定的一系列市场价格，并从中受益。

另一个关于指数投资的批判声称，指数投资导致了不健康的所有权集中，这点自洛克菲勒信托时代以来就没有出现过。有两篇学术论文、一篇法律评论文章和一篇广为流传的专栏文章假设，同一行业中公司的共同所有权可能会产生不必要的反竞争行为，并导致特定解决方案的提出，以防止整体经济遭受损失。[①]

① 参见 T.F. 布雷斯纳汉，S.C. 萨洛普:《量化生产合资企业的竞争效应》，《国际产业组织学杂志》，第 4 期，2（1986）: 155—175；J. 阿萨尔，M.C. 施马尔茨，I. 泰库:《共同所有权的反竞争效应》，《国际竞争政策》，第 1 期，3（2016）；E. 艾尔豪格:《横向持股》，《哈佛法律评论》，129 期（2016 年 3 月 10 日）: 1267—1317；E. 波斯纳，F.S. 莫顿，G. 威尔:《特朗普可以打破垄断》，《纽约时报》，2016 年 12 月 7 日。

阿萨尔、施马尔茨和泰库认为，共同所有权会降低彼此竞争的冲动。如果一个资产管理人同时是所有航空公司的最大股东，那么他就不会乐意去搞价格竞争，因为那会降低这个行业中所有公司的边际利润。这些专家发现，航空业中所有权的集中已经导致行业竞争意愿的降低，并使得机票价格比产业所有权较分散的时候上涨了3%~5%。艾尔豪格提议，监管机构以及私人律师应推广建立反垄断法案以反对机构投资者的同行业横向持股。波斯纳等人则提议，机构投资者应把其在同行业中不同公司的总持股比例限制在1%以下。所有这些提议都会对先锋领航集团等公司给持有人提供指数基金这种做法带来致命的影响。

认为共同所有权会降低行业内部的竞争看似比较合乎逻辑，但重要的是，目前完全没有直接证据证明这种机制会造成价格上涨。经验主义所认为的那些由竞争造成的损害远不能作为决定性依据，而且他们也没考虑到，低费率指数基金的消失又会造成怎样的损失。

以我自己长期作为先锋基金主管的经历来看，我们从来没有鼓励过反竞争的投票行为。同时，没有证据表明其他指数巨头，如贝莱德集团和道富环球投资管理公司已经在鼓励反竞争行为，就因为它们共同拥有一个行业的所有主要公司。这样做也不符合它们的利益，因为是同一批投资公司控制着市场上每个主要公司的相当一部分普通股。也许捆绑在一起鼓励航空公司提高价格将有利于它们持有的航空股，但这意味着其投资组合中其他需要依靠航空公司运输的公司的成本将变得更高。指数投资并没有所谓的动力去支持一个行业而利空另一个行业。实际上，正是由于指数基金鼓励管理层采用相对而非绝对业绩的薪酬体系，这一点显著地促进了各行业公司之间的激烈竞争。

指数基金为个人投资者带来了巨大的利益。竞争和规模经济推动宽基指数基金的成本近乎零。个人投资者现在可以比以往任何时候都更有效地为退休做储蓄。由先锋领航集团开创的指数基金投资已经改变了数百万投资者的投资方式。通过提供多元化组合的有效投资工具，指数基金帮助个人投资者实现了退休储蓄等各种投资目标。指数基金代表了社会的确定利益。

一项好的公共政策应该全面考虑所有利益相关者的利益，而不是仅仅提出一揽子政策，结果导致家庭在实现其长期财务目标时陷入各种困扰。当考虑到历史上最受消费者欢迎的创新时，与假设其可能造成的损失相比，它带来的好处要更为突出。退一步讲，即使可以证明机构的交叉持股一定程度上会减少竞争，对先锋领航集团等组织的破坏性要求也应该是不得已而为之的最后一种补救措施。

作者序

本书讲述了我的职业生涯是如何开始，如何中断，然后我又如何重操旧业的。这是一个关于突破与创新、胜利与失败、欢笑与泪水、巧合与运气、固执与狡猾，以及信守承诺的故事。所有这些都是为投资者服务的，无论是个人投资者还是机构投资者，无论他们直接投资还是通过他们的 401（k）计划进行投资，无论他们的投资回报如何，他们都公平地分享我们的投资所创造的回报。

这也是一个关于革命的故事，但是其中没有投掷汽油弹的激进分子。故事中只有一个可以改变现实金融市场的想法，被称为指数基金。这个想法如同信仰一样被广泛传播，甚至可能已经成为一种宗教信仰。它就是指数革命，先锋领航集团一直是这场革命公认的领导者。

我记得自己曾经说过，“坚持前行”以敦促投资者坚持长期投资，而不受股票市场各种噪声与愤怒情绪的影响。在本书中，就像你看到的一样，“坚持前行”也是我创立先锋领航集团的座右铭，坚持长期的商业战略，战胜逆境和对手，任何困难都无法阻止我们崛起。

内容结构

第一部分指数基金革命，是本书的核心。这部分按时间先后排序，聚焦指数基金行业领导者先锋领航集团，从我在布莱尔学院和普林斯顿大学读书的时候开始，到我刚进入威灵顿基金管理公司；之后我晋升为公司 CEO（首席执行官），后来失败；1974 年先锋领航集团的创立，挽救了我的职业生涯，然后，很快，指数基金在 1975 年成立。先锋领航集团的共有结构和指数战略突破了行业惯例，它们共同推动先锋领航集团成为全球最大的共同基金集团。

在先锋领航集团的发展历程中，我将列出各种大事件的“里程碑”。经历这些里程碑之后，先锋领航集团越发羽翼丰满，成为从事基金运营、营销与管理的共同基金集团，这使得我们可以在基金行业进行公平竞争。如果没有这些改变，那么先锋领航集团也许永远无法加入指数基金的价格竞争。

第二部分叙述了共同基金的历史，包括威灵顿基金、先锋旗下指数基金、温莎基金、PRIMECAP 基金，以及债券基金。

在第三部分投资管理行业的未来中，我讨论了投资管理行业的未来，并且回顾了最近几年我发现的一些行业变革。

第四部分回忆往昔将从金融主题切换到关于自己的回忆录（以一种奇怪的格式！），其中一些内容是我服务过的金融机构，还有一些内容是让我难以忘怀的语录。

基金投资者、金融历史学者、各行各业的企业家、商界人士、学者、学生都会对这本书感兴趣，是的，任何读者都可以分享这个拥有美好结局的故事。

力求精准

我写了一本关于先锋领航集团历史和指数基金革命的书，不仅因为我创建了先锋领航集团并引领了指数基金的发展，而且因为没有其他人像我一样全程参与了这两件大事。我尽我所能地做到完全客观（当然你有权质疑），并以事实为依据——部分信息来自公司记录，部分信息源于我的记忆，当然还有我热爱记录的好习惯。

这也表明，我不得不在缺乏历史资料的情况下写作。我申请查询先锋领航集团（我做董事会主席时）的会议纪要，但是先锋领航集团以一份董事会决议拒绝了我的请求。当然，这个令人不可思议的决议似乎可以阻止本书的写作，但是我并不打算半途而废，而是要坚持前行。

在本书的写作过程中，我得到很多以前同事的帮助，他们是迈克尔·诺兰、艾米莉·斯奈德、凯西·扬克，还要感谢参与本书编辑与修订工作的朋友们，他们是克利夫·阿斯内斯、安德鲁·卡塞尔、安德鲁·克拉克、雷夫·萨加林、比尔·法伦，尤其是莫尼·哈德威克。借此机会，我想感谢他们每一个人。

最后，本书代表了我自己单纯的坦诚和固执的观点，它不一定代表先锋领航集团现在管理层的想法。

约翰·博格

2018 年 9 月 1 日

第一部分

指数基金革命

STAY THE COURSE

第1章
共有基金模式

1974年7月，我在洛杉矶美洲基金的总部拜访了老朋友乔恩·洛夫莱斯，他曾经当过州长、美国投资公司协会的主席，现在是美洲基金董事会主席。洛夫莱斯是一位诚信、独立且聪慧的人，所以我急于听取他的建议。

在我拜访了他的公司之后，当天，我还要参加一个晚餐会议。第二天一早，我就要乘7点30分的航班飞回费城。“好的，”乔恩说，“明天早上6点，我在洛杉矶国际机场的餐厅门口等你。”当我到达机场时，乔恩已经坐在那里了。

在寒暄几句之后，他直截了当地说：“我明白你的计划，你想建立一种新基金公司模式，它是被基金持有人共有的。”我回答说“是的”，我希望建立一个这样的公司。说得客气一点儿，乔恩并没有感到惊讶。直到现在我还清晰地记得他的原话。“如果你创造出这个共有模式，”他更严厉地说，“你将摧毁整个行业。”

40多年后，事实证明乔恩·洛夫莱斯所言甚是。如果他修改一下那个可怕的预言，“你将摧毁整个行业，如我们现在所知道的那样”，那么今天我们可以说他的预言近乎完美了。

共有结构

然而，1974 年，没有人可以预测，一个在熊市底部成立的新兴公司会克服一切困难生存下来，而且最终占据了引领共同基金行业的地位。公司的共有结构（被基金持有人拥有，并基于"成本"的运营模式）以前从未有人尝试过。

我们被自己的董事强迫保留外部（具有先前失败记录的）投资顾问。我们最初的角色仅限于基金管理，因为我们被禁止进行投资组合管理或基金募集。我们很快就尝试了一项前所未有的战略：它不依赖于投资顾问的投资组合。尽管负债累累，但我们给公司起了一个全新的名字：先锋领航（Vanguard）。

这种新的组织结构将是第一个——到今天为止也是唯一的共有基金结构，它基于"成本"运营，不是那种寻求为自己的股东赚取高额利润的基金管理公司式的运营，它是为基金自身谋利，并最终为基金持有人谋利。我们称其为"先锋领航集团实验"共有基金管理模式。

图 1-1 可以帮助读者更有效地理解先锋领航集团共有结构与传统基金结构的区别。

然而在随后的几十年中，先锋领航集团这个名字——以其独特的结构和前所未有的战略，创造了世界上第一只指数基金，毫无疑问，正如我们所知，它改变了共同基金行业。

有人称其为创造性破坏；有人将其称为颠覆性创新；也有人说那只是运气好；还有人打电话给我，试图挽救我的职业生涯。但更重要的是，在一个非常好的时机，先锋领航集团开启了它的伟大事业。可以肯定的是，流逝的时间终将让投资行业认清它的基本逻辑：

投资者可以通过指数基金获取等同于市场的回报。

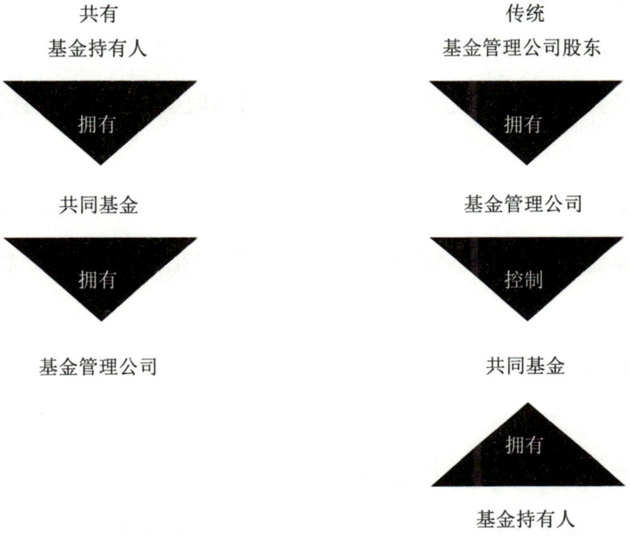

图 1-1　先锋领航集团共有结构与传统基金结构的区别

降低投资者的成本

在扣除相关投资成本之后，投资者的回报会低于市场回报。这是无可辩驳的事实：让整个基金行业所服务的亿万家庭最大化分享金融市场回报的唯一方式，是将相关投资成本最小化。就像 1776 年的《独立宣言》说的那样，“我们认为这个事实是不言而喻的”。先锋领航集团在降低投资成本方面发挥了领导作用，并且最终成为世界上成本最低的共同基金提供者。

自 1974 年成立以来，先锋领航集团一直专注于降低投资成本。结果如我们所知的，先锋领航集团已经发展成为行业巨头。在全球范围内，我们管理的资产规模逾 5 万亿美元，服务超越 2 000 万客户（超过我们两个主要竞争对手客户数量的总和）。我们长期共同基金资产占比约为 25%，这相当于行业内其他三家公司早期达到的 15% 的高点的两倍。过去五年，我们史无前例地吸引了整个行业近 65% 的净现金流入。

近些年来，每个工作日差不多有 10 亿美元申购先锋领航集团的共同基金，这让我感到受宠若惊，因为这在行业内是史无前例的。

指数战略

为什么先锋领航集团如此受投资者欢迎？我们的快速成长源于乔恩·洛夫莱斯关心的特殊的共有结构，以及它所包含的战略。在很大程度上，这要归功于我们的共有结构带来的最低成本，先锋基金为投资者赚取的长期收益在整个资产管理行业中也是名列前茅的。我们成立初期，经历了各种"暴风骤雨"与"不确定性"，当时无法想象会有这样的成果。实际上，我们的基金从一开始就经历了连续 83 个月的资金净流出。

无法预见的是，这样特殊的共有结构将迫使先锋领航集团专注于指数基金，而在先锋领航集团成立之初，指数基金仅仅是我们脑海中的一点星光。

"皇帝的新装"

但仅在过去 20 年中，投资者已经完全认可先锋领航集团，这是一个不言而喻的事实，不像穿着市场上“专业管理”的外衣那样，共同基金的皇帝根本没有穿衣服。事实上，不仅共同基金管理人是赤裸裸的，而且整个共同基金帝国都是赤裸裸的。不言而喻，这是一个无法兑现其主要承诺的行业：作为一个整体，专业的基金经理将提高投资者的回报。

基金经理无法为客户财富增值的说法，一度被认为近乎异端邪说，现在已经被广泛接受。它导致了共同基金行业的颠覆性革命，这主要源于指数基金的崛起。指数基金的革命，由先锋领航集团领导！起初，大家认为先锋领航集团不可能成功，它能挺过第一个十年，就已经令人咋舌了。就像音乐剧《西贡小姐》中的一段插曲所唱的那样，先锋领航集团“在地狱中受孕，并在战争中出生”。先锋领航集团的诞生是一个令人不满的妥协的结果，并结束了一场关于威灵顿基金管理公司控制权争斗的丑陋战争。这场战争让我失去了首席执行官的职位，也让我结束了在自己喜欢的行业中的职业生涯。但是，通过一系列不可思议但很幸运的事件，甚至可以说是奇迹之后，我卷土重来了。结果是，先锋领航集团在 2018 年年中管理着 5 万亿美元的资产，成为世界上最大的共同基金公司，它因低成本、长期投资回报与道德价值观而广受尊敬。

这个过程是如何发生的？让我们从头开始讲吧。

第 2 章
稳健投资模式
（1945—1965 年）

1945 年 9 月，我进入美国新泽西州的一所顶级寄宿学校布莱尔学院。我在那里度过了初中与高中时代，这要感谢慷慨的奖学金与勤工俭学工作。我开始做服务员，然后做服务员的队长。我接受了良好的大学预科教育。在毕业的时候，我在班里的成绩排名第二，被评为“最具潜力学生”。

我在布莱尔学院取得的学习成绩来之不易。由于成绩优秀，1951 年，我被普林斯顿大学录取。奖学金和勤工俭学工作再次帮助了我，但是我在普林斯顿初期的学习充满了挑战。学业的低谷发生在 1948 年秋天，我读大学二年级那年第一次上经济学课的时候。我们使用的教科书是保罗·萨缪尔森博士的《经济学：导论分析》第一版。事实告诉我，这本书很难懂，第一次尝试这个新学科（对于我来说）时，我成绩不佳。

在大学二年级，我的经济学课程的成绩较差（D+），如果这样的成绩持续到学期末，我将失去奖学金，进而会中断在普林斯顿的学习生涯，因为我没有外部资金的支持。但是我竭尽所能，并且在那个学期结束时得到了一个还过得去的成绩（C–）。这只是一个小小的进步，我保住了奖学金。

"共同"基金

一年后时来运转，我决心写一篇具有开创性的毕业论文，因此，亚当·斯密、卡尔·马克思、约翰·梅纳德·凯恩斯都不在我考虑的范围内。但我应该选择什么题目？在大学三年级的后半学期，我一生中诸多幸运中的一次出现了，在全新的燧石图书馆阅读室我找到了论文灵感，在翻阅1949年12月出版的《财富》杂志时，我在第116页停顿了一下，并开始阅读一篇描述我一无所知的行业的文章《波士顿的巨额财富》，我立刻意识到我找到了自己论文的题目。

标题下面的一段话证实了我的直觉，"但是钱不是万能的，马萨诸塞投资者信托（M.I.T.）汇集了中小投资者的资金。它发明了开放式基金，它的未来是完全开放"。在接下来充满事实描述的10页中，文章描述了马萨诸塞投资者信托的发展历史、运营规则与投资实践。马萨诸塞投资者信托成立于1924年，是第一个，也是当时最大的开放式基金[①]。

在那个时代，"共同基金"一词尚未得到普及，也许是因为共同基金并非共有。实际上，那个时候基金运作的原则与《1940年投资公司法案》是矛盾的，它们的组织、运营和管理都以基金管理公司的利益为先，而不是以基金持有人的利益为先。

曼努埃尔·科恩，1964—1969年任美国证券交易委员会主席，

① 开放式基金允许投资者（通常）随时申购赎回基金份额。封闭式基金拥有固定封闭期，不能随时申购赎回基金份额。

他曾明确指出共同基金缺乏对等的权责利关系：

> （共同基金）的费用结构为明星基金经理提供了一个展示才华的机会。毕竟，这是职责所在，但是尽管使用了“共同”这个名词，其实这些基金仅为基金管理公司与基金销售机构赚了大钱。[①]

《财富》杂志的文章从未使用过“共同”这个词。它经常使用“投资公司”“信托”“基金”等相对专业的术语。然而，在讨论这个尚处于萌芽期的行业的未来时，《财富》杂志乐观地认为，这个小行业（它被描述为相对于整个市场的“相当小的改变”）还是“迅速扩张并引发了一些争议”。更重要的是，该行业“未来可能极具影响力……理想的基金持有人（也是基金公司股东）将与传统公司的管理层碰撞出火花……”

“投资公司的经济角色”

那个偶然的时刻注定会影响我的一生（职业生涯与日常生活），《财富》杂志那篇文章促使我决定，将毕业论文聚焦于研究开放式基金公司的过去与未来，我的论文题目是“投资公司的经纪角色”。（正如我之前提到的，共同基金这个术语尚未流行开来，所以我按当时的标准使用了“投资公司”一词。）我竭尽全力地研究基金行业，

① “共同基金”一词来自时任美国证券交易委员会主席曼努埃尔·科恩 1968 年 3 月 1 日在加利福尼亚州棕榈泉举行的共同基金会议上发表的演讲。

查阅资料、研究分析与撰写论文花费了一年半的时间，在这个过程中我疯狂地爱着这个题目。我坚定不移地认为，这个"微小的"仅管理 20 亿美元的共同基金行业必将长成"参天大树"，并会饱受争议。在这两方面，我的预测都是准确的：如今，规模达到 21 万亿美元的共同基金已经成为美国规模最大、最具领导力的金融行业之一。

我的毕业论文经过深入分析得出如下结论：

- 投资公司应该以最高效、最忠诚、最经济的方式运营；
- 降低销售费用与管理费用，可以使财富获得最大化增长；
- 基金不应该声称可以战胜市场平均水平，例如指数；
- 投资公司的首要工作是管理投资组合，其他都是非必要的；
- 投资公司的首要职责是为股东创造价值；
- 投资公司没有理由克制发挥其对所投公司的政策影响，共同基金注定要肩负起这一重大使命。

的确，这些结论似乎过于理想主义了。但是，在十几岁时，我是一个典型的理想主义者。自我第一次阅读《财富》的那篇文章到现在已经 60 多年了，我的理想主义情怀几乎没有减少。事实上，可能因为我在基金行业的亲身体验，这种理想主义在今天显得更加充满激情和不屈不挠。毫无疑问，我在我的毕业论文中发现了许多有价值的东西。这篇毕业论文将构成先锋领航集团显著增长的核心。无论过去那些年我的想法是什么，这篇毕业论文都清楚地指出，共同基金持有人应该被公平地对待。

威灵顿基金

我在燧石图书馆里花了无数小时来分析与研究基金行业，最终这篇毕业论文获得优秀奖，我也获得“优秀毕业生”的称号。更幸运的是，1951 年，我毕业后，普林斯顿大学 1920 届校友沃尔特·摩根，在阅读了我的 130 页论文之后，给予了我去费城威灵顿基金管理公司工作的机会。“在很大程度上，由于这篇论文，”他在写给公司员工的信上说，“我们邀请博格先生加入我们威灵顿。”虽然我开始还有一点儿犹豫，但这是我人生的一个机会。

摩根先生——我的事业导师与人生偶像，是一名行业先锋。他在 1928 年创办了威灵顿基金。1951 年 7 月我加入这家公司的时候，它已经拥有 1.5 亿美元的资产。威灵顿基金是在美国运营的 125 个共同基金中的一个，美国基金行业管理的总资产为 30 亿美元。行业规模排名前十的公司就包括威灵顿，它占据了 3/4 的市场份额。

波士顿是基金世界的中心，拥有 22 个规模排名前 50 的基金公司，行业占比 46%。其中最大的基金公司，应该是马萨诸塞投资者信托，其管理规模为 4.38 亿美元——1951 年，这个规模相当于行业整体规模的 15%。马萨诸塞投资者信托不仅占主导地位，而且是迄今为止成本最低的公司，其费率仅为 0.29%。（1961 年，它的费率降到 0.17%。）总部设在纽约的基金公司管理规模在整个行业中占比为 27%，其次是在明尼阿波利斯的基金公司占比为 13%，以及在费城的基金公司占比为 7%。

在那个年代，基金行业的大多数公司，包括威灵顿在内，通常只管理一只基金（即使有第二只基金，通常它的规模也非常小）。例如，马萨诸塞投资者信托也有第二只基金，名字叫作马萨诸塞投资者第二基金（今天的基金营销人员可能很难接受这个名字，后来该基金改名为马萨诸塞投资者股票增长基金）。这个基金的规模仅为 3 400 万美元，只占马萨诸塞投资者信托规模的 8%，该公司总规模为 4.72 亿美元。

1951 年 7 月 9 日，我第一次走进威灵顿位于费城的办公室。在那里我找到了完美的外部环境以开创事业——公司小，团队友好，对于年轻人而言充满机遇。我受到（60 名）公司员工的友好对待，并很快投入公司的每项工作——行政管理、市场营销和基金分销、证券分析以及维护投资者关系。我开始为摩根先生起草致投资者的信，几年后，我开始负责起草威灵顿基金年度报告中的总经理工作说明部分。时光如梭，10 年过去了，我被视为摩根先生的接班人，而且我以为我会永远待在威灵顿基金。

那些在威灵顿的岁月充满了喜悦和挑战。1958 年，我急切地抓住机会负责威灵顿股票型基金（现在名为温莎基金）首次公开募股（IPO）说明书的起草工作，增加股票型基金产品以补充我们平衡型基金单一产品线。①

平衡型基金的挑战

在我入职威灵顿的前 14 年里，公司聚焦的平衡型基金是我们

① 1960 年，我负责威灵顿基金管理公司公开发行摩根先生（非控制性）股票的招股说明书的准备工作。

的力量源泉，它帮助我们成为平衡型基金领域的行业领导者。那个年代，这样的模式被准确地表述为“保守”，因为大多数基金投资组合主要分散于优质的普通股中。我们采用股票与债券平衡配置的模式，所以威灵顿被视为最保守的基金公司。正如我们当年的座右铭一样：威灵顿基金提供“一个安全的投资计划”。

但是，我所期望的威灵顿的稳健投资模式不会持久。1965 年，当我被“火箭式”地提升为公司总裁的时候，整个基金行业已经不是我在普林斯顿大学的毕业论文中所描述的那个样子了，它并没有朝着更好的方向前进。“沸腾的岁月”发展得如火如荼，投资者正在放弃保守的平衡型基金，例如威灵顿旗下的基金。投资者开始赎回平衡型基金而去追逐股票型基金。不过，无论如何，我都可以面对这些挑战，以及未来许多新挑战，对于我和我的同事而言，职业生涯还很漫长。

从 1949 年《财富》杂志那篇《波士顿的巨额财富》首次激发我的灵感起，共同基金行业一直是我生活中的重要组成部分。我的职业生涯起于加盟威灵顿基金，并在 1965 年被任命为公司总裁。事实证明，这是我早期职业生涯的巅峰阶段。然而问题是，威灵顿的风格在市场中显得过于保守，在那些年里，市场中的投机之风迅速崛起。在未来的挑战中，我需要一盏指路明灯和一个代表未来的座右铭。从那个时候起直到现在，我的座右铭一直是：坚持前行。

第3章 变革共同基金（1965—1974年）

在先锋领航集团成立之前，那些拥有伟大故事的投机性股票的价格一直在飞涨，但是这些“故事”通常都没有基本面的支持，之后成长股估值过高。不可避免的是，股市随后出现了50%的跌幅，股市的这轮疯狂结束于1974年10月1日，具体数据见表3-1、图3-1。

表3-1 1965—1974年威灵顿基金与股票市场

	1965年12月	1974年9月	年均增长率	年化收益率②
威灵顿①基金规模	22亿美元	15亿美元	-2.6%	
基金行业规模	352亿美元	341亿美元	-0.2%	
威灵顿②行业占比	6.3%	4.4%		
标准普尔500指数价格	92	61		-1.1%
中期美国证券债券收益率	4.9%	8.0%		5.7%
60%股票与40%债券组合	—	—		1.9%

注：①先锋领航集团的前身。
②包含股票分红与债券利息。

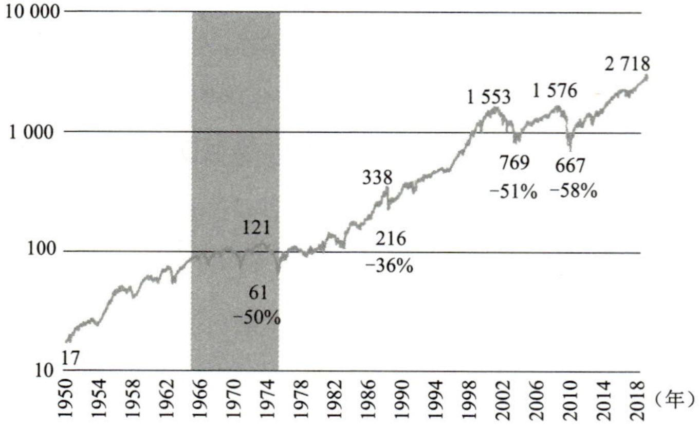

图 3-1　标准普尔 500 指数

数据来源：雅虎金融。

20 世纪 60 年代中期，基金行业不再对传统的投资风格墨守成规，这段时期被称为沸腾的岁月。其间很多新入行的基金经理开始追逐各种投机性股票，后来很多老牌基金经理也开始效仿，追逐各种投机性股票。这些股票走势如火如荼，但是通常都没有基本面支撑。投资者与基金行业不再关心投资蓝筹股的基金或者风格保守的平衡型基金，取而代之的是追逐各种“妖股”或净值高涨的基金。

百吉饼与甜甜圈

用食品做一个比喻，威灵顿是业界的百吉饼——坚硬、有硬壳、营养丰富。但到 1965 年，该行业发展出新品甜甜圈——甜美、柔软、没有营养成分。[①] 甜甜圈商店数量激增，百吉饼买家几乎消失了。我

① 事后看来，传统共同基金行业和百吉饼的营养成分被高估了。

们只能无助地看着平衡型基金的市场份额从 1955 年 40% 的高位下降到 1965 年的 17%；后降至 1970 年的 5%；到 1975 年，这个比例更是下降到仅剩 1%。百吉饼店主需要做什么？他们生存的策略很明显：开始制作并销售“甜甜圈”。

为了生存，威灵顿需要与热门“甜甜圈”卖家竞争，富达是沸腾的岁月的领导者之一，富达旗下两只基金被证明都是金矿，但这是对富达基金而言，并非对其持有人而言。在垃圾股大潮中，金融海盗开始崛起。边际会计准则的业绩被证明是短暂的，有时甚至是欺诈性的。

一个特别令人震惊的例子是企业基金。1967 年，一家总部位于洛杉矶的新基金公司 117% 的回报率被认为很可疑，这主要是因为该基金以高达市场价 50% 的折扣收购了之前由私人持有的股票，后来股价上涨了 100%。

在接下来的一年中，企业基金获得了基金行业有史以来最大的净申购 6 亿美元。截至 1968 年年底，该基金的资产增长至 9.5 亿美元。但是真相从来不会缺席，1977 年，该企业基金的资产规模缩水 84%，降至不足 1.5 亿美元，在 1970 年到 1994 年的 25 年中有 22 年处于净赎回状态。到 2011 年，该企业基金已经不存在了。

并购尝试

早在 1965 年春，摩根先生就开始担心投机性基金的增长趋势。他承认如果完全依靠威灵顿平衡型基金，他自己的保守哲学与基金生意将会受到严重威胁。“我太保守了。”他告诉《机构投资者》杂志的记者。66 岁时，摩根先生决定启用新管理层，并采取更激进的策略。4 月，他打电话让我到他的办公室，并告诉我让我作为他的继任者，负责威灵顿基金的运营。我还记得他的原话是这样说的："杰克①，我希望你能够负责，并尽一切努力解决我们面临的问题。"

当时，我只有 35 岁，仅从面相上看更年轻！在跟摩根先生一起工作 15 年之后，他已经开始相信我的能力。也许因为过于自信，我认为解决方案是显而易见的。想象一下，你经营的是我之前描述过的百吉饼店，你的顾客成群结队地离开你，转向对面的商店去买甜甜圈。为了生存，我认为，你必须开始卖自己的甜甜圈。

我觉得，确保威灵顿生存的最佳途径是并购一家在股票型基金方面具有优势的基金公司。我很快找到了三个符合条件的并购目标。虽然这三家公司都并非那个时代最优秀的基金公司，但是每家都拥有较强的股票投资能力，它们都可以减少威灵顿对单一平衡型基金的依赖。② 我的计划是与这样一家公司合并，然后为合并之后的公司发展打下坚实的基础。

我最先拜访了位于洛杉矶的美洲基金③，其股票投资业绩优秀且管理着 10 亿美元的资产，占有 3% 的市场份额，美洲基金是美国当时第五大基金公司。最初，我们没有达成合并意向，接下来，我找到了投资者公司（Incorporated Investor），一家位于波士顿的独立

① "杰克"是对"约翰"的昵称。
② 1958 年，我们成立了第一只股票基金，威灵顿股票基金（现为温莎基金），起初它的规模很小（资产为 9 200 万美元，相较于威灵顿基金 20 亿美元的规模来讲），这个基金直到 1965 年业绩并不出色。关于温莎基金的历史我将在第 13 章加以叙述。
③ 美洲基金由乔恩·洛夫莱斯领导，我在本书开始的时候就提到过他。

股票基金，它后来成为普特南基金（Putnam）的一部分。我再一次失败了。

然后，我转向富兰克林基金（Franklin Custodian Funds），一个规模不大的多策略基金，资产总额仅 1 700 万美元，但发展潜力很大，只是又失败了。（其所有者查尔斯 · 约翰逊做出的不与我们合并的决策是明智的。之后其管理规模迅速增长，现在名为富兰克林 · 邓普顿投资公司，其资产到 2018 年已经增长到 4 150 亿美元——这使其家族的亿万富翁人数至少增加了 10 倍。）

某次偶然事件，第四家候选公司引起了我的关注：桑代克、多兰、佩恩和刘易斯公司（Thorndike，Doran，Paine & Lewis，Inc）。这家位于波士顿的小公司拥有四位年轻的管理合伙人，经营着一只看似成功的沸腾的岁月的基金 Ivest，资产仅为 1 700 万美元，同时它还涉足成长中的养老金咨询业务。我认为，它似乎可以提供股票投资人才，可以更有效地管理我们的基金组合，拯救摇摇欲坠的威灵顿基金，所以我们愿意并购这家小公司。

1966 年 6 月 6 日，摩根先生批准了这笔交易，并且确定并购合同条款，价格是以美元现金而不是威灵顿基金管理公司的股票支付的，威灵顿基金管理公司当时拥有大量公开股票，这是沃尔特 · 摩根 1960 年公开发行股票的结果。摩根先生保留了他的拥有投票权的 B 类股票，并将它们分配给了新管理层。

总之，波士顿的四位合伙人持有合并后的威灵顿公司 40% 的股份，并直接控制公司的董事会。我持有公司 28% 的股份[1]，公众股东持有剩

① 当时我并没有意识到会发生管理权争夺的问题，即便发生，公开股东应该也会站在我这一边。

下的32%。作为合并之后的公司的首席执行官，我很自信地认为自己能够与我的新伙伴合作，制订新的公司战略，让威灵顿再次启航。

有些东西我并非不在意，在两家公司合并的庆祝活动中，我给了每位新合作伙伴一个银质小托盘，托盘中间是一个1美元硬币，上面刻着“和平”，我称它为“和平美元”。我担心与新伙伴的友好合作不会持久，但我希望和他们一起为公司的未来拼搏。

总之，我们五位合伙人高高兴兴地相处了几年（我们在《机构投资者》①杂志的封面上展现得各有特色）。之后，投资环境对我们不利，公司开始陷入低迷，沸腾的岁月一去不返。它被一些与众不同的东西取代，事实证明，更糟糕的是，“漂亮50”热潮，代表美国经济快速发展的最优质的50只成长股与其内在价值脱钩了。道理很简单：“别担心，高估值无关紧要，盈利增长最终会让你摆脱困境。”

新商业模式失败

施乐（Xerox）、宝丽来（Polaroid）、IBM（国际商业机器公司）、雅芳（Avon）和美国数字设备公司（Digital Equipment Corporation）等明星股价格暴涨。这些股票在高峰的时候估值是收益的50倍或更多。好景不长，这些公司的股价开始暴跌，导致市场进入熊市。就像20世纪90年代末的“新经济”泡沫一样，“漂亮50”泡沫于1973年破灭了。

这次股市泡沫的参与者，不仅有共同基金，还有绝大多数机构

① “威灵顿接班人”，《机构投资者》1968年1月的封面上显示我是一个“四臂”四分卫，将足球分别交给新伙伴。

投资者，包括信托公司、保险公司与大学捐赠基金。（罗彻斯特大学捐赠基金的基金经理、这股热潮的始作俑者伯特 · 特里普非常尴尬，因为其年度报告的封面都是用红墨水印刷的。）美国股市的“漂亮 50”行情，从 1973 年早期的高点开始至 1974 年 10 月初的低点，下跌了 50%。

与此同时，威灵顿的新商业模式开始失败。我们的新合伙人管理的四只新基金中的三只面临被清盘的危险。从高到低，Ivest 基金的规模缩水 65%，好在后来被清盘了，否则会被列入金融历史的最差基金名录。

新合伙人管理的另外两只股票型基金的业绩同样不尽如人意，导致最后基金失败。更糟糕的是，在激进的新管理层的带领下，曾经保守的威灵顿基金管理公司的资产大幅缩水。在 1966 年至 1976 年的 10 年间，威灵顿的平衡型基金被称为美国业绩最差的平衡型基金（见第 11 章）。

在 1960 年的首次公开募股中，威灵顿基金管理公司的所有者沃尔特 · 摩根已经售出超过一半的股票。随着股票公开发行，我们能够向合并伙伴发行新股。然而，即使在公司合并早期且业务蒸蒸日上的时候，我也怀疑共有结构是否最有利于共同基金持有人的利益，以及我们公司在行业中的竞争地位。

显而易见，我们基金公司的管理层对旗下基金的持有人与基金公司的股东都有信托责任。但是当一家私营基金公司成为公开上市公司时，这种利益冲突加剧了。1971 年 9 月，在专业投资者年度会议上，我坦率地表达了我的担忧，我引用了大法官哈伦 · 菲斯克 · 斯通 1934 年在密歇根大学法学院演讲时的内容：

> 金融时代出现的大多数问题与错误都将归咎于未能遵守受托原则，如同《圣经》中描述的那样，即“一个人不能同时侍奉两个主人”……那些名义上担任受托人，但只考虑由他们支配资金的人的利益的人表明，我们常常忽略了这一原则的必要含义。①

现在是时候了，我补充说，任何投资管理与投资业务之间冲突的解决都应该以持有人利益为上。

最后，我建议解决冲突的方法是“共有，即共同基金控股基金管理公司……或者由有担当的高管控股基金管理公司，合同谈判以‘成本加成’为基础，并采取措施激励绩效和效率，而不是共同发行基金管理公司的股票”。当说出这些话时，我并没有想到，我不仅这样说了，而且在短短三年之后，我还将其付诸实践了。

寻求独立

随着 1973—1974 年熊市的到来，我与新伙伴自 1966 年以来的愉快合作关系破裂了。糟糕的市场和糟糕的基金业绩意味着糟糕的业务，并且在强权的影响下，威灵顿并购的新伙伴与我的任何表面信任都被摧毁了。我们的旗舰产品——稳健的威灵顿基金的资产从 1965 年 20 亿美元的高位下跌至不到 10 亿美元，最终降至 4.8 亿美元的低位。威灵顿基金管理公司的收益急剧下降，其股价也随之下跌，从 1968 年每股 50 美元的高位回落至 1975 年每股 4.25 美

① 转引自哈伦·菲斯克·斯通，《律师的公众影响力》，《哈佛法律评论》第 48 期第 1 卷（1934 年 11 月），第 6 页。

元的低点。

我的波士顿合作伙伴很快找到了替罪羊。当然不是他们自己，尽管他们管理的股票型基金业绩如此糟糕。他们选择我（合并之后的威灵顿首席执行官）作为替罪羊，为威灵顿基金持有人以及公司股东的亏损负责。关键的问题是，我已经在合并之初就将公司决策的大部分投票权让渡给新的管理层了。在熊市中期，1974 年 1 月 23 日，他们联合起来解雇了我，然后他们取代了我管理威灵顿基金管理公司，新任首席执行官是罗伯特·多兰。

我因为要把首席执行官的位子让给能力更强的人，所以必须离开威灵顿，这在逻辑上是讲不通的。在我整个职业生涯中，这是最令人心碎的时刻——实际上直到那时，那是唯一令我心碎的时刻。我决定反击。共同基金行业有一个特征，即共同基金的董事会与基金管理公司董事会的人员有很大的重叠。但是共同基金董事会根据法律要求，需要更多独立董事负责监督基金的运营。

1974 年 1 月 24 日，我在被威灵顿基金管理公司解雇的第二天，是威灵顿旗下 11 个共同基金在纽约召开董事会的日子。作为每个基金的主席，我召集会议，并迅速提议将基金独立于威灵顿基金管理公司，自己管理自己的资金，选举我们自己的管理层，任命我们自己的员工，并授权他们以“成本”为基础经营基金。

由此导致的基金运营脱离威灵顿基金管理公司（法律意思上是独立的投资顾问）的情形是没有先例的，它从未在基金行业发生过，而且没有再次发生，但我始终认为它会再次发生。甚至《纽约时报》也无法弄清楚到底发生了什么。1974 年 3 月 14 日《纽约时报》靠前的版面上刊登了一篇报道，标题为“前首席执行官回来了”。在后续的报道中，故事和我的照片都没有变化。但最初的标题变成了现在以问号结尾的形式，报道内容摘录如下：

前首席执行官回来了？

> 1月下旬，约翰·博格被迫让出他年薪10万美元，作为威灵顿基金管理公司总裁兼首席执行官的职位，他的同事曾期望他在下一次董事会会议中争取更多支持，重新回到公司，据说下次董事会将在一周内召开……据了解，博格先生认为这可能是实现基金"共有"、接管其投资顾问权力的合适时机。

标题中令人难以忘怀的问号暗示了不确定性，似乎可以让人看到董事会上唇枪舌剑的情景。

在1974年1月的董事会会议上，威灵顿基金的董事们要求我提供一份应对危机的可行性方案的研究报告。据我所知，这次情况在共同基金行业的历史上是独一无二的：几只共同基金，包括这些基金的董事会主席（也就是我），与这些基金的长期投资顾问（即威灵顿基金管理公司，负责这些基金的运营）之间发生对峙。威灵顿基金管理公司的新任CEO是罗伯特·多兰，我的前合伙人。

我很重视基金董事会给予的支持。我和我的年轻助理简·特瓦尔多夫斯基将最终完成一份研究报告，内容覆盖集团目标、基金收入、成本分析、投资咨询与分销、基金未来前景。这篇超过250页的报告，标题为"威灵顿投资集团的未来结构"。

里程碑 No.1 —— 1974年1月
威灵顿基金集团的未来结构

正如人们所知，《威灵顿投资集团的未来结构》研究报告的开始，列出了供董事会备选的 7 个选项。

选项 1　保持现状：继续所有现有的关系。

选项 2　基金员工负责基金运营（而非威灵顿基金管理公司）。

选项 3　基金员工负责基金运营与基金募集（而非威灵顿基金管理公司）。

选项 4　共有：基金员工获取目前威灵顿基金管理公司所有职能，包括投资咨询服务。

选项 5　为基金聘请新的外部投资顾问（单只基金变更基金管理人，即基金管理公司）。

选项 6　为集团聘请新的基金管理公司（全部基金变更基金管理人，即基金管理公司）。

选项 7　建立全新的内部组织结构。

我们很快将研究范围限定在 3 个最合理的选项上：选项 2、选项 3 和选项 4。我们将这些选项描述为“最不激进的"，因为它们对目前处于对峙状态的两个组织（威灵顿基金集团与威灵顿基金管理公司）带来的破坏最小，这些方案涉及基金的首次募集、持续销售、基金运营与投资管理。同时"共有"在选项 4 中是非常明确的，而在选项 2 中是隐藏的。

在这项研究的一开始，我们就设定了自己的论述原则：

> 目前的这种结构已被基金行业视为共识，并且已经存续 50 多年了。我们面临的问题是，这种结构如此传统，如此长久地为人们所接受，而且在行业初期如此令人满意，但是随着行业的发展壮大，这种结构，尤其对于威灵顿基金集团而言，还是最优的、最适合行业未来的吗？或者相反，基金应该寻求对自身命运更大的控制权，"独立"这个词似乎隐含了更多意思。

我更倾向于通过收购威灵顿基金管理公司，以实现基金的完全"共有"，这样才能终结 1966 年合并时引发的问题。完全"共有"是我的理想，我意识到那些基金管理公司似乎永远无法像对待自己的钱那样对待客户的资金，以至仅有华尔街的银行家赚钱，但他们的客户未必赚钱。但我相信，这次似乎是我重新开始职业生涯的最后一次绝佳的机会。[①]

① 不要忘记，起初这种创新的共同基金结构成功地遭到大多数人的反对，运营着 5 万亿美元巨额资产的共同基金结构最初成功的概率几乎为零。

这种创新并无先例，无论它设计得多么完美与合乎逻辑，都很少能够赢得保守派董事的批准。这些方案无法获得董事会聘请的法律顾问的青睐，包括华尔街律师、美国证券交易委员会前专员理查德 · B. 史密斯等。

最初的提案很快被否决了，但是董事会达成了妥协。这并非 1776 年 13 个殖民地告诉国王乔治三世我们要独立了，但是基金独立，即基金为了自己持有人的利益有权选择独立运作，仍是问题的核心。我们能快速采取的“共有”策略的第一步是基金自己的员工负责基金运营，而不是依赖于威灵顿基金管理公司。

在战斗基本结束后，史密斯告诉我，他建议董事会，无论做出什么决定都必须是一致的。所以结果是不可避免的：董事会将选择对现状破坏最小的方案。威灵顿基金会创建一家新的子公司，以基金运营为唯一责任。我会继续担任基金的 CEO，也将成为新子公司的 CEO。

我们将“运营”定义为包括基金财务事务、投资者簿籍保管、法律合规，以及处理基金的申购与赎回事宜。最重要的是，新的子公司负责监督威灵顿基金管理公司提供的基金募集与投资管理业务。基金募集将包括对我们的销售组织、广告和所有市场营销活动的控制。投资管理将包括证券分析、股票选择、投资策略、投资组合监督和处理所有交易活动。

说实话，即使是积极的结果，也几乎完全取决于基金董事会独立董事主席，已故的小查尔斯 · D. 鲁特的努力，他是养老金公司一名经验丰富的高管。他相信我——我的性格、我的领导能力，以及我对基金行业的全面了解。

查克·鲁特（对查尔斯·D. 鲁特的昵称）是一个有智慧、有激情、有信心的人。没有他，董事会肯定会根据行业惯例允许威灵顿基金管理公司的 CEO 成为新的威灵顿基金子公司的 CEO。是的，查克·鲁特鲜活地证明了，正如我经常观察到的那样，"即使只有一个人努力，也能得到不同的结果"。

可以肯定的是，我们研究中的选项 2，仅将基金的运营工作内部化，对于我来说仅是一个折中方案。基金被自己的董事会禁止从事基金份额销售与基金投资管理工作。我认为，新组织结构要取得成功，那些限制必须被打破。

在 1974 年 3 月 11 日的董事会备忘录中，我由衷地表达了自己的观点：

> 选项 2 在人员方面意义很小，但在资金方面意义很大，在概念方面很重要。第二步（添加"基金募集"在选项 3 下）似乎也特别合适。如果它现在不能被接受，那么只是时间问题。也许两到三年后，在基金募集面临巨大挑战的时候，我们会被允许介入基金募集活动。①
>
> 采取这一步骤时，基金募集可能是基金董事会优先考虑的问题，之后我们基金集团将接受聘用外部投资顾问的传统基金结构的方案。
>
> 实现基金完全独立的最后一步是获取基金关键控制权（投资管理），这涉及组织结构、人员、成本以及业绩。也许问题不

① 在"未来结构"备忘录中，我还提出"均衡分配基金募集系统以解决所有基金募集收入问题"，但似乎没有人注意到。

是"是否"，而是"何时"威灵顿基金集团才能实现完全独立。

董事会的初步决定类似于所罗门王统治时期的一个判决，两个女人都声称婴儿是她们的，结果是"把宝宝切成两半"。威灵顿基金管理公司将继续负责基金投资和基金募集。我想创建一家拥有前所未有的共有结构的公司。但我只保留了最简单的工作，而且被禁止参与投资管理和基金募集活动。

我们的船员①在我们开始长途航行时只有28人，他们负责基金运营管理，还负责监督威灵顿的投资管理和基金募集工作。

在共同基金的三个主要工作中，基金运营可以说是最不具创业精神的一个，另外两个（投资管理和基金募集）是可以创造价值的。但是这两块儿都留给了竞争对手威灵顿基金管理公司……但只有几年时间而已。

一般人都能意识到，我们的命运将由我们创造的基金类型决定，我们能否成功取决于它们能否获得超额的收益，以及这些基金如何被有效募集。在那个时候，我们被禁止从事基金投资与基金募集活动，只允许监督威灵顿基金管理公司的工作，但我知道这是一条艰难的路。因为我的最终目标是建立一个完整的公司，而我将担任新的领导角色，而且与之前一样"充满激情"！

尽管董事会对我们的新公司进行了严格限制，但我们相信自己可以摆脱这些限制。在基金行业，我们拥有前所未有的共有结构，经过不懈的努力一定可以铸就辉煌。

① 约翰·博格经常将员工比喻为船员，自己则是船长，与大家同舟共济。——译者注

我们应该为这家极具潜力的新公司取一个什么名字？只有适合的名字才能代表新公司的新业务模式。但董事会确定威灵顿基金管理公司继续负责基金投资与基金募集，所以要求新公司也保留威灵顿基金的名字。

我认为保留原来的名字这个决定是愚蠢且短视的，我以辞职相威胁。但当公司获得独立董事鲁特的支持后，我决定留下来。他说："杰克，你给新公司起任何你想要的名字，然后通过你们的努力使其成为全行业最响亮的名字！"

从那以后，这成为我努力实现的目标。

里程碑 No.2 —— 1974年9月

名字的寓意

新公司成立之前的几星期，我们还没有想出新公司的名字。命运，正如它在我职业生涯中经常出现的那样，再次起了作用。完全巧合，我听到有人提到皇家海军先锋号战舰，1798 年尼罗河战役中纳尔逊勋爵的旗舰。

1974 年夏末，一位古董版画经销商拿着一幅英军在拿破仑战争时期的小版画来到我的办公室里说："威灵顿公爵代表着胜利。"46 年前，摩根先生已经将他的第一个共同基金命名为威灵顿基金。

当我购买他的版画时，他还给我推荐了一些同时代英国海战的版画书。由于被大海和它无限的神秘吸引，我也买了这些版画书。值得高兴的是，经销商推荐给我的那些书都是绝版书。

如同我 25 年前在燧石图书馆看到的一样，我浏览了 1775 年至 1815 年英国海军的战斗历史。当我翻到历史上著名传奇尼罗河战役时，我的印象十分深刻，在那场战役中，纳尔逊勋爵率领的舰队几乎击沉了法国所有的战舰，仅损失了一艘英国护卫舰，这场战役堪称海军历史上最完美的胜利，拿破仑征服世界的梦想因此破灭。在纳尔逊勋爵向英国海军总部发送捷报的时候，他用的是霍雷肖·纳尔逊勋爵的签名，签名上面就是他的旗舰的名字："先锋，离开尼罗河口。"之后我毫不犹豫地将我们的新公司命名为"先锋"。

共同基金：新旗舰诞生

纳尔逊勋爵旗舰的名字，与威灵顿公爵旗舰的名字具有相同之处，它们都寓意着征服，纳尔逊勋爵的旗舰彰显了海军传统的自豪。先锋领航本身的意义是"新趋势中的领导者"，这正是我想要的。1974 年 9 月 24 日，先锋领航集团诞生了。董事会任命我为董事长兼 CEO，领导当时 27 人的工作团队。我们打破先例，赢得了共同基金的独立之战，使其仅为我们的基金持有人的利益服务。

死里逃生

我为新公司选择的名字需要得到董事会的批准，如果不出意外，获批不是问题。但是当我向董事会成员说明这个名字的意义时，我感觉他们并没有感到兴奋。准确地说，他们意识到，公司选择这个名字，预示着它将变为一个完全独立的公司，拥有完善的共同基金产品线，这仅是一个开始。

为了获得董事会的批准，我补充道："先锋领航这个名字还预示着我们与威灵顿的关系—— 先锋英文首字母 V 与威灵顿英文首字母 W 相邻。"这时会议的气氛缓和了许多，董事会很快批准了我们公司的新名字。这犹如死里逃生，但是保存先锋领航这个名字是一次重要的胜利，因为这个名字明显经得起时间的考验。

第一次冲突

随着公司业务的展开，威灵顿基金董事会内部结成几个联盟。有 6 名董事会成员长期在费城工作，他们是由摩根先生邀请加入董事会的。其他 3 位董事来自波士顿，由我的前合伙人提名进入董事会，多兰、桑代克和我被视为威灵顿基金管理公司的 3 名内部董事，因而保留了投票权，但是我们无权对"未来结构"提案进行投票。

除了我们 3 个之外，其他董事会成员似乎都在很自然地行使他们的独立投票权。在投票的时候，6 位费城人 [包括理查德 · 科隆（昵称迪克·科隆），他非常熟悉特拉华州的法律] 支持我的"共有"立场。3 位波士顿人支持多兰与桑代克维持现状的立场，并要求解除我的 CEO 职务。

独立董事查克·鲁特，费城人，显然更支持我，并赞成我的“共有”愿景。这对我来说已经非常不错了,我确信（我不确定为什么）分裂的董事会将团结起来，最后，将批准我提出的 7 个选项中的一个。

失败了？

但是一个潜在的问题很快出现了，1974 年 2 月 21 日，在第二次董事会会议上，查克·鲁特宣布詹姆斯·F.·米切尔已 70 岁了，按规定他在这个年龄是要退出董事会的。查克·鲁特建议米切尔继续担任董事，直到董事会做出最终决定。波士顿的董事们非常反对，迪克·科隆，我的支持者，也可能与波士顿董事一起反对米切尔继续担任董事。如果这样的话，即使投票结果是 4∶4 平局，米切尔也会退出董事会，这样我继续担任基金领导者的希望就会破灭。我担心威灵顿基金的“共有”方案会失败。

“势均力敌”

在那一刻，如果多数董事投票让我离开，那么我的第一个想法是“我输了”。我宣布董事会暂时休会，并向迪克解释他这个决定的后果。查克说：“好吧，我们已经和米切尔谈过，他同意留下来。”迪克绅士地说：“取消这个不合时宜的提案，他应该留下来。”听到这句话，我松了一口气。

正如威灵顿公爵在滑铁卢战役中战胜拿破仑之后所说的，我们的战斗也是“势均力敌”。

持有人的批准

先锋领航集团于1974年9月18日，也就是公司合并的前6天开始运营，直到1975年2月19日，美国证券交易委员会才澄清我们的代理声明，之后我们需要将代理声明邮寄给基金持有人，要求他们批准两个提案：一个是基金重组，另一个是将支付给威灵顿基金管理公司的咨询费降低5%。

1975年4月22日，基金持有人压倒性地批准了我们的提案。1975年5月1日，一项新的服务协议实施了，它降低了我们的基金支付给威灵顿基金管理公司的咨询费。

在接下来的10年中，费率减少的幅度会更大，随着先锋领航集团步入市场前列，最高费率降幅可达90%。我们有足够的智慧降低基金费率，但这些只有在基金规模增长之后才能发挥作用（见第5章）。

当时，先锋领航集团的成立没有引起媒体多大的注意。今天，人们经常可以在财经媒体上看到各类新公司成立的消息，更不用说打破行业传统的新公司了。

颠覆性创新

事实证明，我的预言并非准确无误，但我对事物发展的速度过于谨慎了。1975年9月，新公司成立仅仅一年后，基金董事会批准先锋领航集团设立一个内部运营的“不需要投资管理”的共同基金，即世界上第一只指数基金。

仅仅一年半之后，1977年2月，基金不再通过代销机构募集资金，而是自己负责基金募集。最后，1980 年 3 月，基金组建了自己的投资管理团队，负责债券基金与货币市场基金的投资管理工作。

仅在成立 5 年之后，先锋领航集团已经成为一家羽翼丰满的共同基金集团，如同我一开始期望的那样。我们已经准备好，愿意并且能够通过我们独一无二的共有结构与前所未有的指数基金战略，实现我们的初衷。这种组合将给整个基金行业带来颠覆性创新，正如之后发生的那样。

后来，我们开始引起媒体的注意，但是来者不善。在 1975 年 5 月的一篇文章中，《福布斯》杂志以轻蔑的方式评价我们新的共有结构，标题是"两家都有瘟疫"（出自莎士比亚的《罗密欧与朱丽叶》），表现出对威灵顿基金管理公司和先锋领航集团的蔑视。

几十年后，《福布斯》杂志的编辑威廉·鲍德温发表了两篇文章，为之前那篇带有蔑视性的文章道歉。第一次是在 1999 年 2 月 8 日，鲍德温说："事后看来，我们不应该发表关于先锋领航集团的讽刺文章。"第二次是在 2010 年 8 月 26 日，鲍德温写道："我想正式撤回《福布斯》于 1975 年 5 月发布的那篇文章。博格……像往常一样成为削减成本的传道者。我认为他为投资者做出的贡献，远胜于 19 世纪其他任何金融家。"

共同基金行业的其他人可能也有同感，他们与 1975 年 5 月《福布斯》发表的那篇文章一样，忽视了先锋领航集团创立及其对行业即将产生的影响。事实上，对于我们新的基金独立结构，我们几乎没有收到什么评论，以至对我来说最重要的两句话一直铭刻在我的记忆中。其中一个是乔恩·洛夫莱斯，洛杉矶的美洲基金董事会主席，我在本书第1章提到过他的警告：我们的共有模式结构将"摧毁整个行业"。第二个是布兰登·巴林格，威灵顿基金前投资委员会成员，拥有卓越智慧和广阔视野的资深投资者。1974年，在得知先锋领航集团创立之后，他从宾夕法尼亚医院的房间打电话给我。他说："你刚刚彻底改变了共同基金行业，杰克，祝贺你取得的成就。"先锋领航集团在共同基金行业的实践正式开始了。

事实证明，我想，洛夫莱斯先生和巴林格先生都说对了。

所以，在第一场战斗硝烟弥漫之时，我们创立了先锋领航集团，之后我们还将坚持前行，下一场战斗即将开始。

"坚持前行"的原则让我战胜了各种挑战，坚持不懈的决心让我度过了1965年至1974年心痛与失望的阶段。战斗是漫长且艰难的，但结果是先锋领航集团的创立，一个行业新星注定将改变整个共同基金行业。回想起来，我都不知道在那场斗争中我是如何始终保持冷静的，正如现在所述的那样。吉卜林说过，我对胜利和灾难这两个事情的态度始终如一。我知道自己想要实现什么目标，先锋领航集团新颖的共有结构是未来走向的关键：世界上第一只指数基金。

第 4 章 指数基金：从诞生到辉煌

指数基金由先锋领航首创。表 4-1 和图 4-1 表明指数基金不仅存活下来，而且在股票价格长期上涨中蓬勃发展——其间标准普尔 500 指数年化收益率为 11.5%，高于标准普尔 500 指数前 74 年历史年化收益率 9.6% 逾 20%。[①]

表 4-1 1975—2018 年指数基金和股票市场

	1975年12月	2018年6月	年均增长率	年化收益率
指数基金规模	0.11亿美元	6.8万亿美元	37.4%	
基金行业规模	459亿美元	18.3万亿美元	15.8%	
指数基金占比	0%	37%		
标准普尔500指数价格	90	2 718		11.5%
中期美国证券债券收益率	7.2%	2.1%		6.9%
60%股票与40%债券组合	—	—		10.0%

① 先锋领航集团成立首只指数共同基金是我们历史上的一件大事。我将用整整一章来讲述它创造的非凡成绩。

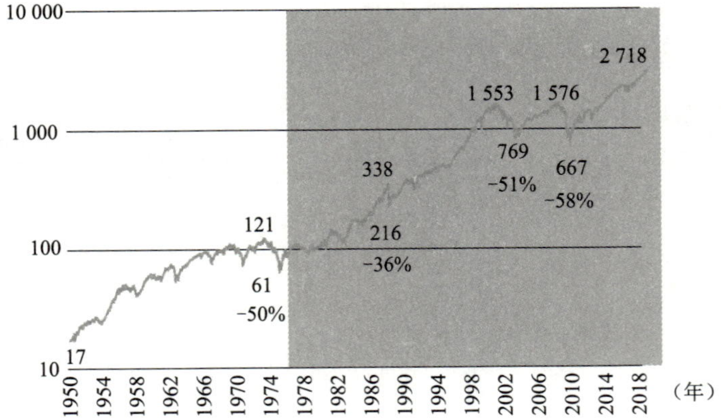

图 4-1 标准普尔 500 指数

数据来源：雅虎金融。

播种期（1951年）

1951 年我在普林斯顿大学读书的时候，指数化投资的想法第一次出现在我的脑海中。在我的一篇论文中，我提到，共同基金"不应声称可以获取超越市场的平均收益"。在接下来的几年中，我深入参与威灵顿基金寻求超额收益的工作——更不用说我对合作伙伴可以获取稳定超额收益的期望，但结果都印证了我对主动管理型基金经理的最大担忧。

这些关于主动投资管理的亲身经验给了我一个教训：对于大多数投资者而言，寻找"常胜"基金经理是一项艰难且最终没有收获的策略。1974 年 10 月初，当我在《投资组合管理杂志》创刊号上读到诺贝尔经济学奖获得者保罗·萨缪尔森的文章《投资判断的挑战》时，这一教训重新回到我的脑海。在创立新公司之后不久，我恰好读到这篇如此深刻的文章，真是太神奇了！[①]这个时机再好不过了。

萨缪尔森博士没有找到“有力证据”，以证实基金经理可以“在可重复、可持续的基础上”系统地超越标准普尔 500 指数的回报。实际上，他要求某人在某地创建一只以标准普尔 500 指数为基准的指数基金。“到目前为止，”他写道，“没有一只简单的基金可以投资整个市场，不会负债，并且可以将交易佣金、换手率和管理费率保持在可行的最低水平。”

萨缪尔森博士的思路让我感到震惊，像一道闪电，它让我坚信，作为行业新星，先锋领航必将不凡，甚至是无可比拟的，它有能力运作被动管理的、低费率的指数基金，而且在未来几年会成为占领市场的基金公司。如果“战略遵循组织结构”，那么低成本指数基金是完美的，它对于我们的新公司来说是独一无二的。

我们的同行都有机会发行指数基金，但是仅有先锋领航拥有机遇与动机。毕竟，共同基金发行者的目标是增加管理资产，从而增加咨询费用，由此增加公司赚取的利润。[②]无论基金业务是好是坏，它们采用的都是一样的“美国套路”。然而，全新的、独立的先锋领航却在追求（事后证明的确如此）减少支付给其顾问的过高费用，让共同基金足以达到像大型企业与政府养老金一样低的费率水平。指数基金的费率甚至更低：它不需要投资顾问，其所需支付的咨询费用为零。

实际上仅有三个人（作为整个先锋领航集团的指数策略团队）能够为指数基金制订投资理念和营销计划：我自己；简 · M. 特瓦尔

① 是的，是同一个萨缪尔森博士，他的教科书在 25 年前就曾让在普林斯顿大学的我感到困惑。

② 注意美国证券交易委员会主席曼努埃尔 · F. 科恩在 1968 年的发言，我在第 2 章提到过。

多夫斯基，普林斯顿大学和宾夕法尼亚大学沃顿商学院毕业生（后来担任弗兰克·罗素证券公司总裁）；沃顿商学院毕业生詹姆斯·S.里佩（后来担任普信副董事长）。我们打算建立一个以标准普尔500股票指数为模型的指数基金，并在9月的董事会议上向董事们提交了一份正式提案。

鉴于先锋领航诞生之前的冲突，我预计董事会将质疑我的客观性。所以我在演讲中引用了萨缪尔森博士"EXHIBIT A"一文中的内容，甚至将它们放在我的实证数据之前，以验证我的建议是合理的。

接下来便是有力的证据，我列出了1945年至1975年30年间每个股票型共同基金的年均收益，然后计算它们的简单平均值，并将结果与标准普尔500指数的年均收益进行比较。

结果是：标准普尔500指数年均回报率为11.3%；股票型共同基金年均回报率为9.7%，比标准普尔500指数年均回报率低1.6%。这是经过复杂统计得出的"有力证据"，它能证明被动指数基金的收益将超过主动管理型基金的收益。数据证实了我在24年前的论文中得出的结论，当时这个结论仅有理论经验支持，没有详细的数据支持。[①]

"无须管理的基金"

为了急于说明这一结论对养老金账户的意义，我向董事会做了

① 这种偏差不仅仅是统计上的偏差。在2016年1月我为《金融分析师》期刊所写的一篇论文中，我使用1985年至2015年30年的数据重复了之前的统计。结果是：标准普尔500指数的年均回报率领先大盘主动混合型基金年均回报率约1.6%，与我在1975年先锋领航董事会中提出的指数优势结论相同。指数基金所有的优势几乎都可以用成本优势来解释。

说明：假定初始投资为 1 000 000 美元，结果投资标准普尔 500 指数的账户到期资产为 25 020 000 美元，投资股票型共同基金的账户到期资产为 16 390 000 美元。指数基金的优势显著，多赚了 8 630 000 美元。这样的结果具有极强的说服力。

在 1975 年 9 月的董事会上，先锋领航的董事们质疑了我的指数基金提案。他们提醒我，我们的授权是在威灵顿基金董事会上经过艰难斗争才获取的，而且威灵顿基金的董事会禁止新公司参与基金的投资咨询与市场营销业务。

我认为，先锋领航运营指数基金并没有违反我们不能为我们的基金提供投资咨询服务的禁令。[①] 指数基金只会投资标准普尔 500 指数中的所有 500 只股票。它不雇用任何投资顾问，因此不会被“管理”，公共的基金募集也可以由外部经纪公司来处理。

那个时候，我声称指数基金不需要投资管理，其实仅是一种战术。对这件事的争议比我预想的要小，董事会通过投票一致批准了我的提案。（投票后，一名董事决定不在董事会任职，他的投票也被撤回了。）

第一只指数共同基金

1975 年 12 月 31 日，我们在特拉华州申请设立了“第一指数投资信托（First Index Investment Trust）”[②]——产品名字反映了我们

① 5 年之后，1980 年，在我们设立先锋领航固定收益投资集团管理债券基金与货币市场基金的时候，该项禁令被废止了。相关内容将在第 5 章进一步讨论。

② 该基金现在名为先锋 500 指数基金。

对全球第一只指数基金的重视。1976 年 4 月，我们草拟了这只指数基金的募集说明书，基金运作费用为每年 0.3%，交易成本为每年 0.2%，相较于主动管理型基金每年 2%～3%（包括运作费用、交易成本，还有销售费用）的费率要低很多。"低费率代表着省了就是赚了，而且随着时间的推移还有复利效应"——这就是指数投资策略的真谛。

鉴于运作一个跟踪指数的共同基金的复杂性，我们新创的基金将开辟新的领域。与指数化运作的养老金和集合信托不同，指数基金必须遵循联邦法律及每日现金流的要求，为数千名、最终可能是数十万名持有人处理申购赎回，以及核对基金净值业务。

我们向基金董事会初步描述，如何将投资组合交易成本最小化，以及如何提高运营效率，以至它们不会影响基金跟踪指数的效果。1976 年 5 月，在审查了我们对董事会问题的反馈后，董事会批准我们向美国证券交易委员会提交第一指数投资信托的招股说明书和募集公告。（我们的基金名称经受住了美国证券交易委员会职员与其他一些对手的挑战。）

毫无疑问，第一指数投资信托，即今天的先锋 500 指数基金是第一只指数共同基金。创新性指数基金的出现，可以追溯到 1975 年，这件事至今仍让我感到激动不已。它是如何发生的？为什么之前没有出现这样的产品？

20 世纪 60 年代后期，富国银行从理论模型研究到技术实践应用，研发了指数投资方法。之后富国银行在新秀丽集团的养老金中创建了一个 600 万美元的指数投资账户。

富国银行最初的尝试失败了。富国银行选择纽约证券交易所股票的等权重指数作为跟踪目标，但是这个策略的执行是一场噩梦，这个策略在 1976 年被放弃了。纽约证券交易所等权重指数其实跟先锋第一指数投资信托跟踪的标准普尔 500 指数类似。新秀丽集团的破产，导致其养老金计划的终结。

与此同时，1971 年，位于波士顿的百骏财务管理公司（Batterymarch Financial Management）决定尝试指数投资理念。这个理念在 1971 年哈佛商学院研讨会中首次被提出，但是当时并没有被大多数人接受。为了鼓励这种有意义的探索，《养老金与投资》杂志在 1972 年授予百骏“探索成就奖”。直到两年后，也就是 1974 年 12 月，该公司才找到第一个接受这一理念的客户，但是不久，这次指数尝试就失败了。

1974 年，位于芝加哥的美国国家银行建立了信托基金，以标准普尔 500 指数为跟踪目标，但是现在这个银行与这只基金都不存在了。刚开始涉足共同基金行业的美国运通（American Express）也尝试创立了一只指数基金，1975 年，该公司向美国证券交易委员会申请成立了一只面向养老金客户（初始规模 100 万美元）的指数基金。但是 1976 年，美国运通新管理层撤回了这个申请。

没有这些失败的尝试就没有指数基金的诞生，没有早期的各种尝试就无法点燃指数基金的火焰。但是早期关于指数基金的各种努力都失败了，仅有一个例外——先锋领航第一指数投资信托。

40 年来，那些试图引领指数基金革命的人所创设的指数基金产品的规模合计为零。

里程碑 No.3 1975年9月
第一指数投资信托是如何开始的

先锋第一指数投资信托并非现代投资组合理论（MPT）或者有效市场假说（EMH）这些复杂理论的产物。1975 年，我甚至从来没有听说过（投资历史上）现在著名的芝加哥大学的尤金·法玛和达特茅斯学院的肯尼思·弗伦奇的理论。后来，当我开始了解有效市场假说时，我发现市场的不可测性导致有效市场假说并不稳定，所以它并非指数基金的基石。

事实告诉我，当我决定创立指数基金时，我没有学习过统计学，更不是应用统计学天才。我想，这是令人尴尬的，无论是投资组合理论还是有效市场假说[①]，我都不熟悉，但这没关系。

第一只指数共同基金也不是芝加哥大学或者富国银行量化研究的成果。的确，当我后来读到指数基金源于芝加哥大学的故事版本时，我意识到当我创立第一只指数基金时，我从未读过芝加哥大学那些学术大师的文章。

这些就是 20 世纪七八十年代那些金融学术大师的

① 我后来开创性地提出成本重要假说（CMH），CMH（起初不经常被引用）现在几乎被人们普遍接受了。

名单：约翰·麦奎恩、詹姆斯·维汀、威廉·福斯、费希尔·布莱克、哈里·马科维茨、尤金·法玛、杰里米·格兰瑟姆、迪恩·利巴朗、詹姆斯·洛里、莫顿·米勒、迈伦·斯科尔斯和威廉·夏普。尽管 1951 年我毕业于普林斯顿大学，毕业论文也是一篇与金融相关的文章，但是在那个时代，金融从业者根本不知道大学的学术研究取得了什么成果。

的确，第一只指数基金的灵感源于职业直觉，简·特瓦尔多夫斯基是先锋领航集团最初的 28 名成员之一，而且是第一只指数基金的投资组合经理。我现在让简讲述一下 1975 年年初发生的事情：

有一天，你问我是否可以管理指数基金，这让我感到非常惊讶，但是经过几天的研究，我说没问题。基于简单的加权算法与公开数据库，我在分时系统中使用 APL（A Programming Language，一种编程语言）编写指数基金程序。坦率地说，这似乎很容易，但是给分销商分享思路以及路演指数基金的时候，我还是很紧张。实际上，指数基金的资金是由我的一部分 APL 程序来管理的。

我是说，一个仅拥有普林斯顿大学文科学士学位、普林斯顿电机工程学士学位、沃顿商学院工商管理硕士学位的人，会比那些拥有芝加哥大学、斯坦福大学、哈佛大学博士学位和硕士学位的人更聪明吗？当然不是。

必须说明的是，我重申先锋500指数基金并非唯一的“第一只指数基金”，但是它是早期指数基金中唯一存活下来的，无论结构如何，它都经受住了时间的考验。截至2018年，先锋500指数基金资产总额为6 200亿美元，是规模第二大的指数基金，仅次于先锋整体股票市场指数基金，其资产总额为6 600亿美元。

首次公开募股

现在，我的工作是为先锋领航集团寻找一条新出路，筹集资金以启动指数基金，但是我们没有营销费与广告费。我们需要说服一批华尔街的投资银行家来管理首次公开募股，以确保可以筹集到投资几百只股票所需的资金。我在写给董事会的信中不加掩饰地说，我们的目标是“发行一只指数基金，目标规模在5 000万至1.5亿美元之间”。

那个时候，先锋基金是“佣金基金”，专门通过经纪公司进行销售。然而由于1973年和1974年股票价格大幅下跌，共同基金的销售额下降了50%，我们试图通过一批美国顶级经纪公司来销售基金。

经过多次努力，巴奇·哈尔西·斯图尔特[Bache Halsey Stuart，现在的培基证券（Prudential Securities）]，潘恩·韦伯·杰克逊&柯蒂斯（Paine Webber Jackson & Curtis）和雷诺兹证券（Reynolds

Securities）答应开展指数基金的销售业务。它们根据与我们签署的协议，找到第四家主代销机构，那家公司转型为迪恩·威特。罗杰·伍德作为迪恩·威特此次基金发行的领导者，认同指数基金的投资理念，并积极负责基金募集。这样，我们联合了华尔街 4 家销售共同基金最强的经纪公司。

1976 年 6 月，正当我们信心飙升的时候，《财富》杂志以大字标题刊登了一则消息《指数基金的时代即将到来》，在一篇 6 页长的精彩文章中，编辑阿尔·埃尔巴宣布，“如今，指数基金有可能重塑整个资产管理行业”。

由于专注于养老基金，他写道：“它们目前的管理层很糟糕，负责养老基金的公司高管们的投资业绩并不好，还不如直接交给指数基金获取市场平均收益。”他补充道：“甚至在扣除费用之前。”埃尔巴展示了各种严谨数据与指数基金理论，并反驳了每一个可能的反对意见。这是对简·特瓦尔多夫斯基和我最有力的支持。

市场对指数基金的发行公告并没有多少反应，但是这样也很好。很少有人认同简与我相信的东西——指数基金代表了共同基金行业新时代的开始。最热情的评论来自我的前任导师（以及后来的诺贝尔经济学奖获得者）保罗·萨缪尔森教授，是他鼓励我走出指数基金的第一步。

萨缪尔森博士于 1976 年 8 月在《新闻周刊》上撰文表示，他很高兴自己两年前的那个倡议终于得到了回应，“而且比我预想的还要早”。他感叹道：“我内心的祈祷得到了回应。当我看到募集说明书的时候，我非常看好它的市场前景，它的名字是第一指数投资信托。”他承认该基金满足了他的六项要求中的五项：

（1）它适用于普通投资者；

（2）它的目标是跟踪标准普尔 500 指数；

（3）它每年的费率仅为 0.20%；

（4）它的投资组合周转率保持在极低水平；

（5）它被证明可以"基于最小组合方差与波动率，通过最分散的方法使得收益最大化"。

他的第六个要求（它是一个"免佣基金"）没有得到满足，但是，正如他承认的那样，"教授的祈祷很少被完全回应"。事实上，萨缪尔森博士的最后一项期望将在 6 个月后得到回应，先锋领航集团取消了所有销售佣金，完全成为"免佣基金"。但在那之前，我们需要向销售机构支付费用，而且这些费用都是由基金资产承担的。（当时共同基金的标准为：小额投资者费率为 6%，投资额为 100 万美元或以上时逐渐降低至 1%。）

不过，在美国十几个城市的"路演"中，我的助手詹姆斯·里佩与我都感觉到，经纪公司的代表们似乎并不认可指数基金。毕竟，指数基金基本上暗示了他们的专业（为客户选择并管理好基金）是一个失败者的游戏。

1976 年 8 月 31 日，指数基金的 IPO 结束了，仅募集了 1 130 万美元，这个数字甚至无法满足将标准普尔 500 指数的成分股每只买 100 股的要求。经纪公司建议我们取消发行并将钱还给投资者。"不，"我记得当时我说，"我们现在拥有世界上第一只指数基金，它的开始是一件大事。"

“博格的愚蠢”

任何有新想法的人都必然会受到怀疑，当这个想法成为现实时，他就会遭到谴责和攻击。第一指数投资信托再次被描述为“博格的愚蠢”。一家中西部经纪公司在华尔街挂起了一张海报：一个愤怒的山姆大叔用一个大橡皮戳取消了指数基金的发行许可。海报的标题是：指数基金是反美的，要消灭指数基金！

富达董事长爱德华·约翰逊三世怀疑富达将会很快效仿先锋领航集团发行指数基金（1988 年，他就做到了）。“我不敢相信，”他对媒体说，“广大投资者只会满足于获得市场平均收益。比赛的目的就是成为最好的。”（今天在富达，指数基金资产的规模占其总规模的 30% 以上。）

另一位竞争对手发了一张传单，夸张地说：“谁愿意接受普通外科医生的手术，接受普通律师的建议，成为普通注册代表，或者做任何比普通更好或更差的事情？”传单以鼓舞人心的话结束：“当伸手去摘星星的时候，没有人愿意仅获得一把尘土。”当然，大多数基金投资者一直以来都在追逐明星基金经理，这句话暗示了投资指数基金仅能获得一把尘土。

起初，我制订的募集目标是 1.5 亿美元，但是实际情况远没有那么乐观。但是令人欣慰的是，我们的指数基金成立了！简·特瓦尔多夫斯基，作为该基金的第一名投资组合经理，迅速将信托基金 1 100 万美元的初始资本投入标准普尔 500 指数成分股中。

由于我们初始募集资金有限，又考虑到购买 500 只股票的交易成本，指数基金的投资组合仅包含 280 只股票——最大的 200 只股票（几乎占据了指数权重的 80%），再选出 80 只股票以拟合指数剩余的部分。截至 1976 年 12 月 31 日，我们的资产已经增长到 1 400 万美元——在 211 只基金中排名第 152 位。

"匠人所弃的石头，已成了房角的头块石头"

那只是一个不起眼的开始。到 1982 年年底，第一指数投资信托资产规模超过 1 亿美元，在 263 只基金中排名第 104 位，1988 年资产规模达到里程碑式的 10 亿美元，在 1 048 只基金中排名第 41 位。2018 年中期，先锋 500 指数基金的资产规模（包括为机构投资者设计的姊妹基金）总额为 6 400 亿美元，在 5 856 只基金中排名第二，仅低于先锋整体股票市场指数基金（资产规模 7 420 亿美元）。

先锋领航集团仍然是指数投资的主导力量。先锋领航集团管理着 3.5 万亿美元的指数基金，占整个指数共同基金总规模 6.8 万亿美元的 51%。先锋领航集团管理着传统指数基金（TIFs）中 80% 的资产——传统指数基金是长期投资者最偏爱的品种。先锋领航集团管理的交易型开放式指数基金占该类基金整个市场份额的 25%——投资者可以像交易股票一样交易该类基金份额。

如果没有先锋领航集团，我敢肯定指数基金也会诞生，但它可能会延迟 10 年或 20 年。然而，直到现在，我们的共有结构还没有被复制。指数基金如我们所料的那样重塑了整个基金行业。事实上，指数基金就是改变整个金融市场的力量。

维克多·雨果说得对："没有任何军队可以抵抗一个顺应时代的思想。"是的，我们已经看到指数化投资近年来已经在股权投资领域占据了主导地位，而且指数基金的规模在显著增长。第一指数投资信托花了 20 年时间，最终获得众多投资者的关注，其间经受住了竞争对手的各种挑战。指数基金最终的成功，再次证明了《圣经·诗篇》第 118 篇所说的话："匠人所弃的石头，已成了房角的头块石头。"

投资组合的核心

2018 年年中，先锋 500 指数基金当初的承诺都已经兑现。更有意义的是，不是因为其规模的显著增长，也不是因为它促进了整个指数基金的壮大并重塑了整个共同基金行业，而是因为它将投资者而非基金经理置于驾驶员的位置。跟踪标准普尔 500 的指数基金，正在致力于为那些没有相关投资经验的投资者服务。

为了说明这一点，我认为没有比第一指数投资信托募集失败更好的例子了。（为了保护隐私，我们将当事人称为"法律顾问"。）考虑到并没有多少投资者购买这个基金，法律顾问决定在首次公开募股中购买 1 000 股第一指数投资信托。

2011 年秋，在纽约市，这名法律顾问和基金募集的负责人与我和其他两位先锋领航集团同事共进晚餐。我们一起为 1976 年那次基金募集 35 周年举行庆祝活动。

我们在享受着我们的友谊之夜，谈话很自然，也非常坦率。我们每个人都讲了一两件逸事，最后法律顾问站起来说："我想帮助基金募集，以每股 15 美元的价格买了 1 000 股第一指数投资信托，其中包括 6% 的销售费用。我选择分红再投资模式，并且付清了相关税款。在吃这顿晚餐之前，我看了最近的一次基金报告。它显示我现在拥有 4 493 股基金，并且现在每股资产净值为 250.99 美元，合计资产为 1 127 704 美元。”[①]法律顾问坐了下来……周围响起热烈的掌声。

这听起来令人难以置信，但这是真实的故事。从这件逸事中我们看到，永远不要低估复利的力量，要始终避免“横征暴敛”的投资成本。

其中有两个重要的注意事项：

第一，以美元计价，2018 年指数基金的名义收益率为 11%。指数基金的实际投资收益率（扣除年均通货膨胀率 4%）应为 7%。法律顾问在“真实”的情况下（根据通货膨胀调整后）资产会低得多，只有差不多 256 284 美元。

第二，在未来几年，标准普尔 500 指数持续每年 11% 的收益率难以再次发生。1976 年，股票估值相对便宜，而且股息率较高（3.9%）；2018 年，股票估值不再那么便宜，而且股息率较低（1.8%）。

1995 年 8 月，《货币》杂志专题介绍了指数基金的成功。它的执行主编辑泰勒·马西森非常认可指数投资的理念，并呼吁读者“作为投资者应重新定位投资预期”。他描述了指数基金的优势——低运营成本，低交易成本，低资本利得税，如同三大男高音多明戈、帕瓦罗蒂和卡雷拉斯一样，这是“令人印象深刻的三重奏”。

那篇文章的标题慷慨地宣称，“博格赢了，指数基金应该是当今大多数投资组合的核心”，并带着对作者的敬意结尾，“所以这就

① 我已将这些数据更新到 2018 年 6 月 30 日。

是你，杰克，你有权利宣称指数基金胜利了”。

泰勒富有洞察力的认可仅仅是一个开始。一年之后，投资巨头沃伦·巴菲特加入支持指数基金的队伍。1996 年，他在写给伯克希尔·哈撒韦公司股东的信中说：“持有股票最好的方式就是拥有一只费率最低的指数基金。那些遵循这种方法的投资者最终都会击败……绝大多数投资专业人士。”

巴菲特在 2016 年为伯克希尔·哈撒韦公司撰写的年报中旧事重提。“如果非要在华尔街给谁立一座雕像，以纪念为普通投资者做出最大贡献的人的话，那么这个人非约翰·博格莫属。几十年来，杰克一直敦促投资者投资超低成本指数基金。在他的改革运动中……杰克经常被投资管理行业嘲笑。然而，今天，他知道他帮助了数百万投资者——他们感到十分满意，因为指数基金的收益远远超过其他投资方式的回报，他是他们的英雄，也是我心目中的英雄。”

戴维·斯文森，耶鲁大学捐赠基金会首席投资官，2005 年在其著作《不落俗套的成功》中，他增加了对指数基金与先锋领航集团共有结构的认可：“投资者在非营利组织管理的基金中表现最佳，因为管理公司专注于服务投资者利益。没有利润动机干扰投资者的回报。没有外部公司利益与投资组合管理的冲突性选择。非营利组织将投资者利益放在首要位置……最终，由非营利组织管理的被动指数基金才能最大化满足投资者的期望。”

指数基金广受赞誉，萨缪尔森博士在 2005 年写道：“我将博格的发明与车轮、字母表、谷登堡印刷、葡萄酒和奶酪的发明相提并论：一只共同基金，并没有让博格变得富有，但是它提高了基金投资者的长期收益，指数基金是阳光下的新事物。”

把三个投资巨头巴菲特、斯文森和萨缪尔森比作1927年纽约扬基队著名的"三叉戟"似乎是不合理的：贝比·鲁斯（击球率为0.356，全垒打60分）、卢·格里克（击球率为0.373，全垒打47分）和厄尔·库姆斯（击球率为0.356，全垒打6分）。是什么触动了他们？

先锋领航集团开创的指数基金是一把双刃剑，但它只能坚持前行。首先，作为一个商业问题，我们会让一个改变世界的想法坚持前行，然后在处理这个问题时我们要保持耐心，指数基金从诞生到被投资者接受历经了整整20年。其次，投资者喜欢简单的东西，拥有最低成本、最分散化投资的基金（标准普尔500指数基金）将会获得真正卓越的回报。

第5章
共同基金的三角结构（1974—1981年）

在股市低迷的时候创建公司不是一件好事，悲观情绪弥漫着整个资产管理行业。我们认为或许没有比这更差的事情了，而且事实的确如此。在接下来的6年中，各种棘手的问题接连出现。其间，标准普尔500指数上涨了175%，但先锋领航集团的管理规模仅增长了80%，达到27亿美元，我们的市场份额显著下降，一度达到历史最低值1.7%（见表5-1、图5-1）。但是我们必须坚持前行。

表5-1　1974—1981年先锋领航集团与股票市场

	1974年9月	1981年12月	年均增长率	年化收益率
先锋领航集团管理规模	15亿美元	27亿美元	8.8%	
基金行业规模	341亿美元	2 414亿美元	32.3%	
先锋领航集团市场占比	4.4%	4.9%		
标准普尔500指数价格	69	123		15.0%
中期美国证券债券收益率	8.0%	14.0%		6.6%
60%股票与40%债券组合	—	—		11.9%

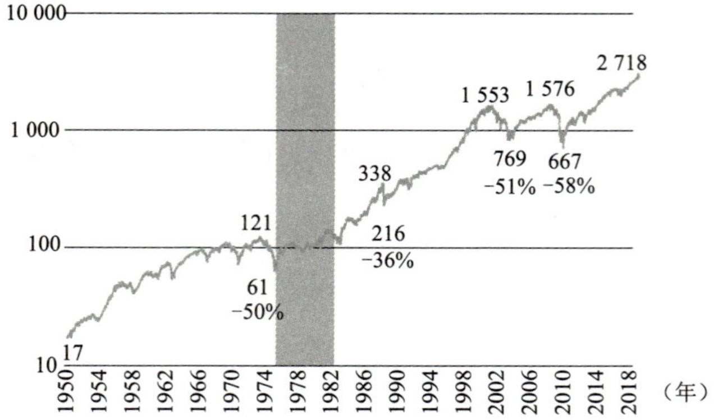

图 5-1　标准普尔 500 指数

数据来源：雅虎金融。

终止分销模式

先锋领航集团的新起点始于 1975 年，董事会批准了我们的指数基金方案。第一指数投资信托的诞生，意味着我们必须全力以赴，即使成立的规模不大，指数基金也将完成共同基金三角结构①的第二角——投资管理。(我们的指数基金"不需要投资管理"。)1977 年，我们的主要工作是市场营销与基金募集，这是共同基金三角结构中的第三角，我们要争取到如同投资顾问那样向先锋领航集团的客户服务的权利，该目标在 1981 年达成了。

从争取先锋领航集团独立的斗争开始，我已经努力降低了基金持有人所承担的年度运营费用，尽管我们还要继续依靠经纪公司销售基金。在那个时代，投资者购买我们的共同基金需要支付 7.5%

① 共同基金三角结构指基金募集、基金运营、投资管理。——译者注

到 8.5% 的前端（认购 / 申购）费用。几乎与其他所有基金同行一样，先锋领航集团的基金销售与股票经纪公司密不可分。

在我们的指数基金首次公开募股之后，我决定我们必须解决这个基金销售中的问题。1976 年秋，在致先锋领航集团持有人的一封信中，我概述了放弃威灵顿持续了近半个世纪的基金销售模式计划。

在原有基金销售模式下，威灵顿基金管理公司对接所有经纪公司网络，经纪公司将先锋基金份额销售给其客户。先锋领航集团的董事们不同意我们踏入威灵顿的地盘。

我们再次设计出一种新颖的方案。我向董事会提出另一个前所未有的提案：先锋领航集团将终止与威灵顿基金管理公司的分销模式，即使这种模式已经运行了近半个世纪。我们将推出“免佣”份额，没有任何销售佣金与销售提成，这能够让我们完全摆脱对经纪人的需求。我们不会依靠经纪公司出售基金份额，而是由投资者直接购买基金。

我对董事会解释，我们没有违反承诺，我们没有涉足基金分销，而是终止了基金分销模式。

再一次，一场激烈的战斗开始了。威灵顿管理层仍然控制着先锋基金的分销业务，如此举动将彻底破坏两家的关系。虽然这种变化短期内肯定会影响基金销售业务，但是我认为从长远来看，它将带领我们进入即将到来的关注投资者利益的新时代，依靠投资者选择基金，而非经纪公司销售基金。

1977 年 2 月 7 日，在纽约召开的董事会会议要做出（基金销售模式转变）是否继续的决定，会议上的争论非常激烈。我有理由相信，可以通过一票之差定胜负：7票支持、6票反对来赢得胜利。结果证明我的想法还不够乐观。1977年2月8日凌晨1点，投票结束了，共有8票支持、5票反对。当天上午10点，我们向媒体宣布了这个戏剧性的决定，胜利是属于我们的。

在我们仅被赋予有限职能的新公司成立18个月之后，我们正式变为一个完整的共同基金集团。在取得指数基金投资管理权之后，我们开始承担市场营销与基金分销工作了。

然而，斗争还没有结束。1974年，董事会批准威灵顿基金管理公司的内部化问题以全票通过的方式解决了，而且没有引起媒体的关注。1975年，指数基金管理的内部化也获得一致通过，但是公众媒体的反应是负面的。将基金分销内部化的决定引发了轩然大波。我们向美国证券交易委员会提交的申请遭到一名威灵顿基金持有人的反对，他要求我们在1978年举行正式的听证会。

里程碑 No.4 —— 1977年
失败的痛苦

我们申请在特定前提下，使用一些先锋基金的资产用于市场推广与基金分销。美国证券交易委员会成功地反驳了我们：基金不能使用它们自己的资产用于基金销售。这样的规定忽视了一件事，那就是基金管理人实际上在使用他们所管理的基金的利润支付基金销售费用。

意识到这个荒谬判断的不一致，我们向美国证券交易委员会申请豁免，允许我们使用有限的基金资产用于基金销售；并且考虑到我们减免部分管理费，投资者应该与我们一起承担销售成本（在“免佣”前提下，销售成本要低得多），这样一来，我们为基金持有人每年净节省约 80 万美元。

美国证券交易委员会的听证会持续了整整 10 天。在听证会的大部分时间里，我都在证人席上做证。有人说这是自《1940 年投资公司法案》颁布以来最长的一次听证会。最后，1978 年 7 月，美国证券交易委员会主持听证会的法官马克斯·雷根斯坦纳做出他的决定：拒绝！我们回到了原点，我非常生气，再次陷入失败的痛苦中。

雷根斯坦纳法官的决定使我们陷入困境。虽然他肯定了美国证券交易委员会最初同意先锋领航集团建立自己基金销售计划的决定，但他要求修改在几个先锋基金之间如何分配（其所承担的）销售费用的方案。

再一次，在充满不确定性的环境中，（被一条脆弱的绳索拴着的）达摩克利斯之剑悬在我们的头顶，我们尽一切努力以便保持基金销售模式和之前一样，我们还向雷根斯坦纳法官表示，可以通过一些技术方法修改应用程序来解决这个问题。

1980 年，我们对我们的方案进行了适度修改，最值得注意的是，基金的销售费用不能超过基金净资产的 0.20%。（2017 年，这个费用没有超过先锋基金净资产的 0.03%。）最后，雷根斯坦纳法官批准了该方案。

里程碑 No.5 —— 1981年2月
胜利后的激动

1981 年 2 月 25 日，那把悬在头顶的利剑终于被取下了，美国证券交易委员会对我们的方案给出了最后的判决。结果是先锋领航集团胜利。我心中的愉悦无以言表，美国证券交易委员会的讲话更能说明问题：

（先锋领航集团方案）符合规定和政策，以及《1940 年投资公司法案》的立法精神。它实际上通过让基金董事们更直接地知晓基金支出相关费用获取服务的性价比信息，确保《1940 年投资公司法案》立法精神得到进一步落实，以便基金董事们更容易评价那些服务的质量。

该方案将促进改善对基金持有人的信息披露，使他们能够做出关于基金运作更明智的判断。此外，该方案明显增强了基金的独立性，允许他们根据条件的规定改变投资顾问。该方案也将在公平合理的范围内使每只基金受益。

具体来说，先锋领航集团的方案不仅促进了每只基金，而且促进了共同基金行业向更健康的方向发展；使基金能够实现大幅节省或者减免咨询费；促进了储蓄投资规模的增加；并且为基金提供直销模式，以及无利益冲突的分销模式。

因此，我们认为批准先锋领航集团的方案是适当的。

这个判决获得了一致认可。不出所料，持久的“胜利快感”无疑超过了之前暂时失败的痛苦。

指数基金的挣扎

1977 年 2 月取消销售佣金，几乎没有逆转第一指数投资信托早期在市场上的颓势。投资者持续的资金净流入需要基金业绩的促进，就像美食需要一些调味品一样，而且它们好不好吃，你只有品尝过才知道。

1977 年年中，第一指数投资信托资产接近 1 700 万美元，我感觉有机会大幅增加资产规模。在先锋领航集团管理的基金中，有一只交易型基金（投资者在投资组合中交易这种基金享有免交易税、低交易成本的优惠），名字为埃克塞特基金（Exeter Fund），规模为 5 800 万美元。由于埃克塞特基金不能新发基金份额，所以必须将其合并到其他基金中。

1977 年 9 月，我提出将它并入第一指数投资信托的建议。威灵顿管理层建议将其并入温莎基金，经过激烈的讨论，董事会批准我的建议。第一指数投资信托的资产增加了 4 倍多，达到 7 500 万美元。最终，第一指数投资信托拥有了足够的资金购买标准普尔 500 指数的全部成分股股票。

在指数基金的早期阶段，它的业绩并不出色，因为标准普尔 500 指数的收益低于股票型基金的平均业绩。但是从 1972 年到 1976 年，指数基金业绩突出，超越了近 70% 的股票型基金。从 1977 年到 1982 年，指数基金再次进入颓势，仅跑赢差不多 1/4 的股票型基金。

这种表现逆转了标准普尔 500 指数的优势，导致该指数基金很难获得增量资金。（几乎所有新概念基金都受到过这种逆转的困扰。）但是我们正在走向一个崭新的 10 年——20 世纪 80 年代，其间指数基金再次跑赢一半以上的股票型基金。

即使在埃克塞特基金并入之后，第一个指数基金的资产也是到 1982 年才越过 1 亿美元大关。事实上，直到 1984 年，第二个指数共同基金（由富国银行运营，也追踪标准普尔 500 指数）才加入指数基金阵营。1990 年，这个阵营已经有 5 只指数基金了，总资产为 45 亿美元，但是仅占共同基金行业总规模的 2% 左右。

先锋指数基金进入股票市场的时点非常糟糕。共同基金行业（包括先锋领航集团的威灵顿管理时代）都栽进了沸腾的岁月，似乎这个时代永远不会结束。但是这个时代最终还是落幕了……

"漂亮 50"的愚蠢也是如此。1973—1974 年，泡沫破灭，热空气喷出，最后以"漂亮 50"股票价格暴跌 50% 结束，基金行业"专业”的声誉碎了一地。

从一开始，共同基金行业始终由股票型基金和（通常由持有 60% 以上的股票资产的）平衡型基金统治。基金行业的前景取决于股票市场。许多曾经保守的共同基金经理在沸腾的岁月提高持股仓位，在“漂亮 50”时代追逐估值过高的股票，随之而来的 1973—1974 年的股票市场大崩盘对整个行业造成无法挽回的损失。

股市暴跌导致基金资产规模降低，失望的投资者成群结队地赎回他们的基金份额。共同基金总资产从 1972 年年底的 580 亿美元下降到 1975 年 9 月的 360 亿美元，整个行业资产规模缩小近 40%。

1972 年年初，共同基金的净现金流量转为负值，直到 1978 年，整个基金行业仍然处于资金净流出的状态。在这种状态下，先锋领航集团也不例外，尽管我们的基金偏向平衡型基金，但是我们的结果更糟糕。在威灵顿基金的鼎盛时期，1965 年其资产达到 20 亿美元的峰值，在 1974 年股市的低点时规模缩小至 4.5 亿美元，下降超过 75%（第 11 章将介绍更多威灵顿基金的历史）。1981 年，先锋领航集团的市场份额仅为 5.8%，1985 年跌至 5.2%，1987 年跌至 4.1%。

威灵顿基金（后来是先锋基金）的月度资金净流出从 1971 年 5 月起，一直持续到 1978 年 1 月：连续 81 个月的资金净流出总计超过 5 亿美元，约占先锋基金初始资产的 1/3。正如先锋领航集团董事詹姆斯 · 希尔所说，“我们正在流血”。他的描述非常恰当，不仅仅是我们在流血，整个基金行业都面临着灭顶之灾。

货币市场基金

基金行业需要一个救世主，而且要快。这个时候我们找到了一个新产品，名字叫货币市场基金。

第一个货币市场基金——储备基金（Reserve Fund），由布鲁斯·本特和亨利·布朗于1971年创立。其投资范围包括短期货币市场工具、商业票据与美国国债，基金将维持（或者更确切地说，努力维持）每股1美元的净资产价值。当时银行储蓄账户的年利率仅为5.25%，而货币市场基金的年均收益率高达9%，这导致货币市场基金的模式迅速取得成功。当然，其他大型基金公司几乎在一夜之间也开始复制货币市场基金。

货币市场基金的资产从1977年的40亿美元跃升至1981年的1 850亿美元，那时，美联储已经取消了对银行储蓄账户的利率限制，为货币市场基金在新的竞争中打开大门。之后，利率将逐步下降到历史较低水平。短期美国国债的收益率在1981年达到16%以上，但是在2008年到2015年，逐步下降到趋近于零，低利率减缓了货币市场基金的发展速度，但不会让它停下来。2018年中期，货币市场基金的总规模为2.7万亿美元。

迟到的开始

我们推出货币市场基金比较晚，怀特霍尔货币市场信托（现为先锋主流货币市场基金）于6月4日成立，该基金保留威灵顿基金管理公司作为投资顾问。我们赶上了货币市场基金的潮流，后来资产管理规模大增，先锋领航集团的管理规模从1974年的14.7亿美元增加到 1981 年的 41.1 亿美元。

1977年：固定久期市政债券基金

1977 年，在决定实施免佣策略之后的 6 个月内，我们想出另外一个创新思路。我们采用一种前所未有的策略创立了一系列市政债券基金。我们也认为，长期而言，总有极少数基金经理可以战胜市场，所以我们开始相信有个别债券基金经理可以预测利率走势，并能战胜债券市场。

然而，让我们的同行提供“管理”免税债券基金的业务，这其实隐含了一个承诺——一个不可能实现的承诺。所以，我们决定不单独设立一只免税债券基金，而是设立三种久期不同的债券基金：一种债券基金提供长期投资组合（收益率最高），一种债券基金提供短期投资组合（波动性最低），还有（你猜对了！）中期投资组合。事实上，很难想出一个更加平庸的想法，但在此之前从未有人尝试过。

一个简单的创新

几乎一夜之间，这种简单的创新改变了投资者投资债券基金的方式，基金行业中的主要公司很快将这种思路用于它们自己的债券基金。这种变化使得债券共同基金进入新时代。它们的资产规模从 1977 年的 110 亿美元增长到 2001 年的 1 万亿美元。2018 年，债券共同基金资产总计 4.6 万亿美元，货币市场基金资产总计 2.7 万亿美元。

很容易想象，先锋领航集团的低成本结构将为债券基金提供巨大的收益优势，所以我知道先锋领航集团全面接管固定收益基金的机会已经到来。1980 年，由于对市政债券和货币市场基金的收益与成本不满意，我向董事会建议终止与外部投资顾问（威灵顿基金管理公司和花旗银行）的合同，建立我们自己的固定收益专业团队，最后董事会同意了我的建议。

里程碑 No.6 —— 1980年
最终完成了基金公司的三角结构：投资管理

如果只将创建固定久期债券基金的决定描述为辉煌的话，我选择的外部管理人负责债券基金的投资管理则恰恰相反。我们选择了（著名的）花旗银行作为基金的投资顾问。可惜，花旗银行根本没有完成任务。自 1980 年开始，先锋领航集团决心终止这种合作。

与此同时，我们规模庞大（4.2 亿美元）的货币市场基金还要向当时的基金外部投资顾问威灵顿基金管理公司支付高昂的费用。那个时候，我们最想推进的事情是：让先锋领航集团取代花旗银行成为我们自己的市政债券基金的投资管理人，同时建立先锋领航集团自己的内部基金经理来取代威灵顿作为我们货币市场基金的外部投资顾问。这样做一方面可以减少费用，另外一方面可以获得规模效应。

1980 年 9 月召开的董事会会议引起了争议。取代花旗银行担任市政债券基金的投资顾问没有问题。取代威灵顿担任货币市场基金的投资顾问，将在很大程度上节约先锋领航集团相关投资顾问的支出，符合我们低成本结构的利益。但先锋领航集团需要建立一个全新的债券投资团队，自己承担风险。我们的另外一个重要建议是：扩大先锋领航集团的职能。最后，我们决定新发行的（固定久期）应税债券基金，由我们的内部员工负责投资管理工作。

一个有趣的现象

董事会对我的提案的投票出现了一个有趣的结果：在先锋领航集团董事会中，有 8 位董事投票同意建立先锋领航集团自己的固定收益团队，负责货币市场基金与市政债券基金的投资管理，他们也投票同意终止外部咨询合同。但是有一名成员，作为董事会成员，他投票支持组建固定收益团队（这是先锋领航集团的绝佳机会），但作为市政债券基金和货币市场基金的董事，他投了反对票（他认为先锋领航集团缺乏管理基金的能力）。所以投票结果分别是 9∶0 和 8∶1，提案通过，一个新时代开始了。

我们的内部投资经理以非常低的成本改善了先锋债券基金的“相对可预测性”（relative predictability），从而为客户带来更高的收益。“相对可预测性”概念的提出是为了在扣除相关费用之前，使我们的基金获得跟同行一样的收益。在这种情况下，债券基金（特别是固定久期债券基金）的持有债券价格和收益率主要取决于利率期限结构。先锋领航集团的基金由于费率低，所以收益率高于同行业水平，而且这种优势会随着时间的推移慢慢扩大。（“业绩是不确定的，但是成本是一定的。”）

显然，先锋领航集团将主宰固定收益领域，而且我们做到了。2018 年，我们拥有史无前例的最大的固定收益共同基金，在整个固定收益行业，我们的市场份额占比为 18%。先锋领航集团固定收益基金相关内容，请参阅第 15 章。

固定收益团队成形

先锋领航集团积极涉足基金投资管理领域，不仅是业务模式的改变，更是经营理念的改变。我们的投资管理业务破冰于 1975 年第一指数投资信托的设立，并负责该基金的投资管理。但 1980 年董事会的决定显然使我们第一次进入主动型基金管理领域。最后，在先锋领航集团成立 6 年之后，我们共同基金的三角结构已经完备。

在董事会的支持下，我们开始建立先锋领航集团自己的固定收益团队。我们这支团队的领导者是伊恩·麦金农，他曾是费城一家大银行的固定收益高级经理。他组建了一支由 6 名专业人士外加一名行政助理组成的固定收益团队。当开始管理先锋领航集团的市政债券基金和货币市场基金时，他们的管理资产达到 17.5 亿美元左右。

1974—1981 年，建立初期，先锋基金总资产中，传统股票型基金与平衡型基金的占比从最初的 98% 降到了 57%，而债券基金与货币市场基金占比从 2% 飙升至 43%（参见表 5-2）。实际上，货币市场基金将我们带入一个高周转率的新商业模式，这个模式与我们传统的低周转率的长期投资商业模式不同。

表 5-2　先锋领航集团资产动态变化

	资产规模（十亿美元）	先锋共同基金中的资产占比			
		股票型基金	平衡型基金	债券基金	货币市场基金
1974年	1.47	42%	56%	2%	0%
1981年	4.11	42%	15%	8%	35%
变化	+2.64	0	–41	+6	+35

减少咨询费用（1978—1993 年）

1974 年 9 月先锋领航集团成立的时候，很明显，支付给威灵顿基金管理公司的费用必须减少，这样才能支持新公司基金的运营。

此外，我成功地说服董事会必须依据威灵顿基金管理公司提供服务的质量（减少）支付咨询费用。1974 年，先锋领航集团支付咨询费用合计 62.7 万美元，相比之前的 77.4 万美元减少了 14.7 万美元。这相当于在第一年给基金持有人节省了 14.7 万美元，以后减少的更多。

1977 年，当先锋领航集团实施免佣金销售模式之后，基金承担了募集费用，相当于减轻了威灵顿基金管理公司的成本负担，因为它负责先锋基金的市场推广与基金销售，这些费用估计为每年 213.1 万美元，因此我们再次降低支付给威灵顿基金管理公司的费用，大约 296.2 万美元，共计为基金持有人节约了 83.1 万美元。通过这些努力，我们将先锋基金的综合费率从之前的每年 0.69% 降低至每年 0.65%。

这仅仅是开始

这两项基金费用的降低或多或少提高了收益，但是对于先锋基金的持有人而言，节省的并不多，仅占基金资产的 0.04%。降低的这部分费用并没有引起基金与其顾问之间的摩擦。1977 年，我们自己负责基金销售之后，这些基金将独立运作，并完全以基金持有人的利益为上。

从概念上讲，先锋领航集团董事和养老基金的受托人角色一样。我们现在可以跟资金管理者就费用结构与费用水平进行谈判，或者取消基金咨询合同了。通过谈判，我们可以得到一个对于持有人而言相对公平的费率，这被称为信托义务。

降费率浪潮

在先锋领航集团降低基金销售费率之后，我们等了一年，1977 年经过董事会的批准，我们才开始降低支付给威灵顿基金管理公司的咨询费率，我们的投资顾问几乎毫无异议地接受了这 200 多项费用的大幅削减，甚至没有投诉，这种情况是如何发生的？

首先，先锋基金处于有利地位。威灵顿如果不同意降费率，就会面临高利润咨询合同被取消的风险。其次，我们已经预见到降费率的结果，起初的降幅较小，大幅降费不仅具有前瞻性，而且依赖于基金规模的快速增长。我相信，未来基金规模的增长将会弥补这些费用的削减，但是威灵顿管理层不相信。

里程碑 No.7 —— 1978年
让降低费率开始

令人高兴的是，我提出的降低费率策略被证明是正确的。先锋领航集团主动管理型基金规模从 1977 年的 15 亿美元飙升到 2018 年中期的 9 700 亿美元；我们的基金通过资产加权支付给管理人的费率，从每年 0.35% 降至每年 0.09%。

如果 2018 年仍然保持 1977 年的费率，先锋领航集团主动管理型基金的投资咨询费用应该为 34 亿美元，而不是基金持有人实际支付的 8.38 亿美元。结果，仅先锋领航集团的主动管理型基金就节约了 25.62 亿美元。所有谈判都得到了回报！

从本质上讲，在资产管理行业中降低费率，其实就是在规模效应中基金投资管理人让利给基金持有人。这个过程始于 1978 年，它被证明是一个伟大的里程碑。先锋基金对 200 多项业务的降费一直持续到 1993 年。

降低支付给威灵顿基金管理公司的投资咨询费就是解决费率降低与规模增长的范例。从 1977 年开始到 1995 年，基金共计 9 次降低费率，基金综合费率从起初的 0.31% 降低至 0.05%，支付给威灵顿基金管理公司的费率合计降低 82%。表 5-3 显示了这些数据。

表 5-3 威灵顿基金费率下调（1977—1993 年）

费率	年份（年）	基金资产（百万美元）	有效费率（%）	降幅（%）
基础费率	1975	776	0.31	—
降费1	1977	706	0.23	-32
降费2	1979	606	0.16	-30
降费3	1981	521	0.23	+40
降费4	1983	614	0.16	-30
降费5	1985	813	0.15	-19
降费6	1987	1 331	0.15	0
降费7	1989	2 099	0.12	-20
降费8	1991	3 818	0.10	-16
降费9	1993	8 076	0.05	-50
累计降幅				-82

1996 年，威灵顿基金的资产已经从 1977 年的 7.06 亿美元跃升至 80 亿美元。2006 年，威灵顿基金资产已升至 400 亿美元，基金董事连续四年每年提升 0.01% 的投资咨询费，相比初始投资咨询费 0.04% 翻番至 0.08%。（其实我无法解释 100% 增长的原因。）但是，支付给威灵顿基金管理公司的投资咨询费从 1978 年的 100 万美元增长到 2017 年的 8 100 万美元。如果按 1977 年投资咨询费率计算，这些费用总计将达到 2.4 亿美元，换句话说，降低费率最终导致每年节约 1.6 亿美元。这不仅是基金投资顾问的胜利，也是基金持有人的胜利。

全面降费

威灵顿基金的费率降低，仅是先锋领航集团为降低支付外部投资咨询费进行的激烈战斗之一。

我们建立公平合理的投资咨询费率的使命是全方位且坚持不懈的。降低费率适用于先锋领航旗下每一只基金，它们基本上都以威灵顿基金管理公司为外部投资顾问，基金费率能否降低取决于我们是否处于谈判的有利地位。表 5-4 显示了先锋领航集团初始主动管理型基金降低费率，为基金持有人节约了巨额的费用。

表 5-4　先锋领航集团初始主动管理型基金的投资咨询费率，1977—2018 年

基金	1977年			2018年		
	资产规模（百万美元）	咨询费率（%）	咨询费（百万美元）	资产规模（十亿美元）	咨询费率（%）	咨询费（百万美元）
威灵顿	706	0.27	1.91	106	0.07	74.4
温莎	528	0.43	2.27	20	0.08	16.1
韦尔斯利收入	133	0.39	0.52	56	0.05	28.0
摩根成长	81	0.42	0.34	13	0.15	20.4
探索者	10	0.48	0.05	13	0.17	22.9
长期债券	49	0.45	0.22	16	0.03	5.0
GNMA*	25	0.15	0.04	24	0.01	2.4
合计	1 532	0.37	5.35	2 480	0.08	169.2

注：* 先锋 GNMA 基金成立于 1980 年。

新先锋基金的费率谈判

因为这些遗留基金在公司早期占先锋领航集团资产的 100%，降低费率在我们降低公司总费用中发挥了重要的作用。但是正如之前所说，在新基金成立之前，我们必须完成费率谈判工作。因为先锋领航集团低费率（见表 5-5）名声在外，通常会为新基金带来不错的销量，所以这些外部投资顾问愿意接受我的要求（在少数情况下，也有不情愿的），接受远低于行业标准的投资咨询费率。

表 5-5 先锋领航集团基金咨询费

合计 先锋领航集团基金2 480亿美元资产投资咨询费 2018年1月	
1977年费率标准	1 004（百万美元）
2018年费率标准	266（百万美元）
合计节省	778（百万美元）

数据来源：先锋领航集团。

无论如何，这些费率在基金行业都极具竞争力。表 5-6 显示了先锋领航集团主动管理型基金费率水平与同行基金的比较。[①]它显示出先锋领航集团为基金投资者提供了具有费率优势的产品。

2017 年，先锋领航集团所有主动管理型股票型基金（包括遗产基金）平均费率为 0.15%，比行业平均费率 0.31% 的一半还低。这个数据与同行主动管理型基金（未规模加权）平均费率 1.19% 相比低了近 75%。

始于 1978 年的先锋领航集团的费率谈判，目标就是降低外部投资顾问的投资顾问费，截至 1993 年，这项任务基本完成。我们的遗产基金（那些成立于 1978 年之前的基金）获得了巨大收益。

① 由于我们的同行没有明确标出它们的投资咨询费，因此我在这里列出了基金的所有费用，包括投资咨询费和其他基金费用。

我们之后发行的新基金，在基金募集之前就完成了低费率谈判工作。

表 5-6　先锋领航集团主动管理型基金费率与其他同行基金的比较

基金	2017年费率水平(%)		
	先锋基金*（%）	同行基金（%）	先锋领航优势（%）
PRIMECAP	0.33	1.17	0.84
温莎 II	0.28	1.04	0.76
股票收益	0.19	1.15	0.96
资本机遇	0.38	1.17	0.79
医疗保健	0.33	1.23	0.90
能源	0.35	1.36	1.01
平均	0.31	1.19	0.88

注：* 所有先锋基金股份类别平均加权费率。
数据来源：先锋领航集团。

指数基金和债券基金：费率更低

先锋领航集团的主动管理型基金仅占旗下所有基金总规模的 10%，低于 1977 年开始时的 48%。我们公司在基金行业巨大的总体成本优势主要归因于我们的股票型指数基金，其目前占先锋领航集团所有基金总规模的 62%。

这些指数基金投资管理都基于先锋领航集团的低成本理念。它们的账户投资管理费率占其 0.07% 的平均综合费率不到 0.01%。

先锋领航集团自己管理的债券基金也基于低成本理念，在费率上极具优势。2017 年，先锋领航固定收益团队的投资咨询费率平均不到总资产的 0.01%，基金的平均综合费率为 0.08%，仅占同行业平均综合费率 0.77% 非常小的一部分。

投资费用和运营费用

最低成本：2018 年，先锋领航集团所有基金投资咨询费支出为 8.38 亿美元，仅为集团总资产的 0.02%，相较于 1977 年的 0.35% 下降了 94%。

先锋领航集团强大的规模效应也反映在持有人账户会计成本与其他运营成本方面。这些成本包含在基金的各项综合费用之中，投资监管费用除外。随着先锋领航集团资产规模越来越大，这些运营成本占先锋领航集团基金资产的比例已经从 1977 年的 0.25% 下降到 2018 年的 0.08%。这些费用的降低反映了规模效应为基金持有人带来的好处。

先锋领航集团的总费率

综合上述两个因素——投资咨询费率大幅降低和巨大的规模效应，就得出先锋领航集团总费率降低的结论，基金总费率被大众视为衡量基金效率的最佳标准。从图 5-2 中我们可以看到，在先锋领航集团悠久的历史中，加权平均费率从最早的 0.66% 下降到 2018 年的 0.10%，降幅为 84%，而我们同行的费率在同一时期仅下降 9%，它们的费率从 1977 年的 0.64% 下降到 2017 年的 0.58%（按资产加权计算）。

为基金持有人节约了 2 170 亿美元？

在本章的前一部分，我给大家讲了很多比例：0.05%、0.85% 等。我可能对这些数据感到厌烦，但是我想为投资者树立一个稳固的低费率概念。现在我们简化一下，直接谈谈具体数字。先锋领航集团的低费率模式，每年为基金持有人节省数十亿美元。

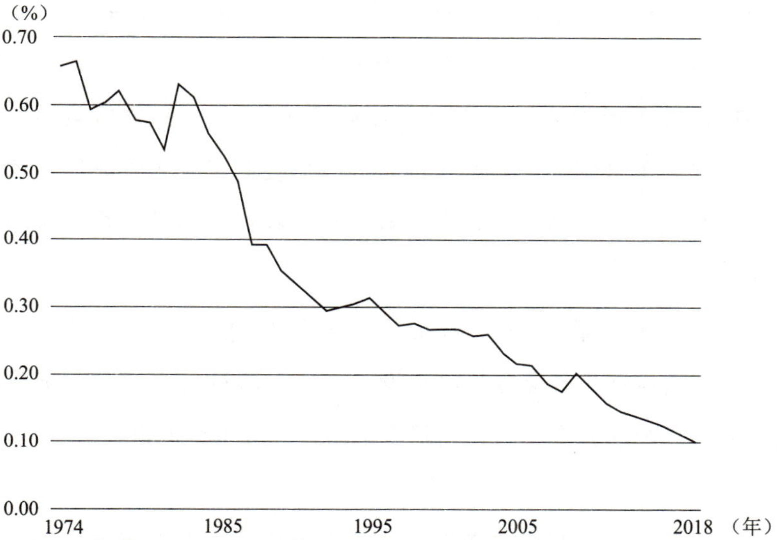

图 5-2　先锋领航集团加权平均费率（1974—2018 年）

数据来源：先锋领航集团，战略洞察力网站。

仅 2017 年，我们估计先锋领航集团的低费率就为基金持有人节约了 290 亿美元的费用及开支。[①]如果我们将这一过程回溯到 1974 年先锋领航集团成立的时候，那么先锋领航集团为基金持有人节约的总费用：平均规模效应，加上我们通过谈判获取的费率优势，估计可以达到 2 170 亿美元。我们为自己创立的公司可以为基金持有人获得如此巨大的回报而感到自豪，每一分钱都非常有价值。

① 我们通过计算先锋基金的平均加权费率与基金行业平均费率之间的差额，再将这个差额乘以先锋基金总资产得出这一结果。2017 年，先锋领航集团的平均资产为 4.5 万亿美元，对应的费率优势为 0.65%，相当于节省了 295 亿美元。

从1978年开始的费率降低为先锋领航集团与基金持有人带来了回报，先锋领航集团的市场份额从1987年最低时的4.1%，上升到1997年的8.7%，之后继续上升到2007年的13.1%，截至2018年年中，其市场份额接近25%（参见第9章）。先锋领航集团生存下来，并为未来的成长做好了准备，我们控制了（先锋领航集团旗下所有基金）市场销售与投资管理（包括我们的指数基金、货币市场基金，以及大部分债券基金）。

最后，我们将先锋领航集团的职能扩展到全面共同基金业务——基金运营、基金募集以及投资管理。1981年，先锋领航集团已经成为一个羽翼丰满的共同基金集团，并准备走向世界。

先锋领航从最早的简单结构快速发展成为一个羽翼丰满的全方位的共同基金集团。1977年，在先锋领航集团成立3周年之时，我们掌控了基金销售业务。为了实现这一目标，坚持前行是必不可少的，特别是在美国证券交易委员会反对我们的方案时。但是1981年事情发生了逆转，美国证券交易委员会开始支持我们的方案。

即便如此，我们还需要付出更多的努力，以服务我们的基金持有人。最关键的是，我们与威灵顿基金管理公司（以及后来其他的外部顾问）进行谈判，以降低基金投资咨询费率。我们始终保持坚持前行的精神，持续进行谈判，降低费率，在之后的18年里一共下调费率9次，而我们的管理规模几乎没有扩大，但是我们还是要坚持前行。我们为未来可预见的显著规模增长打下了坚实的基础。

第 6 章
指数基金蓄势待发（1981—1991 年）

20 世纪 80 年代是第二个股票与债券都上涨的大时代，尽管如此，人们印象更深刻的还是 1987 年 10 月 19 日的“黑色星期一”，在那一天股票价格下跌了 23%，参见表 6-1、图 6-1。（但是很少有人记得在那一年，标准普尔 500 指数上涨了 5.3%。）

表 6-1　1981—1991 年先锋领航集团与股票市场

	1981年12月	1991年12月	年均增长率	年化收益率
先锋领航集团管理规模	42亿美元	770亿美元	21.5%	
基金行业规模	2 414亿美元	14 541亿美元	12.7%	
先锋领航集团市场占比	4.9%	6.2%		
标准普尔500指数价格	123	417		17.6%
中期美国证券债券收益率	14.0%	6.0%		13.1%
60%股票与40%债券组合	—	—		15.9%

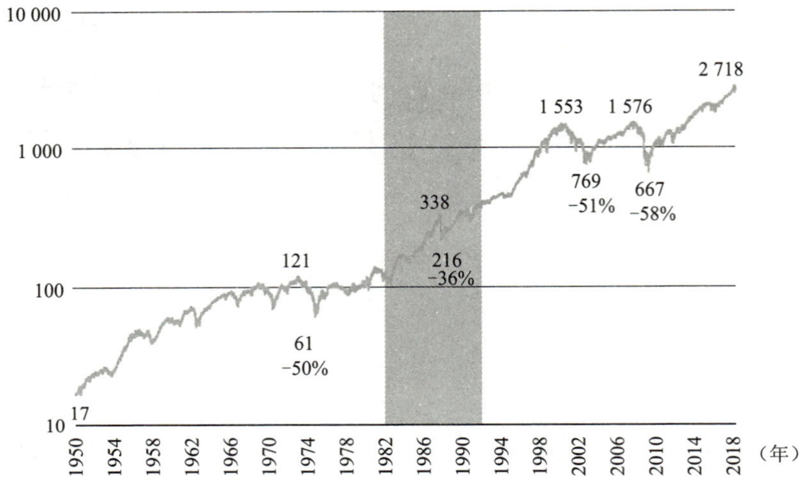

图 6-1　标准普尔 500 指数

数据来源：雅虎金融。

1982 年，我们开始受益于两件事的影响。第一件事，美国证券交易委员会在 1981 年最终同意让先锋领航集团负责旗下所有基金的市场营销与基金销售业务。这个决定对先锋领航集团之后的成功至关重要。

第二件事，先锋领航集团在 1981 年负责固定收益基金的投资监督。短短 7 年的时间，我们已经开始独立于外部投资顾问，这曾是我 1974 年未来结构研究的核心目标。

1974 年，美国证券交易委员会默许了基金运营的内部化，随后，1981 年允许基金销售内部化，再加上 1981 年我们开始正式负责基金投资管理，先锋领航集团最终抛弃了持续了半个世纪的威灵顿 / 先锋基金的传统的共同基金行业结构。

谁的利益第一？

传统基金模式有效地将共同基金置于它们的独立投资顾问的控制之下，但先锋领航集团推翻了原有的传统基金模式。先锋基金被基金持有人拥有，所以先锋领航集团将持有人利益置于首位。尽管随后规模骤增，我们的新模式，甚至在 40 年之后，在整个共同基金行业都是独一无二的。

当然，美国证券交易委员会的成员们都明白这些，因为他们刚刚批准了我们前所未有的新模式，在基金行业中其他同行依旧在传统基金模式下运营，投资顾问与经纪公司运营着基金，坐在驾驶员的位置上，主导和控制着基金的每一个环节。

我们的同行将自己的经济利益置于基金持有人的利益之上。[①]而我们恰恰相反：基金持有人利益第一。共同基金治理中的“先锋领航集团实验”现在将经历市场的考验。

整个 20 世纪 80 年代，我经常向我们的团队成员强调，先锋领航集团资产规模的快速增长部分归因于鼓舞与保持高昂的士气。但是实际上，我们资产规模的快速增长反映了基金行业的蓬勃发展。在这 10 年中，共同基金的资产规模从 2 410 亿美元跃升至 1.45 万亿美元。其中货币市场基金贡献不可小觑，货币市场基金从 20 亿美元飙升至 5 700 亿美元，几乎占到整个基金行业增长的一半。

正如我在第 5 章提到的那样，投资者的钱纷纷涌向货币市场基金。由于它们的高利率与低风险，货币市场基金创造了一个快速增

① 我要再次搬出美国证券交易委员会主席曼努埃尔·科恩，在本书第 2 章，他明确提到了共同基金缺乏互惠性。

长的新的基金品种，而且从某种意义上讲，它挽救了共同基金行业。先锋领航集团资产规模增长得更快了。

尽管我们的基金进入货币市场业务的时间较晚，但是1981年到1991年这10年的增长规模令人振奋：从42亿美元增长到770亿美元。虽然我们的市场份额仅略有增加，从4.9%提升到6.2%，但是我们仍然坚守两条规则：（1）市场份额的增加源于我们成功地服务了客户，但市场份额的增加不是我们的目标；（2）市场份额是努力拼来的，不是买来的。

债券指数基金

1977年，当创造固定久期概念的债券基金时，我没有意识到未来我们将涉足主动管理型基金领域。当事态发展变得清晰时，我们已经在先锋领航集团建立了我们自己的固定收益团队。1981年，我们又向前迈出一大步，让我们自己的团队管理3.5亿美元债券基金。创立先锋领航集团的固定收益团队意味着我们首次涉足主动管理型基金领域。

虽然自1976年先锋500指数基金（原来的名字是第一指数投资信托）成立以来，我们就管理着它，但是该基金仅仅为了追踪标准普尔500指数的表现，我认为其中并没有管理。正如我之前多次说过，我始终认为我们是通过主动管理的方式达到"虚拟指数"效果的，因为我们的目标是（现在也是）将债券基金细分为相对可预测的投资组合。

我们的固定收益团队的成立，促使我决定为个人投资者建立行业首只债券指数基金。在 1986 年的大部分时间里，先锋领航集团都在为债券指数基金做铺垫工作，但最终的灵感来自《福布斯》杂志，该杂志在谈到大部分固定收益共同基金收着“最高”的费用却仅提供“二流”的收益时，怀疑地问道：“先锋领航集团，我们需要你的时候，你在哪里？”

我需要的就是挑战。随着 1986 年先锋债券市场基金的成立，先锋领航集团再次成为行业开创者。美国证券交易委员会不允许使用“先锋债券指数基金”（Vanguard Bond Index Fund）这个名称，因为其投资管理部门的工作人员不能接受这样一个现实，即债券指数基金可以持有相对较少的债券，但仍能与包含上千只债券的债券市场指数的表现相当。因为美国证券交易委员会的反对，我们将其命名为先锋整体债券市场指数基金（Vanguard Total Bond Market Index Fund）。

在随后的几年里，我们的债券指数基金被证明无论在管理上，还是在商业上都是成功的，令人钦佩的是，这个基金（现在）追踪彭博巴克莱美国综合债券指数（Bloomberg Barclays U.S. Aggregate Bond Index）。在成立 10 年之后，它已成为十大债券共同基金之一。直到 1992 年，债券基金取代货币市场基金成为我们最大的资产类别，占当时 970 亿美元资产规模的 33%。当时，这似乎是一个天文数字。但是到了 2018 年年中，这两个（几乎完全相同）先锋整体债券市场指数基金的规模为 3 560 亿美元，是由固定收益团队负责的 1 万亿美元固定收益资产中最大的部分。

里程碑 No.8 —— 1985年
免除宾夕法尼亚州税费

1985 年，我们通过努力为客户降低了成本，免除了他们在宾夕法尼亚州所缴纳的税费。在宾夕法尼亚州，共同基金需要向州政府缴纳 0.10%（10 个基点）的特许经营税，这是我们基金持有人无法承担的。如果我们的基金费率每年增加 0.10%，就会导致我们的费率从当时的大约 0.11% 提升到 0.21%——惊人地增加 10 个基点，每年费用总计 50 亿美元。我们面临两个选择，将先锋领航集团总部搬到另外一个州以解决税费问题，或者说服政府改变税收政策，我们选择了后者。

我们的游说工作由费城律师约瑟夫 · E. 布赖特领导，他又寻求该州前副州长欧内斯特 · 克莱恩的支持。宾夕法尼亚州的其他基金公司也想加入，但我拒绝了。我不想丧失在解决税费问题上的独立性，否则我们有可能被迫进行上不了台面的交易。就像在我们国家的立法过程中，有些公司经常做出妥协一样，这可能是一个混乱的过程。

宾夕法尼亚州参众两院的立法机构均承认这个问题的重要性，并以 450 票对 0 票的一致投票通过了一项旨在取消这一繁重税费的法案。时任州长迪克·索恩伯勒于 1985 年 12 月 19 日签署了这项法案。

黑色星期一

从 1981 年到 1991 年，无论债券市场还是股票市场，都处于飙涨时期。我们也做出不少创新以应对这些外部事件，在 1987 年 4 月市政债券危机时，我们几乎被基金持有人海量的电话压倒了，我们对几乎所有员工都进行了培训，以应对不可避免的下一次危机，他们已经准备好面对数量激增的电话。下一个危机来得太快了，但我们的“瑞士军团”已经准备好了。

里程碑 No.9 —— 1987年
瑞士军团

市政债券市场崩溃，实际上仅是暂时的问题，当时大家都在散布关于国会取消传统的市政债券利息的免税政策。流动性枯竭，市场出清（投资者总是这样）以更低的价格卖出。但我们能卖出足够多的基金资产（几乎总是处于低迷状态的价格中）以筹集现金，我们需要资金以应对市政债券基金的巨量赎回。

此次债券市场的崩溃暴露了先锋领航集团业务的一个主要弱点。我们处理基金持有人电话的能力急剧下降。那些持有人通常会询问市场状况，或者当前基金的净值，或者赎回他们的基金份额，太多电话被延迟处理，甚至有些电话从未被接听过。

我们竭尽所能地接听电话，但是我很担心，当基金持有人无法通过电话接触到先锋领航集团时，他们会开车到我们的办公室，这可能会导致道路拥堵。如果这种情形被当地电视台拍摄下来，在晚间新闻中播出，就会造成恐慌。

客户电话数量激增是很少见的，而且是间歇性的，所以雇用更多全职员工解决这些问题是完全没有效率的。我决定让所有的员工都接受电话接听训练。据说在瑞士，每个地方的公民都必须接受军事训练，"瑞士没有一支军队，但他们就是一支军队"。所以我们创造了先锋领航集团自己的"瑞士军团"。

让我们所有员工接受电话接听训练的第二个好处，跟可以应对激增电话数量一样重要，那就是这样做会提醒我们的员工与管理层，他们是投资者服务团队的一部分，他们应该强化自己客户至上的理念，而不是仅仅落实到纸面上。并非所有管理层都愿意接受他们的新任务。[1]

1987 年 10 月 19 日（黑色星期一），股市投资者感到恐慌，标准普尔 500 指数在那一天下跌了 23%。[2]我们的瑞士军团再次被激活，大家已准备好迎接激增的电话接听量，这虽然远远不够，但是的确让那些准备不足的竞争对手心生羡慕。

第二年，我们聘请了麦肯锡公司检验我们的技术战略，目标是让我们在客户服务与公司运营领域成为行业领先者。我们似乎并不愿意成为科技方面的领导者（我们不能适应领导者心态），这个是在 1992 年高级管理层会议上，我毙掉的不容置疑的策略中的一条，详见第 7 章。正如我告诉团队的那样，“我们不得不成为领导者”。

32只新增基金

1981 年，指数基金仍然处于休眠状态，它们的辉煌还需要再等十几年，我们继续成立新的主动管理型股票基金。我们开辟了新天地，发行了 7 只由外部投资顾问管理的股票型基金，以及 2 只由我们管理的股票指数基金。继先锋领航集团董事会决定允许我们从事传统资金管理，以及先锋领航集团成立固定收益团队之后，我们又

① 我喜欢接听电话。在 1987 年的黑色星期一，我接了 104 个电话，而且还会定期去做电话客服。

② 从 1987 年 6 月的高点到 10 月的低点，标准普尔 500 指数下跌了 40%。但对于全年而言，该指数创下了 5% 的涨幅。

增加了 13 只固定久期债券基金。5 只是免税债券基金，持有特定州发行的长期市政债券——加利福尼亚州、纽约、宾夕法尼亚州和俄亥俄州，稍后又增加了新泽西州。

我们还为其中 4 个州的居民创建了免税货币市场基金，以及 6 只固定久期的应税债券基金，主要持有美国财政部发行的债券和票据。

我们还发行了 9 只股票型基金，其中 7 只由我们保留的外部投资顾问管理，以及 2 只新指数基金，以扩大指数基金品种，之后组成了完整的标准普尔 500 指数基金。指数基金的布局是押注未来，同时努力实现基础资产多元化，以及先锋领航集团的可持续发展，直到指数基金以不可阻挡之势全面发展。

1981 年：先锋国际成长基金（Vanguard International Growth Fund）。它可能是最早的"走出去"的股票型基金，仅持有非美国公司的股票，先锋国际成长基金起初仅是 Ivest 基金的一个投资组合，Ivest 基金分为美国成长股投资组合和国际成长股投资组合（我们后来又加上了一个国际价值基金）。

1985 年，国际投资组合独树一帜，它的业绩有目共睹。[①]我们选择了总部位于伦敦的施罗德投资管理公司负责投资组合管理，理查德·R. 福克斯具体负责组合投资管理工作，直到 2005 年退休。

1986 年：先锋量化投资组合（Vanguard Quantitative Portfolios，VQP）。在投资领域，基于计算机的股票分析与投资策略获得越来越多的认可。显然，基金依靠量化技术可以在股票型基金领域发挥

① 非美国股票基金的资产价值飙升。先锋国际成长基金规模在 1986 财年惊人地上涨了 96.6% 以上，前 5 个财年累计增长 283%。

重要作用。VQP 由波士顿的富兰克林投资组合公司负责管理，它是新一代的量化投资管理人之一。我们考虑到计算机的成本远低于传统股票分析师与策略分析师，所以我们给它的投资咨询费是最低每年 0.24%。

VQP 有限的广告标题为“现在，先锋领航集团将为每位投资者带来相对可预测的收益”，2005 年以前，该基金一直将其与无费用的标准普尔 500 指数进行对比，但是超额收益非常有限（基金的年回报率为 11.9%，标准普尔 500 指数的年回报率为 11.6%）。在那之后，该基金的业绩落后于标准普尔 500 指数，年回报率为 8.0%，而标准普尔 500 指数的年回报率为 8.7%。1997 年，先锋领航集团管理层决定将基金更名为先锋成长收益基金，这让我感到震惊，它从一个品牌变成一个平淡无奇的名称。

1987 年：先锋扩展市场指数基金（Vanguard Extended Market Index Fund）。我们很清楚，我们开创的 500 指数基金不包括中小盘股票，我们要建立完备的产品线。这个基金专门用于投资标准普尔 500 指数成分股之外的股票，投资者希望可以在他们的投资组合中添加非标准普尔 500 指数的股票，以实现投资组合（现代投资组合理论所依赖的一个关键特征）对整个市场股票的覆盖。新基金也将为相信这一理论的投资者提供工具，而且中小盘股也将为投资者提供卓越的回报。

自 1987 年创立以来，先锋扩展市场指数基金提供的年回报率为 11.0%，略高于标准普尔 500 指数的年回报率 10.5%。该基金吸引了许多投资者的关注。目前该基金的规模为 670 亿美元，是先锋领航集团规模最大的 20 个基金之一，在今天 4 752 只股票型共同基金中排名第27位。

先锋领航集团主要以其指数基金闻名（占目前公司管理规模的78%），但是1981年先锋领航集团管理规模中98%都是主动管理型基金。在指数基金问世之前的几年里，我们选择一个可信任且经验丰富的管理人，崇尚长期投资，且没有过多地换手，并以远低于同行业标准的投资咨询费用运作基金。虽然我仍然相信大多数投资者的最佳理财解决方案是分散化地投资指数基金，但是精选的主动管理型基金具有获取市场超额收益的能力。

1984年：先锋PRIMECAP基金。1983年，资本集团（Capital Group）三位最有能力的基金经理离职，创办了他们自己的投资咨询公司，PRIMECAP管理公司。我和他们中的霍华德·舒和米切尔·米利亚斯非常熟悉。在一次去加利福尼亚的旅行中，我去了他们在帕萨迪纳的办公室。

他们想管理资金，先锋领航集团想要设立、运营、销售一个由他们管理的新基金。然而，他们似乎并不情愿，表示管理一个共同基金"不是我们的长期计划的一部分"。但我们相处得非常好，而且相互非常信任，先锋PRIMECAP基金于1984年11月1日成立，它的回报非常好。该基金自成立以来，年回报率为13.8%，在所有股票型基金中排名靠前，远高于基金年均回报率10.5%，以及标准普尔500指数的年回报率11.3%。（该基金自2004年以来一直暂停新账户申购。）事实证明，PRIMECAP是先锋领航集团王冠上最亮的珠宝之一。（有关PRIMECAP的更多信息，请参阅第14章。）

1985年：STAR基金。基金中的基金（投资组合由其他共同基金构成的共同基金）总是吸引我。但我发现层层叠叠的费用不仅在道德上令人反感，而且在经济上也很荒谬。所以我们开始设立自己的先锋 STAR 基金，基金本身不收取任何费用。它的投资者只支付先锋基金的基础费用。

STAR 是一个缩略词，代表特殊税收 – 优势退休（Special Tax-Advantaged Retirement）基金。美国证券交易委员会拒绝我们使用该名称，但是可以使用 STAR，这个名字现在仍然被使用。其平衡型的股票 / 债券组合仅由 11 个主动管理型的先锋基金构成。它的回报与先锋领航集团的其他平衡型基金差不多，2018 年年中，该基金的总规模为 220 亿美元。

第二只温莎基金

1985 年：温莎 II（Windsor II）。1985 年最大胆的举动尚未做出。5 月，先锋温莎基金的传奇投资组合经理约翰 · 内夫，催促我暂停温莎的新账户申购。我们之前约定关闭它的时间到了。所以，当这个时候到来时，我们采取了果断的行动。

温莎基金的规模是 23 亿美元，它是当时最大的股票型基金，而且申购量非常高。[①]约翰担心进一步的快速增长会妨碍他创造持续卓越回报的能力，我毫不犹豫地同意了。1985 年 5 月 15 日，温莎基金暂停了新账户申购。

令我不高兴的是，温莎基金不可避免地将失去对公司现金流的贡献。但是我也不想杀鸡取卵。我们仍然需要一个股票型基金，以

① 当温莎基金对新投资者关闭时，它的规模占了标准普尔 500 指数市值的 0.28%。在 2008 年，一只追踪标准普尔 500 的指数基金管理规模约 630 亿美元。

满足投资者对投资高分红低估值股票的需求。因此，1985 年 6 月 24 日，我们成立了温莎 II 基金。

当董事会在听了那些急于成为新基金投资顾问公司的陈述之后，我们最终选择了总部位于达拉斯的巴罗汉利（Barrow Hanley Mewhinney & Strauss）。随着该基金持续发展，我们增加了更多的基金管理人以应对其规模的增长。1991 年，先锋领航集团内部股票投资团队增加了量化投资经理。霍奇基斯与威利资本管理公司于 2003 年成立，拉扎德资产管理公司于 2007 年成立，桑德斯资本于 2010 年成立。巴罗汉利继续管理着投资组合中最大的部分。（温莎基金的详细历史见第 13 章。）

创建第二只温莎基金的策略为愤世嫉俗的市场所追捧。我将第二只基金命名为温莎 II 的目的，主要是将其定位于第二只先锋价值基金。我使用温莎名称进行商业宣传可能会有损约翰·内夫的声誉，因此我也受到各种舆论的攻击。例如一个常见的批评就是"你知道温莎 II 永远不会跟温莎一样好"。比较自 1985 年以来的 32 年的年均回报率：温莎基金上涨了 10.1%，温莎 II 上涨了 10.5%。（这不是先锋领航集团的批评者唯一一次被证明是错误的例子。）截至 2018 年年中，温莎 II 的总资产为 480 亿美元，温莎基金的总资产仅为 200 亿美元。

失败

在列举我们从 1981 年到 1991 年取得的成功时，凭良心讲，我不能忽略我漫长的职业生涯中的一次重大失败。1984 年 5 月，富达大肆宣传八大主题基金，包括国防、航空航天、休闲娱乐以及高科技。在没有思考清楚的情况下，我们匆忙地与竞争对手一决高下，组建了先锋主题投资组合，它只包括五大类：黄金和贵金属（现在是贵金属和矿业）、技术、能源、服务经济和医疗保健。

其实我应该更了解基金行业。1951 年，我在普林斯顿大学的毕业论文就是研究基金行业，我研究了 5 个基金公司的发展：集体证券 (Group Securities)，多元化投资基金 (Diversified Investment Funds)，管理基金 (Managed Funds)，股份有限公司 (Incorporated) 和基石托管基金 (Keystone Custodian Funds)，它们的管理规模占行业总规模的 10%。

例如，集体证券拥有 15 只行业基金，其资产集中于钢铁股和烟草股，占其 1 亿美元总资产的 45% 左右。基金经理们的想法是促进基金的交易，然后鼓励投资者根据市场趋势在 15 个行业间进行交易。在它们成立之后不久，1961 年所有 15 只行业基金都倒闭了，被并入集体证券管理的其他基金。尽管这些基金（在一段时间内）曾经辉煌过，但是由于其投资前提存在缺陷，这些基金并不利于它们的投资者，导致它们退出了投资主流市场。

在我看来，在漫长的职业生涯中，我犯过的大部分错误都发生在我脱掉投资帽子、戴上营销帽子的时候。先锋主题投资组合中最初的两个——服务经济基金和技术基金——已经不存在了。虽然我必须承认我失败了，但是需要指出的是，在幸存的主题投资组合中，先锋医疗保健基金在整个基金行业中是长期收益最高的基金。

1988 年：先锋股票收益基金（Vanguard Equity Income Fund）。凸显先锋领航集团低成本优势的一种方法就是关注基金的分红收益率，而不是高成本基金寻求收入以掩盖劣势的方法。(但你必须知道!)我们坚信，因为先锋领航集团的低费率，相较于同类基金，我们的股票收益基金将给予投资者更高且更优质的分红回报。

早在2018年，同行的平均分红率为2.0%，而先锋股票收益基金的分红率为2.5%，因为前者的费率为0.83%，后者的费率为0.17%，从毛分红率角度而言，先锋基金差不多为2.7%，而同行差不多为2.6%。先锋领航集团较低的成本优势，使先锋领航相比同行多出0.5%的分红率。先锋股票收益基金的资产规模为300亿美元，现已成为该类别中最大的基金。

卓有成效的10年

尽管先锋领航集团主题投资组合在20世纪80年代遭遇惨败，但是先锋领航集团在这10年完成了三个重要目标:

(1)建立我们的产品线，在此期间成立的基金目前的资产规模为6 500亿美元;

(2)增强我们的债券产品实力;

(3)保持我们的敏锐、专注与创新，等待指数基金辉煌时刻的到来。

虽然我们当时的三只基金在20世纪80年代末开始迅速增长，但是1991年，我们指数基金的总规模仅为70亿美元，仅占先锋领航集团当时总规模770亿美元的9.1%。

20世纪90年代见证了指数投资领域的首次竞争。尽管富达致力于主动管理型基金，但它还是发行了两只股票指数基金，均以标准普尔 500 指数为追踪目标。很少有其他公司进入该领域，即便进入指数基金领域的公司，其指数基金的费率也不会像先锋领航集团那样低。例如，普信（T. Rowe Price）的标准普尔 500 指数基金的费率自 1990 年至 1995 年，仍维持在每年 0.45% 的水平上。

在接下来的 5 年中，我们继续推进指数基金的发展，不断满足投资者的特殊投资需求。我们创造了业界第一个平衡型指数基金（1992 年），第一个成长指数基金（1992 年），第一个价值指数基金（1992 年），以及第一个生命策略基金（1994 年），它是我们的目标退休基金（2003 年）的前身。

1981 年至 1991 年的 10 年为先锋领航集团未来的发展铺平了道路。在操作上，我们在 1993 年采取更加灵活的策略，以凸显我们的低成本竞争优势。我们精简了投资顾问费用与基金运作费用的时间流程。我们进一步降低投资者偏爱的海军上将基金（Admiral Funds）的费率。我们低成本的海军上将基金是我们基础资产最主要的部分。

先锋领航集团坚持前行，因为我们的规模增加了近 20 倍——从起初 42 亿美元增加到 770 亿美元。与此同时，我们等待着指数基金迟早会到来（对我而言）的辉煌。在 1981—1991 年的 10 年间，我们新发了 32 只共同基金，包括 13 只新的固定收益基金，以及超过 2 只的指数资金和 9 只主动管理型共同基金（除了其中一只，其余的后来都非常成功）。我们继续以持有人的利益为上，我们还要应对共同基金行业在服务与销售方面日益激烈的竞争。

第 7 章
崭新的共同基金（1991—1996 年）

任何一只股票在没有较大回撤的情况下价格稳步上涨 5 年，这一定不是坏事。1991 年到 1996 年，股票年均回报率高达 15.2%，远高于 1900 年到 1974 年的长期年均回报率 8.6%。在这 15.2% 的年均回报率下，股票价值在短期内翻了一番，参见表 7-1、图 7-1。

表 7-1　1991—1996 年先锋领航集团与股票市场

	1991年12月	1996年12月	年均增长率	年化收益率
先锋领航集团管理规模	770亿美元	2 360亿美元	21.1%	
基金行业规模	1.5万亿美元	3.4万亿美元	18.5%	
先锋领航集团市场占比	6.2%	7.0%		
标准普尔500指数价格	1 417	741		15.2%
中期美国证券债券收益率	6.0%	6.2%		6.2%
60%股票与40%债券组合	—	—		11.7%

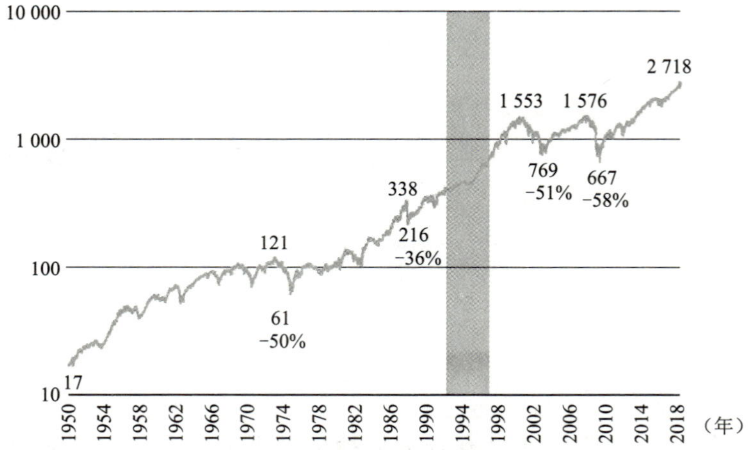

图 7-1 标准普尔 500 指数

数据来源：雅虎金融。

指数基金向前一步

短暂却上涨显著的 1991 年至 1996 年是从一个"大爆炸"开始的。那段时间也是我们在指数基金方面迈出重要一步的时期。自 1975 年以来，我们一直不愿将最初的先锋 500 指数变为覆盖美国市场股票的指数基金。它已经是美国第七大股票型共同基金，占先锋领航集团旗下基金总资产的 14%，而且它开始快速增长。

虽然它并没有完全复制整个美国股市，但是 500 指数占据了大盘总市值的 85%，几乎可以完美地代表整个股市了。既然我们可以如此轻易地创建一只持有美国市场 100% 资本的姊妹基金，那么为什么不去做呢？所以 1992 年，我们推出了先锋整体股票市场指数基金。[1]2013 年，它成为世界上最大的股票型基金。

1992 年，我们还创建了第一只混合资产（债券 / 股票）指数基金——先锋平衡指数基金；接着我们还创建了生命策略基金（1994 年），以及目标退休基金（2003 年）。目标退休基金迅速成为员工储蓄计划最受欢迎的投资品种。

1993 年，先锋领航集团基金费率结构发生了重大变化，我们获得批准，可以设定我们个别基金的费率，我们的设定不仅根据它们的成本，而且根据竞争对手同类产品收取的费率。现在先锋领航集团以“价格战”著称，但是当时我们还有很多事情要做。

不容置疑的策略

我开设了每年一次的先锋领航集团管理层务虚会，会议通常在 5 月下旬举行，每次都会花很长时间分析先锋领航集团的经营状况。只要有可能，我就会宣布一个令人意外的决定，旨在反映先锋领航集团的创新精神。为了保持神秘感，我事先不会告诉任何人（好吧，几乎没有人）。

例如，1992 年，我的演讲主题是“不容置疑的策略”。我列举了十几条我们管理层认为不容置疑的先锋领航策略。我的不容置疑的策略主要包括以下三条：

（1）我们不会成为科技领导者；

（2）我们不会（也不能）提供定制的投资建议与资产配置方案；

（3）我们不需要跟随任何同行的费用减免。

① 想了解更多先锋整体股票市场指数基金的信息，可以参考第 12 章。

一年之内，这三条假定的不容置疑的策略中没有一条还"活着"。

科技领导者

第一条不容置疑的策略（"不会成为科技领导者"）并没有持续多久。是的，正如我之前告诉《福布斯》杂志的那样，"科技太贵了，我们不能成为科技方面的领导者"。但是，在基金行业，科技正在成为一个越来越重要的差异化因素，月复一月，我们的管理规模以数百亿的速度增长。所以我告诉我们的管理层，"我们不得不成为领导者"。

在会议结束后的几个月内，我们开始了"信息科技之旅"。首先，我们需要一名顾问对我们现有的信息科技进行评估，然后为我们绘制信息科技路线图。我们所有高级管理人员都参加了为期四天的会议，听取了顾问的一系列建议。

在做出最后决定的时候，我们进行了投票。我的6位同事全部赞成由一个曾经为我们服务过的当地科技公司组成的联盟作为科技顾问。但是我不同意，我更偏向于麦肯锡这样的大公司，因为我更看重麦肯锡的规模、视野、专业知识和声誉。

麦肯锡赢得了这项任务。我觉得管理层应该是理解了我这个决定的初心，因为我没听到任何反对意见。麦肯锡的建议非常清晰。我们遵循它的技术路线图一步步成为共同基金行业的科技领导者。我们的大部分成就应归功于已故的罗伯特·A. 迪斯泰法诺，他的专长、领导力以及决策将我们引领至行业领导地位。（近年来，我们在科技领域的领导地位受到挑战，而且要应对我们的快速增长并不容易。）

定制投资建议

第二条不容置疑的策略（不向个人投资者提供定制的投资建议）基于我对优选基金策略的长期性持怀疑态度，我认为定制投资建议在很大程度上是徒劳的（甚至是傻瓜的差事），因为没有谁能够始终如一地超越市场。

但指数基金最终开始受到投资者的关注，我相信财富顾问会越来越多地注重资产配置，而不是选择个人主动管理型基金以期击败市场。

在两年内，我们开设了自己的咨询服务，并招聘来自普华永道会计师事务所的理查德·史蒂文斯负责这项业务。虽然理查德在 2001 年离开了先锋领航集团，但先锋领航集团咨询服务规模在 2018 年年初突破了 1 000 亿美元。

竞争性基金费率

第三条不容置疑的策略，源于我 1992 年在先锋领航集团管理层的主题演讲：竞争性基金（费率）定价。我说过，我们应该让竞争对手知道，任何削减基金费率的企图都是没有意义的。我们会找到一种他们根本想不到的，而且具有创造性与可选择性的方法降低我们的基金费率。

在 1992 年先锋领航集团管理层会议上，我向管理层宣布，我们将通过发行一系列 4 只投资美国债券市场（包括货币市场、短期、中期和长期）的基金，展示我们在低费率产品上的决心，这些债券基金初始投资额相对较高（5 万美元）。这 4 只基金的名字里都带有“海军上将”，以彰显它们“高级”的品质。这些基金的费率仅为 0.10%，不到我们现有债券基金费率的一半。

新产品立刻结出硕果，为我们选择性的基金费率定价提供了宝贵经验。2018 年年中，我们的 4 只海军上将基金资产规模为 320 亿美元。毫无疑问这是一次"爆炸式"的成功，基金费率更低，因而基金收益率更高，基金总回报率也更高，在债券久期风险恒定的前提下，这些债券基金仅剩下名义上的信用风险了。

随后几年，基金持有人登记技术不断进步。我们可以为先锋领航集团现有的基金创建"海军上将"类份额。从 2000 年开始，我们为先锋领航集团旗下几乎所有基金都创设了更低费率的"海军上将"份额。在 2018 年年中，我们的"海军上将"类份额总资产达到 1.7 万亿美元，是先锋领航集团所有基金份额种类中最大的单一类别，占我们总资产规模的 1/3。

"海军上将"概念在先锋领航集团基金费率定价方法上掀起了一场革命。作为一个整体，庞大的"海军上将"资产规模平均加权费率仅为 0.11%，约为先锋旗下基金平均加权费率 0.2% 的一半，相比我们同行主动管理型基金平均加权费率的 0.63%，"海军上将"的费率低差不多 80%。

创新指数基金

在此期间，先锋领航集团也开始改写共同基金的游戏规则——创造共同基金，不再是简单的股票型基金、债券基金或货币市场基金，而是根据投资者的不同需求创造新的共同基金。我们两只新指数基金代表了这个战略的开始。

成长与价值指数基金

1989年，我在费城证券分析师协会（现为费城CFA协会）的会议上，承诺创建独立的成长与价值指数基金，“期待健全的成长指数与股票收益指数（价值）的出现”。

1992年5月30日，标准普尔公司推出这两只指数基金。在产品创建上，我们基本没有浪费时间，1992年11月2日，我们发行了两只新指数基金，将标准普尔500指数的股票分为成长与价值投资组合。

投资者如何选择这两只基金，我的逻辑很简单。积累财富的投资者应该考虑先锋成长指数基金，其长期回报率较高，来自应税股息收入部分较低，波动性也相对较高。当达到退休年龄开始享受投资生活的时候，投资者会寻求股息更高的股票。瞧！那就是先锋价值指数基金。

然而，如此简单明白的逻辑与市场上可能发生的情况并不相符。在我给持有人的年度报告中，我反复警告投资者，根据对市场的短期预测，反复在这两个指数之间切换，最后可能适得其反。我还补充说，我预期从长期投资的角度看，成长指数与价值指数收益率差不多。

我的警告很大程度上被投资者忽略了，我那关于两只指数基金的长期收益相差无几的预言几乎分毫不差地被证实了。在随后的25年里，成长指数基金的年均回报率是8.9%，价值指数基金的年均回报率为9.4%，几乎是相同的。但是经常在这两个指数基金之间切换的投资者获得的收益远低于基金本身的年均回报：成长类年均回报率增加了6.1%；价值类年均回报率增加了7.9%。我很惊讶——而且有些尴尬——我原本认为将指数分为成长与价值是指数基金的一大进步，但是没有想到，成长和价值基金竟然会被投资者滥用。

因子基金的繁荣

具有讽刺意味的是，成长与价值指数两只基金为始于21世纪头十年中期兴起的“因子基金”的繁荣铺平了道路，而且因子基金成为交易型开放式指数基金中发展最快的一部分。一个“因子”可以被描述为一揽子具有相同投资特征的股票，金融经济学家发现，在过去，这些股票的超额收益与这个因子具有相关性。“成长”与“价值”显然是两个截然不同的因子。2018年年初，在过去5年的交易型开放式指数基金净流入资金中，因子基金占比约为20%。（正如我在第8章指出的那样，交易型开放式指数基金策略对于投资者似乎并不尽职）。

虽然它们从未被设计得像它们后来那样，晨星公司（Morningstar）将我们的成长和价值指数基金列为最早的两只“策略Beta”基金。它们也是这类基金中规模最大的两只基金。[①] 2018年年中，成长指数基金的资产规模为790亿美元，价值指数基金资产规模为660亿美元。

基金费率价格战

跟我们的同行相比，我们在降低投资成本方面的理念是截然不

---

① 或许有人会认为，投资者在成长与价值指数基金之间反复切换，这种适得其反的交易体验可以降低基金营销人员将这种危险的武器推荐给投资者的热情。事实正好相反，反而是投资者身受其害。

同的，他们努力坚持高额费用，只是勉强分享共同基金规模增长带来的规模效应。他们更愿意推出费率高于现有基金的产品。随着投资者越来越注重成本，他们的这种策略变得越来越艰难。

最终，“海军上将”类别基金份额与其他先锋领航低费率产品都是我们共有结构的结果，它们使得基金持有人的利益最大化，而不是像我们的同行那样让基金公司股东的利益最大化。

由于每只基金都有权力设置其费率，创建“海军上将”基金没有监管问题。但是，先锋领航如果想发起基金费率价格战，就需要更大的灵活性。“海军上将”基金就是一个良好的开端，但是我们的最终目标是降低我们所有基金的费率。这并不容易，但是最后我们实现了。

根据最初的先锋领航集团服务协议的条款，我们对从基金资产中分摊成本的要求是非常严格的。例如，每只基金的直接成本，加上其间接的分摊成本，主要基于其在先锋领航集团旗下基金总规模中的规模占比以及持有人数量，这些标准在很大程度上排除了我们策略性地分担这些成本的可能。

我们需要有选择地降低细分市场费率，特别是那些费率对投资者有实质性影响的资产类别。这种定价灵活性使得我们成为一个更加难缠的竞争对手。

在我们 1993 年与美国证券交易委员会的协议到期之后，我们的基金持有人批准修改我们的服务协议，以便我们的基金费率更有竞争性。我们会继续遵循早期更严格的分摊方法，但正如 1993 年协议所述，我们添加了一个允许先锋领航集团“以更有竞争力的费率服务投资者，而且有利于先锋领航集团的正常经营与长期发展”的条款。

里程碑 No.10 —— 1993年

来自竞争对手的攻击……断然回击

我们的共有结构实际上保证了我们在成本上的竞争力，我们在1993年与美国证券交易委员会达成的协议也让我们拥有了更加灵活的价格竞争力。这个主要的里程碑是游戏规则的改变。它开启了我们主动管理型基金与被动指数基金可以采取同样的价格竞争策略的大门。然而，这一重要变化几乎没有被大家注意到，没有一名先锋基金的投资者提出相关问题，没有相关的新闻报道，我们的竞争对手也没有意识到这个问题。

具有讽刺意味的是，对我们1993年协议的唯一负面评论，就是一个不相关条款允许先锋领航集团可以再融资，并且估计我们的新办公环境的成本是1.6亿美元。我们的业务发展迅速，我们期待进一步增长，而且我们是对的。截至1992年年底，我们的基金资产总计920亿美元。10年后，2002年年底，先锋领航集团旗下基金资产飙升至5 550亿美元。[①]

这是一个平凡的金融提案，不是开创性的提案，它

① 公平地说，我们的1993年协议非常长（30页或更多），并且很复杂，多达8项实质性提案要求基金持有人批准，包括批准更多咨询费减免的请求。

使我们能够在价格以及成本方面具有竞争优势，但是它引起了竞争对手富达的注意。它不想为先锋领航集团新办公环境提供资金。富达采取了不寻常的，甚至是前所未有的行动，它请求美国证券交易委员会就我们的行为举行听证会。

我没有开玩笑，根据 1992 年 12 月 1 日《华尔街日报》的新闻，我认为富达的听证会请求，是"对我们公司内政的傲慢干涉，是贪婪且愚蠢的行为"。媒体随后展开了无尽的口水战。但是当整个事情变得清晰的时候，美国证券交易委员会投资管理部门的工作人员认为，这件事没有必要进行昂贵且耗时的听证会，富达撤回了其申请。

作为回报，美国证券交易委员会工作人员建议我不要再评论此事。该请求言辞非常犀利：工作人员建议我"闭嘴"。我们高兴地接受了他们的要求。（这并不容易！）在 1993 年 4 月 12 日的基金持有人大会上，我们的所有提案都被批准了。

先锋领航集团 1993 年协议涉及很多方面。每一项都很重要，正如之前描述的两项提案，为先锋领航集团新办公环境提供资金，以及为适应市场中的价格竞争，建议授权每个基金董事会有权"选择基金的新投资顾问，或者变更基金原有的投资顾问"，而不是像之前那样必须获得基金持有人大会的批准。

该提案的根本在于赋予董事会行事的权力，因为我们是为了实现基金持有人/客户的利益，我们的共有结构很独特。鉴于我们的内部化运作，以及在与外部投资顾问谈判时的独立性，我们认为，先锋领航集团应该完全独立选择与变更基金的投资顾问，并及时向基金持有人披露信息。先锋领航集团董事们在选择外部投资顾问时并没有重大的利益冲突，我们认为，应该如同养老金计划与捐赠基金受托人那样，自由选择外部投资顾问并进行费用谈判。

里程碑 No.11 —— 1993年
选择投资顾问和调整咨询费的自由

截至1993年，我们已经运营了近20年，先锋领航集团旗下基金已经实施了200多项费用减免，每次基金降费都需要召开一次代价高昂的基金持有人大会。这并非什么秘密了，95%或更多的共同基金持有人通常都会批准管理人的提案，只是走一个投票的流程罢了。我们提议取消基金持有人批准费用变动的要求，取而代之的，是承诺如果基金咨询费或咨询顾问有任何变动，那么我们会提前30天通知基金持有人。并提议将这些决定权留给董事会，最后我们的提案得到基金持有人压倒性的支持。

然而，随着时间的推移，我意识到我犯了一个严重的错误，我没有机会纠正我的错误。如果我有能力再来一遍的话，我会让我们的建议只适用于减费，并且将继续要求基金持有人大会批准任何费用的增加。（在我担任首席执行官的那些年里，我从未建议过增加费用，只有那 200 多项减费。）

当批准 1993 年协议时，我根本没有想到未来增加费用的需要。然而，自 1993 年以来，先锋领航集团管理层几乎没有向董事会要求减少费用，但至少建议增加 5 笔费用。[①]据我所知，我是唯一注意到这些要求增加费用的人，这使我因早先的错误而更加痛苦。

并非巧合，我们的 1993 年协议也提出了十几只基金减费的方案，它们也得到基金持有人的批准。1993 年对于先锋基金的持有人而言，的确是双重“里程碑”的时刻。

平衡型指数基金家族

在成长和价值指数基金成立仅一周后，1992 年 11 月 9 日我们创建了基金行业的第一只平衡型指数基金。自该基金成立以来，其资产配置一直保持不变：60% 的整体股票市场指数基金和 40% 的整体债券市场指数基金。

低费率在这个基金与同类基金的竞争中发挥了重要作用，先

① 我在先锋领航集团的继任者延续使用我之前跟威灵顿基金管理公司谈判费率的方法，压低外部投资顾问的咨询费。随着基金规模的增长，基金支付给外部投资顾问的咨询费会降低。通过这种方法，先锋领航集团旗下的基金持有人，而不是外部投资顾问享受了很多规模效应带来的好处。

锋平衡型基金综合费率为 1.1%，而同类基金综合费率差不多是 1.9%。

平衡型指数基金有分散化的投资组合、较低的投资成本和适度的风险敞口，非常适合作为养老金、大学捐赠基金等长期投资中的核心投资组合。

事实上，当与规模更大、更复杂、更专业的美国捐赠基金对比时，平衡型指数基金已经具有明显优势了。截至 2017 年 6 月 30 日的 10 年间，先锋平衡型指数基金的年均回报率为 6.9%，远远超过平衡型混合基金的年均回报率 4.4%，以及美国规模最大的大学捐赠基金年均回报率 5.0%。在累计回报方面，平衡型指数基金累计收益率为 92%，平衡型混合基金累计收益率为 54%，最大的捐赠基金累计收益率为 63%。

先锋平衡型指数基金的历史业绩非常突出，而且在基金市场获得了很大成功。截至 2018 年年初，该类基金规模为 380 亿美元，在美国 605 只平衡型基金中，规模排名第五。

平衡型指数基金对先锋领航集团的重要性远不止于此，以平衡型基金为蓝本，先锋领航集团在此基础上衍生出两类基金版本。第一个版本是我们的生命策略基金，第二个版本是我们的目标退休基金。目标退休基金已被证明是自货币市场共同基金以来基金行业最强大的理念。

生命策略基金

基于标准的股票 / 债券配置比例为 60/40 的平衡型基金衍生出来的基金新品种，是我们在 1994 年 3 月 30 日创建的 4 个生命策略基金，股票与债券配置设定在不同的水平：策略收入为 20% 股票与 80% 债券；保守成长为 40% 股票与 60% 债券；普通成长为 60% 股票与 40% 债券；成长型为 80% 股票与 20% 债券。

这些基金开始就走错了路。（我在想什么？）我们并没有坚持这些股票 / 债券的固定资产配置比例，而是将每只基金资产的 25% 投资于先锋资产配置基金，该基金的股票和债券资产配置比例基于基金经理对股票与债券未来收益的预期。

任何基金的投资理念都不应该比其自身目标更复杂。然而，我犯了一个不可原谅的“菜鸟式的错误”。仅在最初几年，我们的资产配置基金对生命策略基金的收益有稍许帮助，但是这种优势并没有继续下去。我们在 2011 年放弃了这种细微差别。

生命策略基金为投资者提供了一种便捷的方法，让他们能够在增长预期和风险承受能力之间取得平衡，这主要基于他们承担风险的经济能力和承受风险的意愿。很多投资者都喜欢这个思路。截至 2018 年年中，我们的 4 只生命策略基金的资产规模为 440 亿美元，这样的成绩源于最初的先锋平衡型基金。

目标退休基金

1994 年，在基金行业，富国银行最先开始根据客户特定的退休时间，提供“目标日期基金”（target-date funds，TDFs）。目标日期基金依赖于“下滑路径”（glide path），即当投资者年轻的时候，资产配置策略较为激进，重仓股票资产，随着他们临近退休，资产配置策略逐渐变得更加保守。

例如，你在 2005 年投资 2035 年的目标退休基金[①]，起初资产配置中股票和债券的比例为 90∶10，随着你逐渐临近退休而逐步降低股票资产配置比例，在你退休时基金的资产配置中股票与债券的比例为 60∶40。产品设计逻辑是，随着退休时间临近以及客户资产的积累，投资者越来越应该规避风险。

许多基金公司现在提供各种类型的目标日期基金。每个目标日期基金提供公司都设置自己的资产配置参数（它们认为，产品参数差异通常很小），基于投资者偏好以及它们对股票与债券市场长期收益的预测。

主动与被动目标日期基金——成本至关重要

先锋领航集团的目标退休基金成立于 2003 年，我们在基金的资产配置模式上并无例外，但是还是保持了我们的独特性。虽然我们共同的目标日期基金会投资主动管理型股票型基金或者债券基金，但是先锋领航集团的目标日期基金仅投资股票指数基金与债券指数基金。

这样的指数基金结构将显著降低目标日期基金的成本。先锋领航集团目标日期基金的平均费率为 0.13%，而我们同行的产品费率为 0.70%。随着投资者逐渐认识到低成本在长期收益中的重要性，先锋领航集团的目标退休基金蓬勃发展。截至 2018 年年中，我们的目标日期基金总规模达到 4 040 亿美元，是迄今为止该领域最大的产品，在整个目标日期基金市场我们占据了 36% 的市场份额。

① 目标日期基金现在大体适用于目标退休日期在 2015 年至 2065 年的投资者，其间通常每隔 5 年设立一只基金。

其他新概念共同基金

1992 年，随着先锋整体股票市场指数基金的成立，我们再次开辟了新天地。我们的第二个宽基指数基金注定会成为全世界最大的基金。1994 年成立的生命策略基金是一项突破性创新，它满足了不同风险承受偏好的投资者的需求。两者都代表着基金行业的重大创新。

但是我们仍不满足于现有的基金种类与投资策略，我们将向投资者提供更多的产品，以满足他们的需求。考虑到我们的传统使命是为投资者服务，而不是简单地吸引更多的资金，我们不得不提供更多选择。

因此，我们继续扩展我们的债券基金产品线。1994 年 3 月，为了与我们在 1976 年开创的市政债券战略相呼应，我们创建了业内首个应税固定久期债券市场指数基金，具有短期、中期和长期三种系列。

先锋领航集团的同事们对整个思路并非完全接受。毕竟，我们已经将基金分类专注于企业债券、美国国债与票据。[①]我决定继续向其他方向扩展，截至 2018 年年中，我们的应税固定久期债券市场指数基金、主动管理型企业债券基金，以及美国政府债券基金的资产规模为 2 180 亿美元。

① 当我第一次与管理层会面并解释我启动一系列新的指数债券基金逻辑的时候，我们的高级管理人员均未出席，他们均派下属参加会议，我当场取消了会议。我非常生气。在重新安排的会议中，整个管理层都出席了。

税收管理基金

1994 年，我们还在业内首创了一系列税收管理共同基金，而且它们都是指数基金：税收管理成长和收入基金（追踪标准普尔 500 指数）；税务管理资产增值基金（追踪 250 只股息率最低的标准普尔成分股）；税收管理平衡型基金（50% 为最低股息率股票，50% 为中期免税债券，最小化税收的资产配置组合给投资者带来了税收优惠）。2004 年，我们增加了税收管理小型股基金。

税收管理的概念并没有得到投资者的青睐，主要原因似乎是新基金指数化方法仅比传统指数基金或者标准普尔 500 指数基金在税收效率上面有微小的改进。此外，基金转换的资金流也会影响投资组合的税收效率，我们的费用设计是在投资者 5 年之后赎回的时候收取，但投资者不喜欢赎回费。资本升值、平衡型和小盘股投资组合几乎没有获得多少增量资金，截至 2018 年年中，这些基金资产规模达到 200 亿美元。成长和收入投资组合后来并入我们的标准普尔 500 指数基金。

房地产投资信托指数基金

1991 年至 1996 年，我们还尝试推出了一只投资于房地产的房地产投资信托指数基金（REITs），现在它成为最大的房地产投资信托基金，截至 2018 年年中，它的资产规模为 580 亿美元。我们还创建了一只国际股票综合指数基金（Total International Stock Index Fund），它合并了我们的新兴市场股票指数基金和发达市场股票指数基金。截至 2018 年年初，国际股票综合指数基金规模超过了 3 400 亿美元。战略股票基金（Strategic Equity Fund）是一只成立于 1995 年的量化基金，它由先锋领航集团内部量化权益部门管理。该基金仍在寻求它的市场定位。

地平线基金组合

在填写先锋领航集团基金列表时——仅 5 年时间就有 25 只新基金，我犯了一个非常愚蠢的错误。我在 1985 年错误地创建了先锋领航集团主题 / 行业基金。新的错误是在 1995 年年中推出了地平线基金。

在估值持续上升的市场中，我们觉得投资者想要更激进的基金。我做出了错误的决策，创建的资本机遇（Capital Opportunity）、全球股权（Global Equity）、战略股票（Strategic Equity）以及全球资产配置组合（Global Asset Allocation portfolios）都是高风险的，并且都是为长期投资者设计的。

早些年，地平线投资组合结局都不太好。（2001 年，全球资产配置基金被并入另一只先锋基金。）资本机遇基金也没有例外，失败了，该基金的业绩从一开始就是近乎灾难性的，尤其是其卖空策略的失败。

1998 年，我们将这些基金的投资管理转交给 PRIMECAP 团队。经理们出色地完成了他们的新任务，创造了持续惊人的回报。新申购资金不断涌入，我们在 2004 年关闭了基金的新账户申购。截至 2018 年年初，先锋资本机遇基金的规模为 160 亿美元。

就如同在 1985 年我愚蠢冲动地创建了先锋主题基金那样，我戴着营销的帽子又创建了地平线基金。我希望我的继任者和同事们能从我那不可原谅的错误中学到经验。[①]

2018 年年初，我们还专为交易型开放式指数基金市场设计了 6 只主动管理型的因子基金。这些基金从品质因子、动量因子、低波因子、价值因子、流动因子中选择一个因子构成单因子基金。我们必须等待，观察投资者对它们的接受程度，并仔细评估它们对先锋领航集团增长的贡献。我尽量避免公开评论它们，但媒体似乎猜到了我的想法。彭博社的一篇文章的标题是《加点辣酱，抓住博格》（我的网站上提供了视频链接，参见 www.johncbogle.com）。

我们从 1991 年至 1996 年的工作为先锋领航集团的未来发展奠定了基础，表现在基金运营、主动管理和基金创建等方面，它们很快就会发挥作用。我们坚持了 1974 年为自己设定的目标，以服务投资者为我们的指路明灯。我们也采取了各种方法进一步降低基金费率，这让我们的竞争对手倍感压力。我们还开创了第一只平衡型指数共同基金，在此基础上，我们扩展出生命策略基金和目标退休基金。简而言之，我们的公司源于威灵顿平衡型基金，而且我们会坚持前行。

① 到目前为止，证据复杂。2008 年，我们推出了 3 种管理支付基金（Managed Payout Funds）——提供年度支出（来自收入，资本收益和 / 或资本回报）分别为 3%、5% 和 7%。它们并没有成功，2014 年，3% 和 7% 的投资组合被合并到 5% 的投资组合中。

第 8 章 ETF 变革指数化投资（1996—2006 年）

从 1998 年到 1999 年，股票价格进入泡沫期——“新经济”概念股票价格飙涨，2000 年泡沫开始破灭，其间股市迅速下挫 51%。泡沫破裂和实体经济复苏之后，大牛市随之而来，股票资产在 1996 年至 2006 年的 10 年间收益非常稳健，年均回报率为 8.4%，参见表 8-1、图 8-1。

表 8-1　1996—2006 年先锋领航集团与股票市场

	1996年12月	2006年12月	年均增长率	年化收益率
先锋领航集团管理规模	2 360亿美元	11 227亿美元	16.9%	
基金行业规模	3.4万亿美元	10.1万亿美元	11.5%	
先锋领航集团市场占比	7.8%	12.6%		
标准普尔500指数价格	741	1 418		8.4%
中期美国证券债券收益率	6.2%	4.7%		5.8%
60%股票与40%债券组合	—	—		7.9%

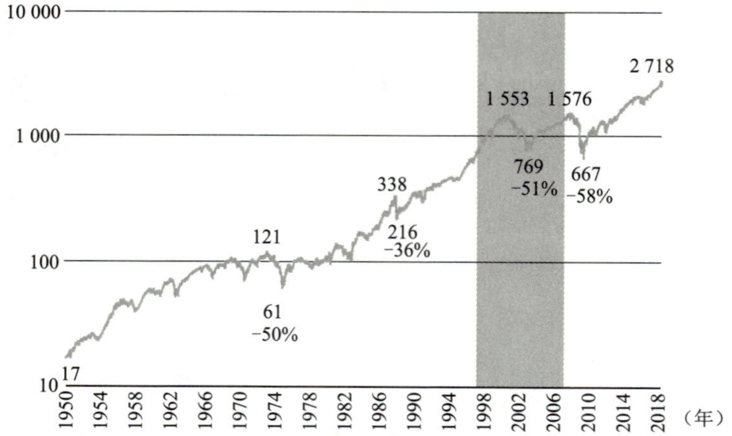

图 8-1　标准普尔 500 指数

数据来源：雅虎金融。

ETF的兴起

1992 年，一天上午 7 点我走进我在先锋领航集团的办公室[①]，注意到我的日程表上将有一位重要的客人来访——内森·莫斯特，美国证券交易所新产品开发部的副总裁。

他非常准时，事实如我预想的那样，他是一位优雅的绅士。在一周之前，莫斯特先生以书面形式向我概述了他的想法，所以我知道会发生什么。在我们的交谈中，他详述了他的建议：我们将合作共同创造一个新"产品"，它能使标准普尔 500 指数基金全天候交易，就像个股一样。

莫斯特先生于 2004 年去世，享年 90 岁，当初的构想变为现实

① 我无法确定确切的日期，我的日程本并非标准的日历模式。

令他欣慰，指数基金持有人可以在纽约证券交易所交易基金份额，这使得我们 500 指数基金的规模快速增长。他建议的交易型开放式指数基金（ETF，虽然这个缩略词刚流行了十几年）吸引了更多新的不同类型的投资者。当然，它也会吸引投机者，尽管他没有用这个词。

思考了一下，莫斯特说，除了先锋领航集团已经提供的分散化投资、投资组合的透明度、低费率之外，ETF 模式还能为我们的 500 指数基金的投资者在管理投资组合方面提供更大的灵活性，更高的税收效率，降低交易成本，快速卖出基金份额并以保证金买入 500 指数基金，以及在海外交易市场轻松地买卖指数基金份额；而且 ETF 还将吸引对冲基金和其他机构投资者，使他们能够微调他们的风险敞口。[①]从先锋领航集团的角度来看，它将开辟新的销售渠道，扩大指数基金的市场。虽然语气柔和，但内森·莫斯特显然是一个宣传自己理念的传教士。

我兴致勃勃地听完了他的演讲，并反馈了两个问题：

（1）产品设计中存在三到四个缺陷需要完善，以达到理想的效果；

（2）即使他可以解决这些缺陷，我对这样的合作也不感兴趣。

我指出，我们的 500 指数基金是专为长期投资者设计的。我担心增加流动性会大大吸引短期投机者，其交易不利于该指数基金长期持有人的利益。所以我们没有兴趣与他们合作。但我们友好地分手了，并且一直保持着不错的友谊。

① 事实上，ETFs 对于“机器人”顾问，即基于计算机驱动的资产配置模型是不可或缺的。

如果他今天还活着，看到ETF成为美国金融行业的主流产品，那么人们只能猜测内森·莫斯特会怎么想。我们不要忘记，他不遗余力的努力是ETF从想法变为现实的关键。他的贡献非常大，但并没有引起人们的注意，所以我想在这里说明此事，并向这位先驱致敬。

正如内森·莫斯特告诉我的那样，他乘坐火车回到了纽约市，并想出如何解决我发现的产品设计中的问题。然后他继续寻找新的合作伙伴，他找到了一家大型公司，这家公司的名字是道富环球投资管理公司。

1993年1月，道富推出了标准普尔存托凭证，投资标的为标准普尔500指数，"SPDR"ETF（在纽约证券交易所的代码为SPY，昵称"蜘蛛"），从那以后，它就成为ETF市场的主导者。

尽管ETF产品数量激增——现在仅在美国就有2 190只，"蜘蛛"仍然是世界上最大的交易型开放式指数基金。截至2018年年中，其资产规模为3 070亿美元。几乎每天，它都活跃在全球证券交易市场。

早在1992年，我根本没有想到，仅仅10年，ETF的思想不仅点燃了指数基金市场，而且风靡全世界。即便拒绝了莫斯特的提议，我也坚持认为：股票交易是投资者的敌人。今天，我们看到很多ETF持有人进行过度交易，也看到低成本指数基金对新一代投资者的吸引力。

ETF在市场上被接受的速度远远超过了其前身传统指数基金（TIF）。仅用了17年时间，到2010年ETF资产就突破了1万亿美元大关。但2011年，传统指数基金花费了35年时间才跨越1万亿美元大关。

目前，可以在美国市场投资的 ETF 规模为 3.5 万亿美元，超过了可以投资的传统指数基金规模的 3.3 万亿美元，两者总计 6.8 万亿美元，这足以证明指数化投资的力量。我可以毫不犹豫地讲，即使莫斯特 ETF 的创新思路是 20 世纪金融市场上最伟大的成功，但证明它将成为 21 世纪最成功的投资理念也还有待观察。

实际上，ETFs 如何能在任何方面都胜过 TIFs？仅在美国就有 2 200 只 ETFs，追踪着令人难以置信的 1 700 种不同的指数，ETFs 具有所有股票的交易特征，而且可以以更快的速度交易。但在这两种情况下，投机交易指数基金也是有风险的，当然投机指数基金的风险要比个股小得多。

我很难想象今天的 ETFs 会成为投资市场的“圣杯”：持续跑赢市场总体收益，但实际上恰恰相反。

一些 ETFs 企图在股票市场为某些“狭小”行业 / 主题押注的投资者提供工具；某些 ETFs 采用“异国情调”的杠杆策略，促进了对市场在某天是涨是跌的押注；一些 ETFs 则使对大宗商品价格的押注变得相对容易。但是 60 多年的投资经验告诉我：只有长期投资才是成功者的游戏，短期投资则是失败者的游戏。

但公平地说，ETF 持有者并不都是投机者。ETF 持有者是明智的投资者，这受益于 ETF 的积极属性，但这在很大程度上是无法测量的。

可以说，ETFs 的交易活动分为两部分：（1）蜘蛛（代码：SPY），（2）所有其他 ETFs。2017 年，仅蜘蛛就占了 100 只最大的 ETFs 的平均日成交量的 22%。然而，它的申购赎回非常不稳定。例如，在 2007 年的最后 5 个月（在市场高位），投资者净申购了 400 亿美元的蜘蛛；在 2009 年的前 5 个月（在市场低位），投资者净赎回了 300 亿美元。在市场高位注入资金，在市场低位撤出资金，这并非成功的投资。

蜘蛛的早期广告表达了其营销观点："现在你可以整天交易标准普尔 500 指数，而且是实时的。"我不禁怀疑（如果你在乎粗俗的语言的话），"什么样的傻子能做到这一点？"但它值得日复一日地交易，蜘蛛兑现了它的承诺——它目前是全球证券市场以美元计价的交易中最活跃的品种。

仅 2017 年，蜘蛛的日均交易量为 7 000 万股，年交易额是惊人的 4.3 万亿美元。蜘蛛的资产年均约为 2 450 亿美元，这意味着 1 786% 的周转率。（上市公司股票的平均周转率仅为 125%，普通共同基金的赎回平均占基金资产的 30%。）是的，投资者确实在整天交易标准普尔 500 指数，而且交易量难以想象。

投机ETF

虽然内森·莫斯特会为他的 ETF 梦想成真而自豪，但是我相信，他也会因那些另类基金数量的激增而感到失望。

蜘蛛的追随者，各类创新型的 ETF 为投资者提供了多种多样的投资方法，这些已经远远超过了 ETF 的开创者莫斯特认为合适的范围。"说出一种奇特的产品——任何你能想象的产品，我们都能创造出来"，这是新一代 ETF 供应商提出的口号。许多，或者是大多数 ETF 供应商参与这个游戏，并不是因为它们相信所谓的这类产品能给投资者带来好处，而是因为它们可能会中头彩，吸引大量资金的追捧，从而赚取个人财富。

要弄清 ETF 与 TIF 有何不同，请考虑每个主要类别的构成概况，如表 8-2 所示。请注意，ETF 的数量（2 169）几乎是传统指数基金数量（472）的 5 倍，在“杠杆 / 投机”类别中 ETF 的数量（1 002）则是传统指数基金数量（140）的 7 倍。

是的，宽基股票和债券 ETF 更适合长期投资，它们对投资者有利。但正如我经常说的那样，“ETF 是很好，只要你不交易它们”。我怎么可能反对以低价购买标准普尔 500 指数的 ETF，并长期持有它的想法呢？

但是，基金提供公司对开发一种热门新产品的诱惑几乎是无法抵抗的。在我的职业生涯中，经历了很多次创新，但只有极少数创新能够满足长期投资者的需求，太多的 ETF 不符合该标准。

表 8-2 交易型开放式指数基金（ETF）与传统指数基金（TIF）的构成（2018 年 5 月）

分类	规模（十亿美元）		数量	
	TIFs	ETFs	TIFs	ETFs
美国股票	1 587	690	69	63
非美国股票	461	540	47	111
债券	462	488	74	218
因子/SmartBeta	369	1 092	142	775
杠杆/投机	64	724	140	1 002
合计	2 943	3 533	472	2 169

数据来源：作者基于晨星公司的数据计算得出。

显然，不仅在某些特殊类别的 ETF 与杠杆 ETF 投资领域，而且在宽基指数，如美国股票综合指数以及国际（非美国）综合指数的 ETF 投资领域，短期投机者都多于长期投资者。这种猜测涉及的规模是令人震惊的。2017 年，仅美国市场 ETFs 的交易总额就为 17.3 万亿美元，占所有股票交易额的 25%。

那些对 ETFs 巨额换手率表示惊讶的人，让我想起了克劳德·雷恩斯在经典电影《卡萨布兰卡》中扮演的警察局长路易·雷诺上尉的台词："我很震惊，震惊地发现赌博正在这里进行。"

是的，很多 ETFs（特别是"蜘蛛"）的大部分快速交易是由金融机构完成的，这些机构利用它们进行对冲或者平衡现金储备。但很多活动似乎都是投机，"实时"主动交易 ETFs，甚至通过账户保证金交易 ETFs。金融机构几乎是所有宽基 ETFs 的主要持有人，并且控制了整个市场，它们是迄今为止最大的交易员。

似乎没有人知道这些数据意味着什么，但我估计至少有一半的 ETF 资产被机构持有并且进行着疯狂的交易，剩下的一半由个人持有。此外，我估计有 2/3 的个人持有者都遵循着这样或那样的交易策略，只留下 1/3 的个人投资者做一些自主交易，遵循买入持有策略，类似持有传统指数基金那样。数据表明，仅有 1/6 的 ETF 资产被长期投资者持有。

吸引长期投资者

源于对 ETFs 规模和潜力的深刻认识，先锋领航集团于 2001 年加入 ETF 市场。先锋领航集团股权投资总监格斯·索特负责这个项目。据我了解，他坚持建议公司向其现有和潜在客户提供 ETFs 产品，之后他成为实施这个项目的富有热情的领导者。索特创造了一种新颖的（实际上具有专利性）结构，其中每个 ETF 都是先锋领航集团现有指数基金的新类别。

值得称道的是，索特在 ETF 营销方面找到了一个高速通道，我们仅为大盘指数基金和美国行业指数提供 ETF 份额，避开 ETF 业务的“疯子前沿”，例如杠杆、反杠杆和单一国家 ETFs。

先锋领航集团初始的 ETFs 被命名为“VIPERs”(先锋指数受益凭证，Vanguard Index Participation Equity Receipts)。但是你一旦意识到单词 Viper 是一种有着长牙的毒蛇（或者被用来形容奸诈的人），就会觉得这是一个奇怪的名字，所以它很快就被放弃了，并被改为新名字先锋 ETFs(Vanguard ETFs)。

先锋领航集团决定创建 ETFs 的决定是受股东影响的。以下是先锋领航集团董事会成员、普林斯顿大学教授伯顿·马尔基尔教授建议创建 ETFs 时说的话。

> 杰克·博格……这个产品很有问题（因为它顺应了投资者的交易心态）……这是先锋领航集团的管理层（不是董事会）不愿意的……管理你的先锋基金投资组合的经纪人无法获得佣金收入，但他可以通过给你购买先锋领航集团的 ETF 获得佣金。[①]

因此，先锋领航集团关于发行 ETFs 的决定，很可能是想吸引

① 马尔基尔引用乔·迪斯泰法诺的话，《随机漫步的马尔基尔 关于利率、风险，以及先锋领航集团为什么改变了》，《费城询问报》，2015 年 1 月 13 日。

股票经纪人销售公司的 ETF。1977 年，先锋领航集团取消了通过股票经纪人分销基金的模式。从那以后，公司一直采取"免佣"策略，即不向股票经纪人支付任何佣金。但是，交易 ETF 的佣金是由投资者直接支付给股票经纪人的。我们长期坚持的策略是不向销售渠道支付任何费用。先锋领航集团在 ETF 市场取得了相当大的成功。

在 2001 年推出其首个 ETF，即先锋整体股票市场指数 ETF 之后，先锋领航集团在现有传统宽基市场指数基金上都增设了 ETF 份额，如成长性、价值性、大盘股、小盘股等。范围也逐渐扩展到细分的市场领域，如能源、医疗保健和信息技术，广泛的国际指数，以及各种债券指数 ETFs。截至 2018 年年中，我们的标准普尔 500 指数 ETF、整体股票市场指数 ETF 的规模占整个先锋领航集团 ETF 规模的 21%。

先锋领航集团很大程度上没有涉足杠杆与投机 ETF 市场，因为这些产品都是鼓励投资下注各种不确定性。尽管如此，我们相对纪律严明的策略不仅吸引了短期投机者，也吸引了长期投资者。我们的 ETF 的平均年周转率非常惊人（135%，意味着平均持有期为 9 个月），相对于我们的传统指数基金的赎回率（18%，意味着平均持有期为 6 年），在 ETFs 整体规模中，约有 1/4 的产品平均年周转率高达 579%（意味着平均持有期为 2 个月）。

我赞赏这种纪律严明的营销策略，即便这种策略在共同基金领域很少得到回报。但是先锋领航集团 ETFs 规模的快速增长，掩盖了 ETF 市场的成功依赖于小众市场营销基金或鼓励频繁交易的假设。先锋领航集团的 ETF 资产规模从 2004 年的 58 亿美元，增长到

2018 年年中的 8 850 亿美元。先锋领航集团在 ETF 市值中的份额从 2004 年的 3% 飙升至 25%，仅次于 ETF 领导者贝莱德集团（市场份额为 39%），远远领先于 ETF 先驱道富环球投资管理公司（市场份额为 18%）。

如果“实践是检验真理的唯一标准”，那么很难证明 ETF 这种餐食对数百万投资者中的大多数是有营养的。继续用数量来验证，我们将 ETF 的投资者视为一个整体，其中投机者的累计交易量非常高，但是他们的回报通常低于传统指数基金的投资者。

目前缺少我长期关注的传统指数基金投资者与 ETF 投资者的回报数据。但是，2018 年年初，当我统计传统指数基金与 ETF 资产规模增长来源的时候，答案跳了出来。

我可以通过简单的计算，统计出新增资产有多少源于资产增值，有多少源于新资金流入。我发行的股票型 ETFs 新增资产规模中 2/3 源于新资金，只有 1/3 是它们的投资回报（业绩）的结果。

传统指数基金增长的模式正好相反。几乎 2/3 传统指数基金规模增值源于它们的投资回报，仅有 1/3 源于新资金。总之，ETFs 的增长主要是营销的结果，传统指数基金的增长主要是投资业绩的结果。

这些数据令我们惊讶，甚至令人震惊，我用它们来计算 2005 年到 2017 年 ETFs 与 TIFs 投资者的收益率（投资者回报包含分红部分）。传统指数基金在投资者累计回报方面拥有巨大优势：TIFs 的收益率增加了 184%，ETFs 的收益率增加了 101%。在整个期间，传统指数基金投资者的平均收益率高于 ETF 投资者的平均收益率，而且在过去 12 年的每一年，传统指数基金投资者都获得了更高的回报，如表 8-3 所示。是的，当然是追踪标准普尔 500 指数的传统指数基金和 ETF 的回报实际上是相同的。但是投资者回报[①]，考虑到 ETF 投资者做出的适得其反的决策（较高的交易成本、糟糕的下注以及糟糕的入场时机），对 ETF 投资者来说要低得多。

表 8-3 TIF 与 ETF 净现金流与市值增长（2004—2017 年）

	TIF	ETF
2004年资产（十亿美元）	410	185
2017年资产（十亿美元）	2 066	1 840
净现金流2004—2017年（十亿美元）	510	1 009
市值增长2004—2017年（十亿美元）	1 146	790
投资者年化收益率（%）	8.4	5.5

数据来源：博格金融市场研究中心基于战略洞察力网站的数据计算得出。

先锋领航集团对 ETFs 的投资方式则完全不同。同期，标准普尔 500 ETF 资金的年化收益率为 8.5%，几乎与同期传统指数基金投资者获得的 8.4% 的年化收益率相同。所以我认为，伟大的营销理念很少是伟大的投资理念，这一点在市场上得到了证实。

ETF的胜利

在某种情况下，我们可以绘制 TIFs 和 ETFs 之间的对比图，例如，TIFs 是被动基金，由被动投资者持有；ETF 也是被动基金，由主动管理型投资者交易。从这个意义上说，尽管 ETF 在比较投资者

① 在一定时间内，投资者回报为市值增长占基金资产规模（投资者现金流净额）增长的百分比。虽然这个方法有些粗糙，但我们比较了晨星公司统计的 TIFs 投资者与 ETFs 投资者年均收益报告，并发现 R-Squared 分别为 99.2% 与 95.7%。

收益率方面存在不足，但是它们为投资者提供了某种“甜点”。

它们满足了投资者掌控其投资组合的欲望，使他们意识到成本的重要性，对他们应该“做点儿什么”的冲动做出了回应。“不要只是站在那里”，是一种直觉上令人满意的哲学，即使并不能证明它是一种成功的投资策略。

其实 ETFs 也被视为分散化投资的一种新工具。该“九宫格”（nine box）投资组合矩阵——由规模（大、中、小）和风格（成长、混合和价值）交叉构成，这很容易理解。但是它不能证明过度持有或减持这些细分市场是有效的。这种“九宫格”细分方法已经发展成一个关于“因子”投资的焦点，例如价值、规模、动量、质量和波动性。

随着以收费为基础的咨询业务模型继续取代以佣金为基础的经纪业务模式，市场上出现了一个新的市场参与者：“机器人顾问”（robo advisers），现在以最低价格提供由软件驱动的资产配置服务。尽管这些顾问严重依赖于 ETFs 交易，但它们很少进行过度交易。

“第一个 ETF 25 岁了，ETF 统治了投资领域”，这是一篇关于 ETF 成功的文章的标题，刊登于 2018 年 1 月 28 日的《华尔街日报》：今天，全球有近 2 200 只交易型开放式指数基金，总资产为 4.8 万亿美元。毫不夸张地讲，其实交易型开放式指数基金并没有给大多数投资者创造什么价值。（文章总结说：“所有这些创新的结果都是在糊弄投资者。”是的！）

“巴顿伍德”的反思是《经济学人》期刊的一个专栏。2015 年 5 月 25 日在巴顿伍德上，一篇标题为“交易型开放式指数基金变得过于专业化"的文章的第一段写道："每次金融创新的出现都有点儿太过分——就像交易电视里的'跳鲨鱼'，为了寻求关注而牺牲了合理性，这也可能发生在交易型开放式指数基金行业。最新推出的ETF是一只投资于ETF供应商股票的ETF。"

我相信，《经济学人》的观察是恰当的，即便如此，我还是想知道《华尔街日报》的标题将如何描述ETF未来的25年。现实情况是，相较于传统指数基金的投资者，ETF投资者专注的范围更小。我们如果忽视这一现实，就是对投资者不负责任。

实际上，我们不应该比较过去的回报，投资者的实践经验将告诫那些持有ETF的投机者，是时候该重新审视他们的交易策略了。

策略：选择并长期持有

虽然我被认为是ETF的主要批判者（并没有证据支持），但是我的观点一直保持不变且更加微妙：（1）我强烈支持分散化投资的ETFs；（2）我不关注狭隘的投机性ETFs；（3）我相信股票交易最终是投资者的敌人。因此，我得出结论，投资者应该选择适合的ETF并长期持有。

我对ETF投资者和TIF投资者的简短建议是：在投资组合中应该重视宽基指数（如标准普尔500指数）的指数基金，不要交易它们。只要你遵循这种策略，无论投资ETFs还是TIFs就不重要了。无论选择哪种方式，你都在做正确的事，只要你坚持前行。

第 9 章
争霸共同基金
（2006—2018 年）

总的来说，这个漫长的时期，对于股票与债券而言都是一个美好的时代。2003 年股市崩盘下跌 50% 结束之后，2007—2009 年，股市再次发生下跌 50% 的崩盘。在全球银行系统几近坍塌的时候，股票市场幸存下来并开始了新牛市，截至 2018 年年中，股票市场估值再创新高，参见表 9-1、图 9-1。

表 9-1　2006—2018 年先锋领航集团与股票市场

	2006年12月	2018年6月	年均增长率	年化收益率
先锋领航集团管理规模（万亿美元）	1.1	5.0	13.6%	
基金行业规模（万亿美元）	10.1	21.0	6.8%	
先锋领航集团市场占比	12.6%	24.2%		
标准普尔500指数价格	1 418	2 718		8.1%
中期美国证券债券收益率	4.6%	2.9%		3.5%
60%股票与40%债券组合	—	—		6.9%

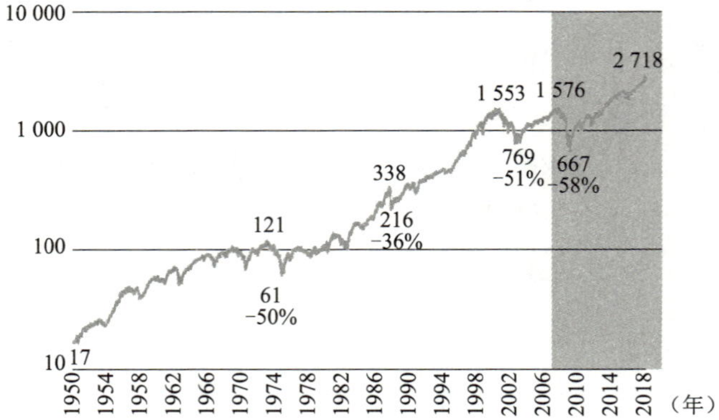

图 9-1 标准普尔 500 指数

数据来源：雅虎金融。

指数革命

1995 年，为了庆祝先锋领航集团的第一指数基金成立 20 周年，更准确地讲，应该是“第一指数投资信托”，我出版了一本专著，主要是为了先锋领航集团的全体成员。这本书的名字是《指数的胜利》（*The Triumph of Indexing*）。

我将书寄送给我的老朋友们，包括已故的保罗·F. 米勒，机构资金管理部门的创始人和高级合伙人米勒、安德森和谢尔德，和一位杰出的投资者。保罗收到书的答复是：“很棒的一本书。虽然结论下得有点儿早，但你会被证明是对的。”

保罗的预测似乎非常准确。即使在 1995 年，指数基金的资产总额也只有 540 亿美元，仅占共同基金整体规模的 2.7%，可以说是沧海一粟。但是我对指数基金持乐观态度，并不是基于当时指数基金的资产规模。

这种乐观态度（现在仍然是）基于投资者将逐渐理解指数基金投资的基本逻辑，低成本的重要优势，以及标准普尔 500 指数长期以来取得的优异业绩。在经历了极其缓慢的起步阶段之后，指数基金的资产将会快速增长，而先锋领航集团的资产也将相应增长。所以，我当然认为我们未来的前景很乐观。

1995 年，我在《指数的胜利》中的预测被低估了。我们最初的指数基金及其后继者是推动先锋领航集团规模在 1996 年至 2018 年显著增长的主要驱动力。在那个时期，我们的指数基金资产从 500 亿美元飙升至 3.3 万亿美元，我们每年的增长率是 21%，指数基金受到投资者的追捧，这主要得益于这一时期股票长期的牛市。

先锋领航集团（股票和债券）指数基金的资产规模持续增长（见图 9-2）。指数基金（在先锋领航集团管理规模中）的份额从 1991 年的 13% 到 1997 年的 31%，再到 2018 年年初的 74%，再次翻番，这被称为趋势。

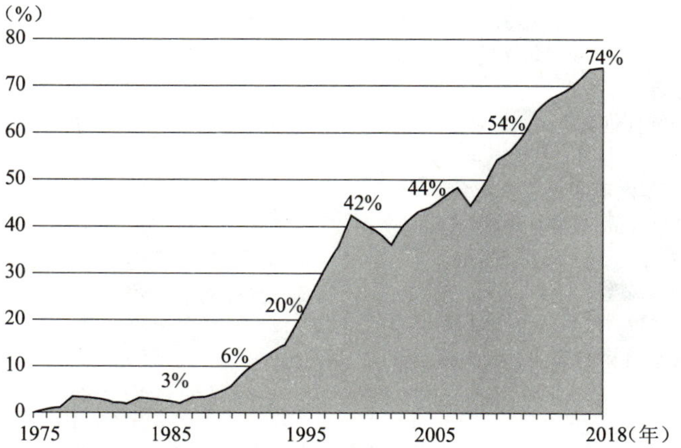

图 9-2　指数基金在先锋领航集团管理规模中的占比（1975—2018 年）

数据来源：先锋领航集团，战略洞察力网站。

在当今世界，产品创新对于企业生存而言是不可或缺的。先锋领航集团的第一只（标准普尔500指数）指数基金自1975年成立以来始终保持不变[①]，我们没有采用任何增强策略。它仍然是2018年先锋领航集团管理规模持续增长的主要驱动力，而且是全球最大的两只指数基金之一。我们最大的基金，先锋整体股票市场指数基金（也是先锋500指数基金的孪生姐妹）[②]，自1993年成立以来也从未改变过投资策略。这一对宽基指数基金的资产规模占据了先锋领航集团管理规模的30%。

表9-2显示，即使2018年，先锋领航集团管理规模增长的驱动力仍然源于我们的共同基金。

表9-2 先锋领航集团管理规模的80%源于那些成立于1997年之前的基金

	总资产(十亿美元)	占比（%）
先锋领航集团规模最大的基金（成立时间）		
整体股票市场指数基金（1992年）	742	16
标准普尔500指数基金（1976年）	640	14
整体债券市场指数基金（1986年）	355	8
国际股票综合指数基金（1996年）	343	7
威灵顿基金（1929年）	104	2
前五名合计	2 183	47
其他成立于1997年之前的基金		
指数基金	612	13
主动管理型基金	1 021	22
合计	1 634	35
1997年之前成立的基金合计	3 817	82
1997年之后成立的基金		
指数	753	16
主动管理型	96	2
合计	849	18
先锋领航集团管理基金规模合计	4 666	100

① 虽然构成标准普尔500指数的500只股票已经发生变化，但标准普尔500指数仍然代表按市值排名的美国最大的500家公司的回报率。

② 标准普尔500指数中的股票市值也占整体股票市场指数基金中股票市值的80%。

先锋领航集团本身就是指数基金行业的领导者，而且随着指数基金行业的蓬勃发展，其自身规模快速扩大。2000年，就在我的专著出版5年之后，指数基金资产增长了近8倍，达到了4 200亿美元；到2005年，它们又增加了一倍多，达到8 730亿美元。指数基金将继续快速增长；到2010年，达到1.9万亿美元，截至2018年年中，指数基金规模达到6.8万亿美元，在整个共同基金行业中占比37%。是的，我在《指数的胜利》中关于指数基金的乐观预期已经得到了充分的证明。

指数基金在整个行业中的占比逐年提高，让我们无法忽视，“它们才是变革的真正推动者”。从2008年至2017年，指数基金行业净流入资金高达2.2万亿美元，是整个基金行业净流入资金的187%！其间，主动管理型股票基金现金流出超过1万亿美元。我们可以将整个时代命名为“指数革命”。

先锋领航集团指数基金的市场份额持续占据领导地位。在整个指数基金行业，先锋领航集团的市场份额约为50%（在3.3万亿美元的传统指数基金市场，先锋领航集团的市场份额为80%，产品主要为宽基指数基金，面向长期投资者），在3.5万亿美元的交易型开放式指数基金市场，先锋领航集团的市场份额为25%，产品主要集中在细分领域，主要吸引交易型投资者。[①]

这样的一家公司领导着整个行业，即便在一个相对成熟的行业，这也是一件了不起的事情。这在很大程度上解释了为什么指数基金

① 这一重要区别——由被动投资者持有的传统指数基金和由主动管理型投资者持有的交易型开放式指数基金，似乎被投资界与相关媒体忽略了。

是先锋领航集团的首要战略。对于战略遵循共有结构，正如乔恩·洛夫莱斯最初听到共有结构时的反应那样，乔恩害怕这样的结构“将摧毁整个行业”……就像我们知道的那样，他是对的。

当一个公司领导着一个快速增长的行业时，它的表现通常可以给大家留下更深刻的印象。继 1974 年成立之后，先锋领航集团管理基金的规模占整个共同基金行业的份额，从最初不到 4% 上升到 1991 年的 5%。但是在 2018 年年中，其市场份额飙升至 22%，创历史新高。其中 3/4 的增长归功于我们的指数基金（见图 9-3）。这是真正非凡的趋势，而且几乎没有放缓的迹象。

是的，先锋领航集团的优势在于成为指数基金革命的第一个推动者。我敢说，我在专著与演讲中不懈宣传的热情，是另外一个推动力。我的书《博格谈共同基金：基金投资者的明智选择》(*Bogle on Mutual Funds: New Perspectives for the Intelligent Investor*，1993 年)，将指数基金列为三大新视角之一。我的第六本书,《共同基金常识》(*The Little Book of Common Sense Investing*，2007 年）第一版，内容完全集中在指数基金上。这两本书的销量合计 50 万册，总计约 150 万名读者。《共同基金常识》在亚马逊上有 700 条读者评论，综合评分为 4.6，略低于最高的 5 星评级。[①]是的，投资者正在获得关于低成本投资以及相关投资的信息。

---

① 在亚马逊连续 10 年销量第一，我在 2017 年秋季推出了 10 周年纪念版，销量也很不错。

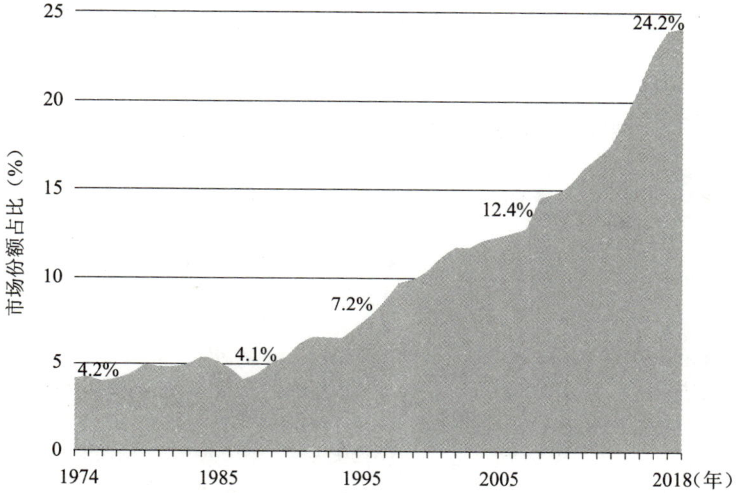

图 9-3　先锋领航集团规模占整个美国共同基金行业的市场份额

数据来源：先锋领航集团，战略洞察力网站。

先锋领航集团在长期（股票与债券）共同基金的市场份额为 25% 左右，这差不多是历史上单一公司能达到的最高占比了。[①] 值得注意的是，在美国共同基金业近一个世纪（它始于 1924 年）的历史中，只有 4 家公司在整个行业取得过领导地位。前 3 家公司所达到的最高市场份额为 15%，如表 9-3 所示，令人垂涎的皇冠被一个国王戴上，不久之后就会被新的国王夺走。

很难想象，曾经长期占据市场份额 15% 的行业领导者 MFS，以及后来的行业领导者哥伦比亚目前的市场占有率仅为 1% 左右。到底发生了什么？在这种背景下，我们可以引用莎士比亚的警告：

① 先锋领航集团占长期（股票和债券）共同基金行业总资产近 25% 的市场份额，如果考虑到货币市场基金，则占共同基金行业总资产的 22%。由于货币市场基金在共同基金行业存在的头 50 年还没有出现，所以我们仅统计（股票与债券）共同基金，以保持数据的连续性。

"为王者无安宁。"一个时代的成功者，将成为下一个时代的失败者。

表 9-3　市场份额最大的基金公司（1935—2018 年）

美国股票与债券共同基金的市场份额[①]						
领导者	时期	年数	巅峰规模（年份）	募集规模（2018年）	巅峰	2018年
马萨诸塞投资者信托[②]	1935—1952年	17	5.54亿美元（1952年）	2 280亿美元	15.3%（1950年）	1.2%
IDS[③]	1953—1982年	29	75亿美元（1972年）	1 540亿美元	15.8%（1964年）	0.8%
富达	1983—2003年	10	6 450亿美元（1999年）	1.5万亿美元	13.8%（1999年）	8.3%
先锋领航	2004—2018年	14	4.3万亿美元（2018年）	4.3万亿美元	24.2%（2018年）	24.2%

注：①该表不包括货币市场基金；
②起初是马萨诸塞投资者信托，现在它是马萨诸塞金融服务公司（Massachusetts Financial Services，MSF）的一部分；
③ IDS 在高峰期被称为投资者多元服务集团（Investors Diversified Services，IDS），成立于 1894 年，最初是一个投资者联合组织。经过一系列的合并，该公司目前的共同基金在哥伦比亚创利德品牌旗下。
数据来源：威森伯格投资公司（Wiesenberger Investment Companies），战略洞察力网站。

马萨诸塞投资者信托（现在的MFS）

首先分析马萨诸塞投资者信托的例子。在其处于领导地位的时代，马萨诸塞投资者信托基金份额由一家独立的公司营销，它自己的受托人直接负责投资组合管理。

1949 年《财富》杂志的一篇介绍马萨诸塞投资者信托的文章吸引了我，当时作为普林斯顿大学的一名学生，我开始研究共同基金行业。马萨诸塞投资者信托基金广泛分散化的投资组合看起来就像道琼斯工业指数中那 30 只“蓝筹股”的股票一样平均。它的策略几乎没有出人意料的地方。用现在的话讲，马萨诸塞投资者信托基金是一个“类指数基金”，追踪市场并持续获得市场的回报，而且投资成本低。[①]马萨诸塞投资者信托的市场份额在 1950 年达到顶峰，为 15.3%。

随着时间的流逝，马萨诸塞投资者信托吸引了越来越多的竞争对手提供相同类型的保守投资策略。实际上，几乎所有由这些公司运营的共同基金，包括威灵顿基金管理公司运营的基金，都是通过股票经纪人进行销售的。威灵顿基金的主要区别在于其平衡政策——大约 2/3 的资产投资于相同类型的蓝筹股股票，剩余 1/3 的资产出于防御目的“迎风向上”，投资于“投资级”债券。几十年来，它是股票经纪公司销售的最大的平衡型基金。

基金经销商的数量越来越多，所有的竞争对手都通过股票经纪公司进行销售，这将对马萨诸塞投资者信托持有的市场份额造成压力，20 世纪 40 年代，市场出现了一种新型竞争者：直销模式。

少数基金管理公司直接雇用自己的销售人员，并直接致电投资

① 直到 1969 年，马萨诸塞投资者信托的受托人和投资管理人员才由信托直接支付费用。然后受托人创建了一家新公司（马萨诸塞金融服务公司）运营、销售和管理信托及其姊妹基金。受托人获得 MFS 的所有权和控制权。1980 年，受托人将公司卖给了加拿大太阳人寿保险公司（Sun Life of Canada）。诡异的是，这种从“成本”投资管理到外部管理，再到共有模式，几乎与威灵顿/先锋领航集团的做法背道而驰。先锋领航集团目前的市场份额表明，公司为其基金持有人做出了正确的选择。

者销售其基金产品。在原来由股票经纪公司领导（可以决定卖哪只基金）的基金销售市场，直销模式取得了很大进展。随着间接销售模式与直接销售模式之间的竞争，以及指数基金的崛起，MFS 的市场份额已从 1950 年的 15.3% 下降到 2018 年年中的 1.2%。

IDS（现在的哥伦比亚创利德）

到目前为止，在直销模式中最强的是投资者多元化服务公司（IDS），一家位于明尼阿波利斯的基金巨头，历史悠久，可以追溯到 1894 年，其长期主业是出售支付固定利率的"面值证书"（face amount certificates）。（也就是说，一个储蓄客户可以购买 1 万美元 10 年期证书，利率在整个期间保证每年都是 7%。）

对于 IDS 及其客户而言，大萧条时期利率暴跌，公司再也无法履行合同支付证书上规定的利息了。它需要新产品交由其庞大的销售队伍出售。它找到了两种金融产品：人寿保险与共同基金。

IDS 于 1940 年成立了第一只共同基金（投资者共同基金，Investors Mutual）。这是一只平衡型基金，1941 年又创立了其姊妹股票型基金（投资者股票型基金，Investors Stock Fund），之后又发行了几只基金。其资产不断增加，在 1972 年达到峰值 75 亿美元，市场份额在 1964 年飙升至 15.8%。

IDS 自那时起领导整个基金行业将近 25 年，但是其直销模式后继乏力，而股票经纪公司的间接销售模式蓬勃发展。它在行业资产中的份额急剧下降至 0.8% 左右。

富达基金

马萨诸塞投资者信托的崛起和之后的 IDS，很少有谁能与之匹敌，如果有的话，唯有共同基金下一代的王者富达投资集团了。1950 年，我第一次研究富达的时候，它是排名第 12 位的共同基金公司，其管理的唯一基金——富达基金的资产规模仅为 6 400 万美元，当时整个基金行业的资产规模为 31 亿美元，富达占比仅为 2%。富达基金的投资以传统蓝筹股为主。当 10 年之后沸腾的岁月到来时，富达是第一个加入其中的传统基金公司。可以说，无论好坏，富达都将现代营销方法引入了基金行业。

1958 年，该公司成立富达资本基金（ Fidelity Capital Fund ），基金管理由组合经理蔡至勇负责。他是一名传奇的基金经理，基金业绩闪耀群星。富达趋势基金（Fidelity Trend Fund）随后成立，该基金由年轻的爱德华 · C. 约翰逊三世管理，他是富达的创始人兼首席执行官的儿子，小爱德华 · C. 约翰逊投资业绩斐然。

在那个牛市的时代，这两只基金被投资者竞相追逐，被大量申购。它们的资产规模在 1967 年的峰值时合计约 22 亿美元，约占整个基金行业资产规模的 5%——几乎占到富达市场份额 8% 的 2/3。但在随后的熊市中，这两只基金净值下挫，失望的投资者开始抛弃它们。尽管如此，富达已经为自己在股票经纪公司中赢得了名声。其隐含的座右铭是："不接受市场的回报，我们可以做得更出色。"

麦哲伦基金

沸腾的岁月以股市暴跌结束，但富达的声誉仍在。（显然，经纪公司的记忆是短暂的。）1963年，富达推出了一只名为麦哲伦（Magellan）的新基金，改写了基金行业的规则。1975—1983年，麦哲伦基金几乎每年跑赢标准普尔500指数22.5个百分点，这是在绝大多数面向普通投资者的小规模股票型基金上市之前。

尽管如此，麦哲伦基金在接下来的10年里尽管不再像其"孵化期"那样出类拔萃，但还是十分优秀的。1984—1993年，麦哲伦几乎每年跑赢标准普尔500指数3.5个百分点。其明星投资组合经理彼得·林奇于1990年退休之后（当时麦哲伦基金的规模超过1 000亿美元），麦哲伦基金业绩开始落后于该指数，在之后的24年中，麦哲伦基金每年跑输该指数差不多2个百分点。在最近的25年里，麦哲伦基金的累计回报率为539%，标准普尔500指数的累计回报率为805%，麦哲伦跑输标准普尔500指数大约266个百分点。

事实证明，对于富达而言，依赖于少数热门基金在沸腾的岁月的成功，以及随后在整个20世纪80年代创造的一只热门基金，是一个冒险策略。麦哲伦基金的资产从最初的10万美元增长到超过1 000亿美元，2000年达到1 100亿美元的峰值，但是基金的泡沫不可避免地破灭了。

截至2018年，麦哲伦基金的资产暴跌至170亿美元，令人惊讶地下降了930亿美元，因为它没有达到令基金投资者兴奋的目标回报率。富达的市场份额相应下降，1999年富达基金占股票与债券共同基金市场份额为 13.8%，到 2018 年，富达的市场份额降至 8.2%。它给我们的教训是："靠刀剑生活的人，必死在刀剑之下。"[①]

先锋领航为什么能成功

先锋领航集团的经验与之前那些曾经占据市场领导地位的基金公司有什么不一样？即便拥有所有股票与债券共同基金市场份额的 24% 这一创纪录的市场份额，超过前面那几家公司近 50% 以上，作为占据市场领导地位的公司，先锋领航集团也该感到不安吗？当然，我们应该感到不安！骄傲是所有成功公司的敌人。[②]但是先锋领航集团独特的共有结构与低成本，以及指数基金战略，预示着我们将比之前三个基金行业的领导者走得更远。

- 马萨诸塞投资者信托的问题是经销商——经销商销售网络变化无常，充满竞争和冲突。先锋领航集团的"免佣"直销模式的目标是服务客户，而不是支持代理人。马萨诸塞投资者信托从类似共同基金结构转换为 MFS 的结构，之后公司被加拿大太阳人寿保险公司收购，这些并没有帮助马萨诸塞投资者信托解决问题。

- IDS 在控制销售的同时遇到很多棘手问题，行政命令是

① 到 2018 年年初，富达的市场份额已经稳定下来，主要是因为其指数基金业务的增长。指数基金现在占富达股票型基金资产的 25%。

② 我想起了伊卡洛斯的故事，当他飞得离太阳太近时，翅膀融化了，然后他坠落到远处的大海中。

确保销售成功的最佳方式，但是，它的问题是提供产品种类有限且产品不透明，往往需要"硬性销售"，这可能会导致投资者不满意。

- 富达通过押注市场与"热门"基金经理的方法建立优势，但是这种方法只对基金公司短期有利（对基金投资者不利），而且从长远来看，这种方式得不到高回报。富达似乎忽视了"均值回归"原则，基金业绩表现强劲或者不佳的基金，长期倾向于回归同类产品的平均水平，然后再次波动。鉴于其专注于具有相对可预测性的基金，先锋领航集团应该不会受到主动管理型基金经理短期业绩的影响。

简而言之，先锋领航集团的战略与结构代表着一种前所未有的为投资者服务的模式，不同于之前在基金行业94年的历史中，那些曾经处于领导地位"戴过王冠的"公司的模式。

之前的行业领导者们都专注于通过销售网络募集资金，想方设法为销售渠道提供有竞争力的销售费用。美国证券交易委员会主席科恩（在第2章中）曾经说过，他们的终极目标是建立一家赚钱的投资咨询公司。我们低成本共有结构的目标是为投资者赚钱，而不是为外部投资顾问、销售渠道、基金公司的股东赚钱。

低费率结构

先锋领航集团的共有结构导致我们主要关注基金的低成本价值，因为这个更容易衡量。这种低成本结构有利于三种类型的基金。

（1）指数基金。所有标准普尔500指数的费前回报都是一样的。

因此，成本越低的指数基金给投资者带来的净回报越高。

（2）债券基金。先锋领航集团的低成本，让我们的高信用等级（低风险）债券投资组合能为投资者提供更高、更具有竞争力的净回报。

（3）货币市场基金。根据美国证券交易委员会的规定，货币市场基金必须投资短期高信用等级的债券。货币市场基金的投资组合信用等级较高，因此，低成本的货币市场基金必然会提供比同行更高的收益率。

在主动管理型股票型基金领域，低成本指数基金通常也具有可持续的长期优势。宽基指数基金，例如那些追踪标准普尔 500 获取市场收益的基金，长期回报不多也不少。对于主动管理型股票基金来说，业绩问题就来了，因为公众倾向于在它们做好之后再投资。当他们不可避免地动摇时，他们的期望就会破灭，投资者就会抛弃他们不合时宜的初始选择。投资者往往是自己最大的敌人。

为了避免基金投资者追逐短期业绩带来的强烈负面影响，我向先锋领航集团的高级管理者强调“相对可以预测”的重要性，甚至在我们发行第一只指数基金之前。这种理念是我们觉得股票型基金成功的关键因素之一，这些基金不仅包括指数基金，还包括外部投资顾问负责投资的基金。

实践中的“相对可预测性”

有人说，先锋领航集团的显著增长并不是因为我们是指数基金领域的领导者，而是因为我们在低成本投资领域不可撼动的地位。我不敢苟同，事实恰恰相反，我们的低成本结构需要指数基金策略。

可以肯定的是，先锋领航集团主动管理型基金的优异业绩受益于产品的低费率以及投资组合的低换手率，其中许多主动管理型基金被有意地设置为多基金经理结构，以便紧密追踪同行具有竞争力的业绩回报，或者某个市场细分领域的业绩回报。1987 年，先锋领航集团的一只主动管理型基金开始采用多基金经理结构，现在已经有 5 只主动管理型基金采用这种结构了。为什么要这样做？因为使用相同策略的几位基金经理的投资组合提供的回报更贴近基金的业绩基准。

鉴于先锋领航集团作为低成本基金提供商的地位，相对可预测的优势在于，具有相同投资目标与投资策略的基金往往能获得类似的毛收入，因此成本最低的基金能获得更高的净回报。例如，一只每年费用为 1.5%（包括费率、周转成本、销售成本等）的基金，10 年期的回报将比同类基金高 20%，而且无须承担任何额外的风险。

威灵顿基金的回报清楚地证明了这种相对可预测性。①该基金的股票和债券复合基准完全解释了威灵顿在过去 10 年每月 98% 的回报率变动。[这个指标被称为拟合优度（R^2），一个已经被广泛使用的专业术语。②] 由股票和债券两个指数构成的一个纯指数基金拟合优度是 100%。可以说，该基金的投资顾问仅对该基金 2% 的回报来源负责。

① 当威灵顿基金的业绩超越其基准时，基金会支付额外激励费用给它的投资顾问，而在业绩落后其基准时则会收取对等的违约金。该基金的基准由 65% 标准普尔 500 指数和 35% 彭博巴克莱美国综合债券指数构成。

② R^2 表示共同基金回报率的变动百分比，它可以通过适当的市场指数的回报率变动来解释。它是相关性的平方，因此是一个更严格的标准。

威灵顿基金回报与其业绩基准回报之间的关系，并非先锋领航集团主动管理型基金独有。表 9-4 提供了几个案例。

表 9-4　先锋领航集团相关基金的拟合优度（2018 年）

基金	R^2
威灵顿基金	0.98
探险家基金	0.99
中期免税债券基金	0.97
温莎基金	0.95
PRIMECAP基金	0.93
资本机遇基金	0.92
先锋股票基金平均值	0.96
同类主动管理型股票型基金平均值	0.88

尽管“相关可预测性”拥有诸多显著优势，但是我们不能让所有的主动管理型基金“削足适履”去适应它。首先，如果客户选择了一个主动管理型基金，那么我们可以得出这样的结论，他们不希望投资一个被动的先锋指数基金。（在 1974 年创立时，我们只有主动管理型基金。）

因此，当一颗罕见的——非常罕见的——恒星诞生时，我们要珍惜它。想想温莎的基金经理约翰·内夫，当然还有巴罗汉利的基金经理吉姆·巴罗，PRIMECAP 的基金经理霍华德·舒和米切尔·米利亚斯。当他们离任的时候，我们总要思考他们的继任者是否有能力让业绩持续下去，是否需要聘请外部投资顾问来补充现有的投资顾问（我总是给公司提供有价值的问题）。

在适合的时候，关闭基金的申购

是的，均值回归在共同基金行业是一个普遍规律。但是当基金规模变大的时候，我们就需要做出一个决定。保护基金长期持有人利益的方法就是，要意识到巨大的基金资产规模对产生超额回报的影响。

随着基金资产因资金流入而增长，基金管理人被迫将额外的资金投资于他们认为最优的投资标的（价格可能会更高），或者他们认为第二优的投资标的，然后是第三优的投资标的，以此类推。一般而言，大量的资金流入，使主动管理型基金难以实现其最初的投资目标。所以有时候，基金管理人必须向新投资者暂停基金的申购。

1985年，为了遏制温莎基金不断增长的现金流和迅速增长的资产规模，先锋领航集团成为第二家关闭基金申购的公司。在过去的30年里，我们向新投资者关闭基金申购的次数超过30次，限制新资金流入以避免它们影响基金业绩。再次感谢我们的共有结构，我们可以毫不犹豫地使用这种策略。

最后，当然，让我们面对现实，不再纠结于原有基金（威灵顿和温莎）并创建新的主动管理型基金（温莎Ⅱ、PRIMECAP、国际成长基金等），如果没有这些主动管理型基金，先锋领航集团可能无法熬过20年，等到指数基金的繁荣。

共有结构

先锋领航集团的共有结构带来的低成本本质上来自我们的"成本模式"，而不是遵循行业的惯例向基金持有人收取高额费用，从而转换为基金公司股东的利润。我们的低成本意味着先锋领航集团将潜在“利润”返还给基金本身。

实现这一目标的共有结构是合乎逻辑且简单有效的，而且这种模式已经运行了 44 年。如果将先锋领航集团股东（也就是先锋基金的持有人）视作一个整体，他们获得的回报远远超过基金行业其他公司的股东。[①]

虽然我们为我们的最低成本感到自豪，但重要的是，不要将咨询费用与咨询费率混淆。是的，在为我们的外部投资顾问设定收费结构方面，先锋领航集团一直是一位强硬的谈判者。但是，事实并非如此，负责我们基金投资组合管理的外部投资顾问并非穷困潦倒。在先锋领航集团的支持下，基金规模通常会增长得相当大，投资咨询费用也相当可观。

准确地讲，正是先锋领航集团的结构与战略导致了“指数的胜利”，如同我在 1995 年预见的那样。我相信，这两个因素将成为我们持续成功的基石。因此，我希望先锋领航集团未来仍然可以领导基金行业继续前行。

另外，有人否认先锋领航集团的结构对公司与投资者的价值。事实上，一些知名评论家也不认为我们与其他基金公司有什么不同。在 2014 年 3 月的《耶鲁法律杂志》上，约翰·莫利几乎以嗤之以鼻的口吻嘲笑共有结构在先锋领航集团低费率结构中的作用，以及其在共同基金领域的卓越价值：

---

① 或许，衡量先锋领航集团成功的最令人印象深刻的标准，是晨星公司将“黄金”分析师评级授予共同基金，这些基金代表着投资者的最佳选择。2018 年年初，先锋领航集团获得 48 个黄金分析师评级，其他基金公司仅获得 43 个黄金分析师评级。

> 先锋领航集团创始人杰克·博格，是一个强烈反对基金与管理人分离的人士。……在现实经济中……先锋基金的投资者并不是真正的基金公司的"所有者"。……事实上，先锋领航集团与共同基金行业其他基金公司没有什么不同。

对莫利教授，我只能说"让我们走着瞧"。

没有什么比成功更成功，还是没有什么比成功更失败？

2006—2018 年，先锋领航集团取得了显著的增长，主要归功于共同基金在几十年前形成的发展势头。1985 年我做出（同样愚蠢）的决定，但是现在看来，至少我们的主题基金（医疗保健基金）成为有史以来业绩最好的共同基金之一。1987 年，我们还曾设立地平线基金产品线，这类产品发展得并不顺利。自 1987 年起，我们其余的基金规模开始蓬勃发展，那个时候先锋领航集团的基金规模仅为 270 亿美元，但是之后我们的资产规模增长一直在加速。

是的，正如谚语所说："没有什么比成功更成功。"这似乎很有道理，但也有相反的谚语："没有什么比成功更失败。"之前在曾处于行业领导地位的基金公司中，这两句谚语都得到了验证。

即便是共同基金行业之前的领导者——马萨诸塞投资者信托 / MFS，IDS/ 哥伦比亚和富达，当它们长期的领导地位开始改变时，它们都无一例外地惊慌失措了，先锋领航集团一定不要沾沾自喜。历史总有一种让我们所有人都变愚蠢的方式。

只有成功地处理好未来将要面对的各种未知事件——与我在创

办和创建先锋领航集团时所面对的挑战不同的新挑战，先锋领航才能在基金行业继续保持领先地位。[①]

树不能长到天上去

一个主要挑战是先锋领航集团的基金规模之大，已经强大到影响了上市公司的治理。先锋领航集团持有的股票市值现在占美国所有股票市值的 8% 左右，而且还在增长。在我看来，集团将不得不更多而且积极地，甚至更直接地参与公司治理。我们可以相信美国国会和我们的监管机构不会忽视，目前最大的三家指数基金公司持有的股票拥有美国上市公司 20% 的投票权这一现实。

所有共同基金行业的领导者都为市场所青睐，先锋领航集团尤其如此。但树不能长到天上去，今天的股票估值（以市盈率倍数衡量）接近历史高位，股息收益率接近历史低位。

在先锋领航集团的历史中，标准普尔 500 指数名义上的年化收益率为 12.1%，意味着资产每 6 年翻一番。这个收益率远高于此前 5 年的名义（未根据通货膨胀率进行调整）年化收益率 8.7%。今天普遍的共识是，未来股票的回报率不会接近这个水平，可能在未来 10 年降至每年 3% 到 5%。（以 4% 的回报率计算，股票资产会每 18 年翻一番。）没有人知道未来股票的回报率是多少，但似乎我们都需要保持谨慎。

① 我将在第三部分“投资管理行业的未来”中，深入分析先锋领航集团未来可能面临的挑战。

指数基金面临的挑战

三家指数基金提供商——先锋领航集团、贝莱德集团和道富环球投资管理公司，指数基金的市场份额约为80%。它们的低费率是公司之间竞争的结果。低费率给其他共同基金公司造成了非常大的降费压力。2018年，富达推出了“零成本”指数基金，费用几乎没有进一步下降的空间了。上市公司的股票几乎都集中在几家大型基金管理公司手中，由此引发的公司控制权、信托义务、竞争公平性等问题，肯定会引起政府的注意（在第三部分“投资管理行业的未来”中，我将更深入地讨论这个问题。）

历史经验告诉我们，在市场下跌时，共同基金的平均跌幅与标准普尔500指数的跌幅相差无几。鉴于最近几年流向指数基金的新增资金非常高且史无前例——市场估值接近历史新高，结果可能是，在下一个熊市中指数基金投资者的反应会过度，这导致他们在市场低位时卖出并在市场高位时买入。

特别是在那些充满不确定性的时期，我鼓励投资者坚持前行。在先锋领航集团悠久的历史中，这一建议效果显著。但在股市中，过去并不是序幕，只有时间可以告诉投资者几年前的建议是否正确。

最后，规模大经常导致组织僵化、自满与放纵，并忘记公司的最初使命。先锋领航集团应该发挥领导作用（参见附录1），永远不要忘记我们的初心并以服务投资者为使命。先锋领航集团的领导者地位很容易让位于其他公司，我必须承认，虽然我也不知道是哪家公司，但是“未知的变数”可能是一个更大的挑战。

但要明确一个事实：有实力、有能力、有动力、可信赖的先锋领航船员可以完成我们的使命。我们只需要确定，我们可以做到有爱心，关心所有人，包括我们的基金持有人、先锋领航集团的同事，继续我们的使命，让我们的公司快速成长。

截至 2004 年，先锋领航集团已经成为自 1924 年以来获得共同基金行业领导地位的第四家公司，先锋领航的前辈都是强大的公司，但是在发展的道路上，它们失去了方向，无法应对市场环境、投资者偏好、销售模式的变化。

先锋领航集团与众不同。无论 2004 年崛起之前还是之后，先锋领航始终都在坚持持有人利益至上的战略。坚持共有结构，坚持指数基金策略，这些可以保证先锋领航集团在未来几十年仍然处于行业前列。

但先锋领航必须谨小慎微，避免骄傲，继续坚持之前建立的原则，迎接更多新挑战，不要轻易丢掉头上的王冠。

第 10 章
关怀——创始人的遗产

历史已经证明，创新思想是先锋领航集团蓬勃发展的动力源泉。它们改变了投资的基础，但是正如我之前反复强调的那样，“思想仅仅是开始，实践才是一切的根本”。

因此，在第一部分的最后一章，我想聊聊如何确保实践者（我们的员工）坚守公平、训练有素、充分知情，致力于我们的使命，并受到我所秉承的价值观的启发。如果我创建的企业可以做到这些，那么我们便可以积极有序地执行我们所遵循的战略。

在很大程度上，公司创建的价值观反映了我自己的个人价值观。它们实际上是非常传统的价值观：尊重我们在人生道路上遇见的每一个人——无论高贵还是卑微；公平对待我们职业生涯中的每一位同事；竭尽所能地为我们的客户（持有人）以及我们的社会服务。

创始人精神

我们的创业可以追溯到差不多 50 年前，1974 年先锋领航集团成立。但我相信先锋领航集团的传统将继续推动公司及现有 1.7 万

名员工前进。没有比《创始人精神》能更好地描述我作为先锋领航集团创始人的精神了，摘录其中几段：[①]

> 绝大多数实现可持续成长的公司，都有一个激励大家态度与行为的共同目标，这个共同目标通常可以追溯到一位拥有过人魄力且雄心勃勃的创始人。已经达到一定规模且赢利的公司……经常认为自己是叛逆者，代表一个未得到满意服务的客户，对原有行业标准与服务方式发起挑战，或者创建一个全新的行业。
>
> 这些公司拥有明确的使命感，并且关注公司内部或者公司所服务的每个人。以这种方式运营的公司拥有某种特殊能力，可以培养员工深度的个人责任感。
>
> 创始人憎恶复杂性、官僚主义和任何影响他们清晰战略执行的东西。他们痴迷于业务细节，称颂直接与客户打交道的一线员工。这些态度和行为组合起来，构成了伟大的且被大多数人低估的成功的商业秘诀。
>
> 创始人精神包括三个主要特征：叛逆者的使命，主人公的心态，以及对前线的痴迷。他们这种最纯粹的特征可以在公司中找到……创始人的影响会保留在公司原则、规范与价值观之中，这些都会影响员工的日常决策以及行为。

① 克里斯·祖克、詹姆斯·艾伦：《创始人精神》，波士顿：哈佛商学院出版社，2017年。

哇！“一位拥有过人魄力且雄心勃勃的创始人……叛逆者……对原有行业标准与服务方式发起挑战……创建一个全新的行业……明确的使命感……员工深度的个人责任感……憎恶复杂性、官僚主义……称颂直接与客户打交道的一线员工。”

纳尔逊勋爵

我从没想过自己会拥有一份记录超凡领导力的档案。但我一直都受到历史上伟大领袖的启发：美国的开国元勋们，特别是亚历山大·汉密尔顿、亚伯拉罕·林肯、西奥多·罗斯福，此外还有英国的温斯顿·丘吉尔。1974 年，创建先锋领航集团的时候，我受到了另一个英雄霍雷肖·纳尔逊勋爵的启发。当我研究 1730—1815 年英国海军战役时，我学到了很多关于纳尔逊勋爵的故事，他在英国皇家海军中的领导力简直就是一个传奇。

2005 年 10 月 23 日是纳尔逊勋爵特拉法尔加战役阵亡 200 周年纪念日，我的妻子伊芙和我，作为英国海军部的贵客嘉宾，坐在伦敦宏伟的圣保罗大教堂内，倾听着尊敬的伦敦主教理查德·沙特尔阁下在他的布道中庆祝这个伟大的日子：

> 确实，纳尔逊是一位能力突出、工作努力的领导者……但是在抉择的时候，领导者需要保持必胜的信念以倾听内心的呼唤。这些源于健康的自信心以及在最极端情况下战胜恐惧并鼓舞他人的能力。任何希望培养出杰出领导者与追随者的教育，必须非常严肃地确保形成这种必胜的信念。

> 然而，我们生活在一个奇怪的年代，元素周期表和其他任何东西可以被量化并沦为数学公式，数学被视为准确表述事物的方法，世界传统智慧的圣经与教义被视作死去的圣贤们值得商榷的观点。
>
> 纳尔逊的人生观与价值观源于一个传统的精神世界。纳尔逊不遗余力地为他的船员服务。他对人们表现出了一种具有感染力的信任，这种信任让他们投身于他所信仰的事业……相信人们是可以被信任的，这有助于他们成为值得信任的人。[①]

纳尔逊去世200年后，听到这些鼓舞人心的话，我把重点都放在必胜的信念上。1974年创建先锋领航集团的时候，我已经被自己如此多地效仿纳尔逊的哲学震撼过多次。即便在这个大公司的时代，在这个"大数据"和机器人的时代，在这个金融价值观从道德绝对主义逐渐（不幸地）向道德相对主义转变的时代，这种哲学依旧经久不衰。

建立一家新公司始终是一项挑战。当一家公司诞生于先锋领航集团一开始面临的严峻环境时，挑战是相当大的。是的，我大部分的精力都用于制订战略与发行新基金，而且做得很好。但我保持着（而且现在仍然保持着）鼓舞先锋领航集团员工士气的习惯，即使在1983年我们只有430名员工。

---

① 沙特尔主教的讲话被印在一个发给出席仪式的人的节目单上。演讲全文见网页https://www.leadershipnow.com/leadingblog/2008/12/out_of_context_the_leadership.html。

我们还继续在内部展开创新，将自己定位为一个需要长期成长的小企业。1984 年，我们创立了先锋领航集团卓越奖，以表彰优秀员工，这一奖项由员工自己选出。这个想法很简单：奖项旨在公开表明我的信念，即为客户提供有价值的服务，我们需要有人帮助我们的员工坚守我们的价值观，保持我们的企业品格，并继承我们的精神。总之，要相互关心。

忠诚是双向的

显然，如果我们要求先锋领航集团的员工不仅要关心我们的公司，而且要关心我们“实实在在”的持有人与客户，那么我们必须反过来关心我们的员工。毕竟，忠诚是双向的！我们必须高度重视为先锋领航集团事业奉献青春的每个人，无论职位高低，他们都应该得到尊重。

这项政策最重要的一点是，我们应该尽量减少某些“公司高层”经常认为理所当然的特殊待遇。因此，我们严格执行“没有必要”规则：没有专车，没有专属停车位，没有头等舱待遇，也没有行政餐厅。

如果我们希望员工信任我们的管理层，那么管理层必须信任我们的员工。我们都应该“撸起袖子”平等地工作。公司的规章制度对管理层与员工必须一视同仁：“做什么是对的。如果你不确定，请问你的老板。”

我们想引入一种仪式，以表彰那些体现“先锋领航精神”的员工。自先锋领航集团卓越奖设立 34 年来，经过一个季度又一个季度的评选，我们已经有超过 500 名员工获奖。

"即使一个人也能有所作为"

获得卓越奖的特别之处在于该奖的候选人由同事提名。作为首席执行官，我给获奖者颁奖并庆祝他们获得同事的拥戴。在一个组织中服务其他人，他们就会反过来服务更多的人，先锋领航集团卓越奖是对个人努力、团队合作和专业精神的致敬。

是的，"我相信即使一个人也能有所作为"。这句话就刻在先锋领航集团卓越奖的奖牌上。因此，在先锋领航集团，每个人都可以（而且确实可以）有所作为，不在于我们的管理资产已经增长，也不在于先锋领航战舰的甲板上有多少名员工。即使 2018 年，为了强调我们所坚持的传统，我也继续一对一地与每位获奖者交谈。我们的员工知道，我还在关心着他们，也关心着先锋领航集团。

在与先锋领航集团的工作人员交谈时，我经常引用霍华德 · M. 约翰逊的一段话，他曾在 1966—1971 年任麻省理工学院校长。1986 年，当我第一次引用他的话时，我们的员工数量已增至 1 100 人：

> 我们需要关心机构的人。它需要得到关心与培养：即使它犯错或者受困，它必须得到照顾，负担必须由所有为之工作的人、所有拥有它的人、所有由它服务的人、所有管理它的人来承担。
>
> 我们知道，关怀是一项严格而苛刻的要求。它不仅需要兴趣、同情和关心，而且需要自我牺牲、智慧和坚强的意志，还

有纪律。每个负责人必须关心并深切地关注触及他或她生活的机构。

关怀，这个词概括了我对我们员工和客户的一致态度。但如何使其变得真实有形？言语仅是一个想法，行为才能使言语变得有形。

合伙人计划

在公司成立之初，我会定期给员工讲我们曾经跨过的各种资产里程碑，我讲述我们如何推动共同基金费率的下降。我们的目标是：成为全世界最低成本共同基金的提供商。但是，直截了当地说，我的一些员工感到非常不安。他们担心我们对成本的控制会降低他们的待遇。

解决方案并不复杂：建立一个奖金制度，让全体员工可以分享我们为持有人 / 投资者节省下来的钱。在公司早期巨大的成本压力之下，这只不过是一个想法。但到 1984 年，我们的管理规模持续增长，我们的费率一直下降，我们基金的资金流入量飙升至历史最高水平。现在是实施我的想法的时候了——先锋领航集团合伙人计划。

1984 年年末，相较于先锋领航集团卓越奖，我们做了一件更实实在在的事情。对先锋领航集团每位员工，我们都给予了一份公司“红利”。先锋领航集团合伙人计划旨在肯定每位员工为我们的持有人和公司创造的价值。

合伙人计划将每年支付大量现金给每位员工，奖金池的大小基于我们为客户节约的费用，以及我们基金相较于同行的业绩表现。

在工作的第一天，他们不用投入一分钱，却都成为先锋领航集团的合伙人，分享着合伙人计划的奖励。

我在前面章节的"里程碑"中，描述了先锋领航集团必须跨越每一个主要障碍，在这个过程中，先锋领航集团逐渐成长为羽翼丰满的巨无霸。先锋领航集团合伙人计划是其中最重要的"里程碑"，因为它旨在巩固员工与我们的投资者之间的关系，员工彼此关心，员工与投资者同样彼此关心。

里程碑 No.12 —— 1984年

先锋领航集团合伙人计划：如何做以及为什么

先锋领航集团合伙人计划在我们员工的利益、我们的共有结构以及创新战略之间搭建了一座桥梁，创新战略就是以低于同行的成本，为客户提供更优质的服务与更高的投资回报。其效果非常惊人：合伙人计划的单位收益稳步增长，从 1983 年 3.43 美元，增长到 2017 年 248.45 美元，复合年均增长率为 13.9%。

因为先锋领航集团是一个真正的"共同"基金家族，它由共同基金的持有人（100% 持股）拥有，并非由一家外部管理公司控制，所以我们不能按常规计算公司盈利。相反，我们将盈利定义为由共同基金持有人回报增值构成，基于以下两种计算方式：

（1）先锋领航集团基金费率与我们最大竞争对手基金费率之间的差异；

（2）基金优秀业绩为基金持有人赚取的额外回报（扣除任何亏损之后）。

这些是决定奖金池大小的两个要素，其中一部分作为先锋领航集团合伙人计划的奖金。

正如我在第9章提到的，我们的费率优势在2017年占总管理规模的0.65%，乘以我们平均资产规模4.5万亿美元，当年我们净节省（赚取）资金达到295亿美元。每年节省下来的费用有多少将分享给先锋领航集团的员工，由管理层决定。（作为前首席执行官，我不再参与决定这个百分比。）我很有信心，先锋领航集团合伙人计划的成本已经为我们的基金持有人（投资者）创造了数倍的回报，我们的运营效率与我们的生产力将不断提高。[①]

在先锋领航集团合伙人计划的早期，在每年6月举行的先锋领航集团合伙人年度野餐会上，我会宣布当年奖金的数额。奖金差不

① 我所描述的那些条款，是在我担任首席执行官期间的有效条款。自2000年以来，我没有参与先锋领航集团合伙人计划的运作。令人高兴的是，它仍然在运行。

多是先锋领航集团老员工年薪的30%，这就是每年成千上万的先锋领航集团员工热衷于在我的福吉谷停车场巨大的帐篷里面聚会的原因了。在那里，我还会跟大家聊聊先锋领航集团的价值观与发展计划，我的先锋领航集团合伙人年度演讲和许多其他的特别演讲被称为"布道"。

我再说一遍，忠诚必须是双向的。任何公司都应该奖励那些对公司忠诚且在一线努力工作的员工。是的，用钱讲话。它传达了我想传达给员工的信息，我们始终在一起。

航海遗产

虽然我深信个人能力与团队协作的价值，但是我也深信我们需要把它们结合起来。所以，在我作为先锋领航集团首席执行官23年的时间里，我经常提醒我们的员工，我们在追求一个长远的目标，服务于我们的持有人（投资者），每名先锋号上的"船员"（即先锋领航集团的员工）都应该有所作为。

由于任何锚链都有最薄弱的环节，所以我们必须尽最大的努力确保所有的链条——我们的每个部分、每位员工都很坚固（必须意识到世界上很少有完美的事物）。这种共同参与一项有价值的人类事业的感觉意义非凡，这是我从收到过的数百封来自前任与现任员工充满美好回忆的信件（现在仍然会收到类似的信件）中感受到的。

选择"先锋领航"这个名字被证明具有持久的意义。我们的"航海"遗产被保留在先锋领航集团的结构中。我们正在建设的先锋领航集团新址（在第 7 章提到过）即将竣工，我们决定使用 1798 年尼罗河战役中纳尔逊舰队中战舰的名字为每座建筑命名，这些名字都非常棒，而且耐人寻味。

来吧，让我们看看这些名字，办公新址中央位置是：胜利号、歌利亚号、雄伟号[①]、勇敢号、激情号与敏捷号。我们的东区是：亚历山大号、利安德号和忒修斯号。我们的西区（到目前为止）是：猎户座号与防御者号。

许多年前，1985 年 2 月，我们庆祝管理规模超过 100 亿美元大关时，我借鉴了其中一些战舰的名字描述我们公司的价值观：

> 我们是激情号——“虔诚，勤奋”。
>
> 我们是勇敢号——“大胆，鲁莽，不畏惯例”。
>
> 我们是敏捷号——“能够以极快的速度前进”，当然，“还充满了信心”。
>
> 最后，在我们最好的情况下，我们可以成为雄伟号——“气势雄伟，盛大”。……如果你愿意——在基金行业里，我们配得上最值得骄傲的名字之一雄伟号。[②]

让我以两个补充观点解释“关怀”的含义来结束本章内容。第

---

① 1999 年，为了纪念我的导师与朋友、威灵顿基金的创始人沃尔特·摩根，我们新址中心的雄伟号建筑被我的继任者改名为“摩根”。后来一座名为雄伟号的建筑物正在建造。

② 你可以回顾第 2 章，当我们走出 1974 年的危机时，我们的目标就是“走出去，让先锋领航成为共同基金行业最响亮的名字”，这个目标是我们已故独立董事小查尔斯·D. 鲁特设定的。

一个观点来自先锋领航集团在1976年成立人事部门时的故事；第二个观点摘自《紧急时刻的祷告》(*Devotions Upon Emergent Occasions*)，这是一本英国诗人约翰·邓恩在1962年写的冥想散文集。

好人(Nice People)

1974年先锋领航集团创立的时候仅有28名员工，随着公司的成长，截至1980年年底，员工数量达到了167名。我想我们应该设立人事部门了(现在叫作人力资源部)，那个时候公司经营还在苦苦挣扎中，我们在努力降低费用。

所以我决定不能增加新人员来负责人事工作。经过反复思考，我想到了埃莉诺·泽特格拉夫，她是早期我们公司唯一的律师雷蒙德·卡普林斯基的一个助手。她是一个可爱的女人，聪明、勤奋、善良、专业。我让埃莉诺负责这个工作。埃莉诺立即同意了——"无论你想要什么，博格先生，我都会竭尽所能"，然后离开了我的办公室。

过了一会儿，她回来问道："但是，你想要我做什么？"我想了一下她的问题，回答道："我也不确定我想让你做什么。但我相信一件事，我知道你能招聘到善良和有爱心的人，然后确保他们也能招聘到善良和有爱心的人。"

今天先锋领航集团的员工已经达到1.7万人，当我看着现在那些善良、有爱心的同事时，我只能对埃莉诺说："干得好！"

"没有人是一座孤岛"

英国诗人约翰·邓恩的各种情感交织在一起。这让我想起我们的员工处理各种危机的情景，特别是我们成百上千名老员工已经为公司奋斗了 15 年或更长的时间。然而，他们最终还是离开了。

我关心（非常关心）那些跟我一起创建先锋领航集团的人。每一名资深员工的离开，都让我很难接受。邓恩的诗歌也提醒我，虽然我的一生与职业生涯全部奉献给了先锋领航集团，但它不会永远持续下去。

> 没有人是一座孤岛；
> 每个人都是一块小小的泥土，
> 是大陆的一部分；
> 如果有一块泥土被海水冲走，
> 欧洲就会失去一角，
> 就如同一座山岬；
> 也如同一座庄园，
> 无论是你的，还是你朋友的；
> 无论谁死了，
> 都是我的一部分死去了，
> 因为我包含在人类这个概念里。
> 因此，
> 不要问丧钟为谁而鸣，
> 丧钟为你而鸣。

直到那一天到来，跌宕起伏的职业生涯仍然保留在我的记忆里。在我与持有人交流的地方——美国著名的金融网站“the

Bogleheads"，我仍然几乎每天都写些东西和大家分享。我之前出版的 11 本书将继续引发热心读者心中的共鸣。我很高兴与这么多优秀的同事一起共事。我仍然坚信，我创立的公司将继续并坚持我所信奉的关怀价值观。

在创建先锋领航时，我们设置独有的共有结构与开创性指数基金策略，从两个不同的维度改变了整个共同基金行业。即使在 1996 年我卸任先锋领航集团首席执行官以及在 2000 年我卸任先锋领航集团董事会主席之后，这两个开创性成果还在继续推动先锋领航集团成长。但是我们的蓬勃发展还有第三个维度。

这个维度是人——我们的员工深度认同与信任先锋领航集团与我们的价值观。我们尽力让先锋领航集团 1.7 万名员工关心我们的公司；而且我非常确认一点：时间会变，行业会变，市场会变，但是我们基本的价值观不会变。先锋领航集团的员工已经形成彼此关心、关心我们的客户的价值观。坚持这些价值观并坚持前行，对先锋领航集团保持行业领先地位至关重要。

当我创建先锋领航时，我从未试图留下什么遗产。我的目标仅是创建一家基金持有人自己的公司。虽然我还没有考虑退休，但我相信，在未来几代人的手中，先锋领航集团将坚持前行，继承我的事业。

第二部分

共同基金谱

STAY THE COURSE

第二部分的六章重点讨论共同基金产品，正是这些基金产品造就了先锋领航集团的行业领导地位。这部分的最后一章评价先锋领航历史上那些失败的基金案例。

第 11 章讨论威灵顿基金。它是先锋领航的根基所在。第 12 章谈的是指数基金。如今先锋领航几乎是指数基金的代名词，指数基金资产规模占到先锋领航总管理规模的 3/4。

接下来的两章重点论述先锋领航几只最成功的股票型基金。第 13 章讲温莎基金。这只基金是先锋领航集团的前身威灵顿基金管理公司管理的第一只股票型基金。到 20 世纪 80 年代中期，温莎基金获得巨大的成功，但规模的不断增长迫使公司关闭了新的申购。同时，先锋领航成立了温莎Ⅱ基金，同样大获成功。第 14 章讲述 PRIMECAP 基金的故事，这是一只主动管理型基金，有着卓越的业绩表现，同时具备被动基金的一些特质，如低成本、低换手率。

第 15 章谈的是先锋领航旗下的债券基金。先锋领航第一次尝试组建投资团队，创办了先锋领航固定收益团队。当然，先锋领航集团同样是债券指数基金的领导者。

第 16 章介绍了我创办的两只一度走红、最终失败的基金——先锋美国成长和先锋资产配置基金。最后的部分我将谈谈先锋城邦股票基金，这是“新经济”时代的宠儿，但最终昙花一现。

第 11 章 威灵顿基金

威灵顿基金（现在叫先锋威灵顿基金[①]）成立于 1928 年，是先锋领航名副其实的第一号基金，不仅因为它是先锋领航成立的首只基金，更重要的是，作为股债平衡型基金的代表，威灵顿基金奠定了后来先锋领航的禀性。

成立半个世纪以来，威灵顿基金一直是唯一由威灵顿基金管理公司管理的基金。今天，威灵顿基金规模已经超过 1 040 亿美元，成为先锋领航旗下规模最大的基金之一，也是美国共同基金行业最大的两只平衡型基金之一。

威灵顿基金是平衡型基金的代表——35% 配置于投资级债券，65% 配置于蓝筹股票。它也是名副其实的全天候基金——熊市中控制下行风险，牛市中有上涨空间。很多年来，“一站式投资解决方案”一直是威灵顿基金的营销宣传口号。

① 1980 年，公司将旗下所有基金统一冠名为先锋，该基金改名为“先锋威灵顿基金”。我另外一本书《文化的冲突》（新泽西州霍博肯：约翰 · 威利国际出版公司，2012 年）的第 8 章有更详细的讨论。

成立威灵顿基金最初有三个目标：获得本金安全、追求合理的当期收入、不承担无谓的风险。尽管这三个目标贯穿整个发展史，但先锋领航集团在执行层面却走过一段弯路。

在成立之后的最初40年里，威灵顿基金的投资组合主要包括投资级债券和长期持有的蓝筹股票。1966年，随着公司吸收合并了基金外部投资顾问，威灵顿基金的投资策略发生了显著的变化。新投资团队任命了新的组合经理，他采取高风险、投机性的投资策略，导致接下来的10年基金业绩一败涂地。

沃尔特·L.摩根——创始人及导师

我于1951年7月9日成为威灵顿基金管理公司的一员。公司只管理唯一的共同基金，这在当时是司空见惯的。这只基金由共同基金的先驱沃尔特·摩根创立于1928年，资产规模是1.74亿美元，在31亿美元规模的行业中占据第八位。摩根先生成为我的导师和领路人。

威灵顿基金到今天已经有89年的历史，我也已经陪伴威灵顿基金走过了67个春秋。在威灵顿基金漫长的历史中，我曾两次在重大关头做出关键决策。第一次是1966年，当时为了改善基金业绩，我们引入新的组合经理。结果他一改威灵顿保守稳健的投资风格，转向激进和冒险，这是威灵顿基金历史上黯淡无光的十几年。

威灵顿基金早期辉煌的历史与我无缘。我在1960—1965年担任该基金投资委员会成员，对基金采取的冒进策略负有不可推卸的责任，这段经历给了我深刻的教训。

第二个重要关头发生在 1978 年，不过这一次我做出了正确的决策。坚持初心同样需要睿智和决心。对于威灵顿基金来说，所谓的初心，就是优质股票、债券的平衡组合、以获得当期收入为目标、有效控制风险、保持低费率和运营成本、获取有竞争力的投资收益。我所做的不过是让威灵顿基金重回最初设定的轨道。在随后的几十年里，这一策略取得了成功。

陷落：威灵顿基金的最低点（1965—1978年）

1966 年合并完成后，先锋领航集团新的管理团队迫不及待地染指威灵顿基金的运作。很快他们着手调整投资组合，稳健保守的投资理念被抛弃，投机冒进受到追捧。1967 年，沃尔特·M. 卡伯特被任命为新组合经理。

卡伯特在加入威灵顿之前曾服务于普特南（Putnam）基金。掌管威灵顿基金后，他立即将基金的股票投资比例从 62% 提高到 72%。在 1967 年威灵顿基金的年报中，他这样阐述他的投资哲学：

> 显然，时代已经不同了。我们决定与时俱进，投资组合需要及时适应新理念，抓住新机会。我们选择了“动态保守策略”这一新的投资理念，重点关注这一类型的公司，它们能主动拥抱变化并从中获利……“动态保守策略”对获利的追求绝不保守……这需要想象力、创造力和适应能力……动态和保守并不矛盾，因为进攻就是最好的防守。

受到新管理层的激励，卡伯特采取了基金史上最激进的操作策略。到1972年，他在市场最高点时加仓至81%，之后熊市的序幕开启了。

熊市来临，标准普尔500指数从前期高点跌去48%。威灵顿基金净值跌去40%，相当于指数跌幅的80%，完全丧失了下行保护。直到11年之后的1983年，基金净值才完全收回失地。

卡伯特的激进策略面对市场下跌毫无防守能力可言。20世纪60年代初，为了改善基金业绩，我们引入了新投资经理作为合伙人，但最终证明这些人的加盟只是让业绩变得更糟，他们严重损害了公司和持有人的利益。

那时候的威灵顿基金，股票仓位和风险暴露水平已大幅偏离专注于蓝筹股投资的平衡型策略。其持仓的高投机、高估值、可疑的股票尤其让人担心。

基金面临的高风险让我坐立不安。1972年3月10日，我向投资委员会提交了一封措辞严厉的信，表达了我对基金过高风险暴露的不满和对后果的担忧：

> 当前的威灵顿基金已经严重偏离平衡型基金的基准仓位……基金的股票仓位达到81%，违背了招募说明书中对投资策略的约定。

威灵顿基金是公司的根基所在。在很大程度上，威灵顿基金象征着威灵顿基金管理公司的核心价值。

卡伯特立即回文予以反击。以下是他的回信内容：

> 所谓平衡型基金，只不过是个营销宣传的卖点而已，跟投资目标或者策略等毫无关系……我不会拘泥于其字面意义……那种平衡的概念早就过时了。

如此回复让我失望透顶，卡伯特先生真是错得离谱。

在卡伯特管理威灵顿基金的几年里，他采取的高风险策略让投资人深陷亏损。从 1966 年到 1979 年，威灵顿基金的总收益率是 –6.3%，而同期其他平衡型基金的收益是 14.4%，十多年里，威灵顿基金的业绩垫底。即使到了市场复苏的时候，威灵顿基金的表现依然弱于同类基金。[①]

基金管理不善，加上市场环境不利，两面夹击之下，威灵顿基金的资产规模持续缩水：1965 年最高点时它到过 20 亿美元；1982 年 6 月，基金总规模只剩下 4.7 亿美元。情况变得非常糟糕，大家都束手无策。

曾经有一阵子，我考虑过将威灵顿基金，曾在行业中享有盛誉的我们的阿尔法，同公司旗下另外一只基金合并。我并不担心这样做难以向我的导师摩根先生交代，但我最后没有这样做，是出于对平衡型基金的信念。

尽管并非出于本意，但我还是辜负了摩根先生的信任。他当年聘用了我，相信我的判断，在 1965 年的春天任命我为公司掌门人。我该如何弥补之前决策的失误？我坚信解决威灵顿基金遇到的困境，

---

① 卡伯特之后掌管哈佛大学投资管理公司，管理哈佛大学捐赠基金。

最好的办法只有一个,那就是坚持最初的三个目标,即获得本金安全、追求合理的当期收入、不承担无谓的风险。

我决心要让威灵顿基金重现昔日辉煌。在这生死攸关的时刻,我行使了公司当家人的权力。

威灵顿基金的复兴(1978—2018年)

作为威灵顿基金董事会的主席,我的一项职责就是对每一只基金的业绩做出评价。其他董事跟我一样,对威灵顿基金的状况忧心忡忡。但是重振雄风不是一件容易的事情。1977 年,普林斯顿大学教授伯顿·马尔基尔加入威灵顿基金董事会,在他的帮助下,我们完成了这一看似不可能的任务。

1978 年,董事会采纳了我的三项建议:一是坚持基金股票仓位在 60% 到 70% 之间;二是持仓集中于成熟的、股息收益高的蓝筹股公司,降低对成长股的持仓;三是提高基金的分红比例。

董事会负责推动威灵顿基金管理公司具体执行以上决策。我们在给董事会的备忘录中这样写道:

> 当前和未来,基金的收益主要来自哪里?持仓调整为 65% 的股票和 35% 的债券组合。这样的调整将使每股分红从 1978 年的 0.54 美元提高到 1983 年的 0.91 美元,增长 70%。[①]

---

① 为帮助威灵顿基金管理公司实现这一目标,我提交了一份 50 只蓝筹股票的组合名单。这份股票名单是根据当时价值线投资调查公司发布的数据编制而成的。

我在 1978 年威灵顿基金的年度报告中写下了这样一段话：

> 股东大会同意改变投资策略，提高基金股票投资的分红比例。实现这一目标……并不会牺牲基金总收益（包括当期收入和资本利得）。我们的新策略于 1978 年年末开始实施，有望于 1979 年进一步提高分红比例。

这是进军的号角，目标是未来 5 年将分红比例提高 70%，但威灵顿基金管理公司的管理层对此并不乐意。他们坚持成长股才是理想的投资标的，高股息策略只会拖累收益。

不管怎样，面对客户的要求，管理层没有说“不”的选项。威灵顿基金管理公司勉强签了字。卡伯特的继任文森特·巴亚坎忠实地履行了我们的复兴计划。基金的年分红收益持续上升。1983 年，基金每股年分红达到 0.92 美元，比计划提高了 0.01 美元。也许事后看来很容易，但过程却无比艰辛。

策略 + 执行 − 成本 = 收益

基金收益的改善绝非一蹴而就。当威灵顿基金重回正轨时，其业绩表现最终超越了其他同类平衡型基金，创基金成立半个世纪以来的新高。

1965 年到 1982 年这段时间，基金业绩不佳。年化收益率只有 5.8%，同类基金年化收益率达到 8.0%。1982 年到 2017 年，威灵顿基金年化收益率达到 11.0%，实现了对同行的赶超。

从 1965 年到 2017 年，威灵顿基金的年化收益率达到 9.3%，每年比同类基金的平均水平 8.1% 整整高出 1.2 个百分点。结果是，对于那些历经多年艰辛坚持前行的投资者来说，他们 1965 年投入 1 万美元本金，到 2017 年净值增长到 1 005 734 美元（见表 11-1）。同期持有同类基金，平均净值增长只到 566 955 美元。复利的作用显现无疑。

表 11-1　威灵顿基金，每 1 万美元初始投资（1965—2017 年）

坏年景：1965—1982年			
1965年初始投资	1982年最终净值	年化收益率	同类基金平均收益率
10 000美元	25 996美元	5.8%	8.0%
好年景：1982—2017年			
1982年初始投资	2017年最终净值	年化收益率	同类基金平均收益率
25 996美元	1 005 734美元	11.0%	8.1%
1965—2017年			
1965年初始投资	2017年最终净值	年化收益率	同类基金平均收益率
10 000美元	1 005 734美元	9.3%	8.1%

来源：先锋领航集团。

我经常这样说：长期复利收益往往被长期成本的复利作用侵蚀。因此低成本是关键。先锋领航集团特有的基金组织架构确保了最小化成本对基金收益的侵蚀，最大化投资者获得的复利收益。

成本优势

毋庸置疑，相较于同类基金，威灵顿基金更低的成本是其优势所在。威灵顿基金长期的平均费率为 0.39%，而同类基金的平均值为 1.10%，威灵顿基金每年节省成本 0.71%，这部分都转化为基金的收益（见表 11-2）。成本优势日积月累，长期来看就能远远甩开竞争对手。

表 11-2 威灵顿基金长期业绩与同行比较

收益和成本（1965—2017年）			
	收益（不考虑成本）（%）	费率（%）	扣除成本后的净收益（%）
威灵顿基金	9.58	0.39	9.20
同行平均水平	9.32	1.10	8.21
比较优势	0.26	-0.71	0.99

数据来源：威森伯格投资公司，先锋领航集团。

表 11-2 显示，威灵顿基金每年高出同行 0.99% 的净收益主要来自每年 71 个基点的成本优势，另外 26 个基点来自威灵顿基金相对保守的投资策略。从 2000 年至今，威灵顿基金一直由爱德华 · P. 布萨掌管，他忠实贯彻着威灵顿基金的投资理念。

此外，威灵顿基金组合的低换手率也是其成本优势所在。由于基金经理坚持长期投资，组合换手率一直很低，这有效地降低了交易成本。长期来看，威灵顿基金的年均换手率只有 31%，而一般平衡型基金的年均换手率都在 87% 左右。换手率低，交易成本就低，投资收益就高，这是一种可持续的比较优势。两项优势叠加，威灵顿基金得以长期领先市场。

1966 年，威灵顿基金已经是当时规模最大的平衡型共同基金。当时基金的销售以经纪公司为主。威灵顿基金的规模一度增长到 21 亿美元，之后一度萎缩 70%，到 1982 年时只剩 4.7 亿。重回正轨之后，基金规模长期稳步增长。1989 年，基金的资产规模已经超越前期高点（见图 11-1）。

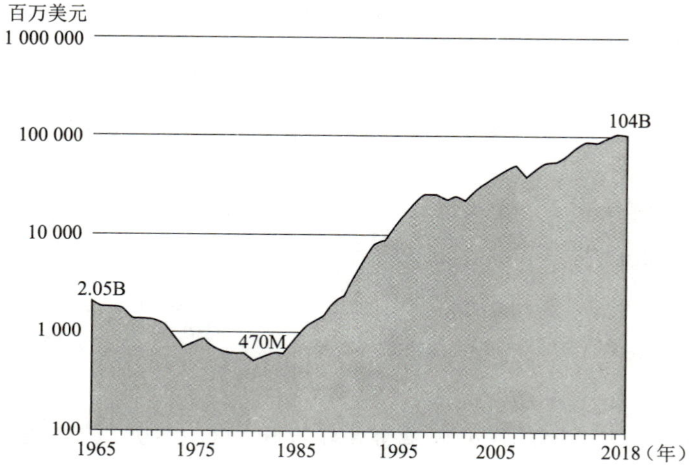

图 11-1　威灵顿基金资产规模（1965—2018 年）

数据来源：先锋领航集团，战略洞察力网站。

之后，威灵顿基金续写了传奇。2018 年年中，威灵顿基金的资产规模达到 1 040 亿美元，是前期高点的近 50 倍。市场长期稳健的收益是规模增长的基石。优秀的业绩不断吸引着投资人参与。从 1985 年至 2014 年，威灵顿基金资产净流入持续增长。①

"阿尔法"和"欧米茄"

从 1928 年创立至今，威灵顿基金一直是先锋领航集团最重要

① 从 2013 年起，威灵顿基金停止接受新申购资金，因此过去几年威灵顿基金的资产规模小幅回落。

的产品。在先锋领航集团历史上，威灵顿基金不仅是第一只基金，而且是半个世纪以来唯一的一只基金。目前先锋领航集团仅在美国就管理着 180 只基金，但威灵顿基金依然是先锋领航集团最核心的产品，体现着先锋领航集团稳健保守的投资传统。

在这个意义上，威灵顿基金是先锋领航集团的阿尔法，也是先锋领航集团的欧米茄。威灵顿平衡型基金的信条是其成功的基础。威灵顿基金股债比例维持着 65% 的股票和 35% 的债券，目前先锋领航集团所管理的全部资产中，股票资产的比例是 71%，债券资产的比例是 29%，两者何其相似。只不过，平衡型理念贯彻于先锋领航集团旗下所有基金的组合。我相信这一理念永远不会过时。任时光飞逝，岁月变迁，有些事物依旧如初。

第 12 章 指数基金王国

先锋领航集团于 1975 年创建了全球首只指数基金——第一指数投资信托，1981 年更名为先锋 500 指数基金。很长一段时间，这一创举在美国共同基金行业中只激起了一丝小小的涟漪。直到 20 世纪 90 年代中期，指数化投资理念才形成涓涓细流。2000 年，指数基金方兴未艾，细流汇成江河。2018 年，指数化投资已凝聚成一股汹涌澎湃的激流，势不可当。

在第 5 章，我重点回顾了第一只指数基金诞生过程中面临的种种艰辛。当然，其中有运气和偶然因素的影响，凝聚了我们创业的热情和决心，也饱含着希望落空后的失意和沮丧。这就好比亲手种下的橡果注定无法长成参天大树，幸好结局并非如此。

本章不再聚焦于某只基金，我将带领读者全面检视先锋领航集团建立的指数基金王国。到 21 世纪初，指数化投资已经成为驱动先锋领航集团发展的主要动力。如今，先锋领航集团旗下指数基金规模为 3.5 万亿，在先锋领航集团管理 5 万亿的资产规模中占据 77% 的份额。

先锋500指数基金

先锋500指数基金的成功，使标准普尔500指数成了指数化投资的标杆。在先锋领航集团之后，先后有富国银行（1984年）、Colonial（创立于1986年，1993年清盘）、富达（1988年）发起创立了标准普尔500指数基金。第一只交易型开放式指数基金、如今大名鼎鼎的道富SPDR，创立于1993年，同样追踪标准普尔500指数。

就连沃伦·巴菲特都是先锋500指数基金最忠实的支持者之一。至少近20年来，他多次推荐先锋500指数基金，指数基金几乎是他为各类投资者开出的万灵药方。下面这段话是他在伯克希尔·哈撒韦公司1996年年报上所写的内容：

> 不管是机构投资者还是个人投资者，都会发现投资股票的最好方式是持有收费低廉的指数基金。坚持持有指数基金的投资者，在扣除了费用和各种开支后，获得的收益一定会超越大部分投资经理的主动投资组合。

从最开始我们就意识到，尽管标准普尔500指数未必能完全代表美国股市的整体，但不可否认它是一个好的市场标杆（当时公认的整体股票市场表征指数是威尔逊5 000指数）。从长期看，标准普尔500指数与美国整体股票市场指数的走势差异可以忽略不计。

标准普尔500指数发布于1926年，从那时起计算，标准普尔

500 指数的年化收益率为 10.1%，而整体股票市场指数的年化收益率为 9.9%。如果从 1930 年开始统计，标准普尔 500 指数的年化收益率同整体股票市场指数相同，为 9.7%。也就是说，威尔逊 5 000 指数和标准普尔 500 指数历史表现的重合程度超过 99%。

尽管先锋领航选择了标准普尔 500 指数作为指数基金的目标，但不可否认，威尔逊 5 000 整体股票市场指数才是全面覆盖美国股票市场的表征指数。因此，我们在 1987 年发起成立了第二只权益指数基金，名为先锋扩展市场指数基金（Extended Market Index Fund），这一指数基金包含了标准普尔 500 指数成分股之外的中小盘股票。

对于投资者来说，只要配置 80% 的先锋 500 指数基金和 20% 的先锋扩展市场指数基金，就能获得整体股票市场的敞口。当然，更多的投资者配置先锋扩展市场指数基金是看好中小盘股票，认为中小盘长期会跑赢大盘股。

不论投资者出于什么想法，先锋扩展市场指数基金在市场中成功占据了一席之地。到 2018 年年中，基金的管理规模超过 680 亿美元。2018 年，该基金持有非标准普尔 500 指数成分股共 3 270 只，同标准普尔 500 指数基金搭配，可谓珠联璧合。

20 世纪 90 年代，指数化投资渐渐为投资人广泛接受。先锋领航开始扩展指数基金产品线。当时，先锋领航有 500 指数基金（1975 年成立）和扩展市场指数基金（1987 年成立）覆盖美国股票市场，有整体债券市场指数基金[①]（1986 年成立）覆盖美国债券市场。显然，海外

① 我会在第 15 章详述先锋领航第二只指数基金——整体债券市场指数基金的设立过程。

市场是指数产品线下一步延伸的方向。

海外股票指数基金

1990年，我们开始考虑设立一只追踪MSCI EAFE（欧洲、大洋洲和亚洲东部）市场的指数基金，这三个地区基本上囊括了美国以外的主要发达市场。但当时，我对日本股市持悲观态度。[①]我担心将2/3海外头寸投入波动巨大的亚太市场的风险太高。作为变通手段，我们在1990年6月发起成立了两只海外指数基金，分别投资于欧洲股市和亚太股市。先锋领航集团又一次成了行业的先驱。

1994年先锋领航集团创立了行业第一只新兴市场指数基金，分散投资于发展中国家和地区股票。先锋领航集团扩展海外市场产品线再下一城。

但我们创新的步伐没有停止。今天，先锋旗下拥有11只海外股票指数基金，包括全球（除美国）股票指数、海外高收益股票指数、小盘股票指数以及两只海外债券指数的基金产品等。都加起来，先锋领航集团目前管理着超过7 000亿美元的海外指数基金。

整体股票市场指数基金

1992年年初，我们又设立了一只具有里程碑意义的产品。之前，

---

① 日本日经指数在1989年到达38 900的最高点，当时日经指数的市盈率已升了近70倍。到2003年，日经指数回落到8 000点以下。2010年，日本股市总市值已经从占全球总市值45%的峰值跌落到7%。

我们为补充宽基指数缺口设立的扩展市场指数基金没有获得预期的市场反响。我们发现，同时配置标准普尔 500 指数基金和扩展市场指数基金才能获得整体股票市场敞口，这对投资者来说实在过于复杂。为什么不直接提供覆盖整体股票市场的指数基金？

持有市场组合是经投资理论证明的最优投资策略。因此我们顺势而为，发起成立了覆盖美国股市所有股票的指数基金，赋予投资者以低成本配置全市场股票的便捷途径。1992 年 4 月 27 日，在迟到了 17 年之后，先锋领航集团创立了整体股票市场指数基金。这只基金大获全胜，到 2018 年年中，追踪资产规模超 7 400 亿美元[①]，在全世界共同基金中规模首屈一指。

成长和价值指数基金

仅仅几个月之后，先锋指数基金的产品线又拓展了。1992 年 11 月，先锋领航集团发起创立了成长指数基金和价值指数基金，追踪的分别是标准普尔公司 1991 年编制的成长指数和价格指数。简单来说，两条指数根据股票的市净率选股（高市净率为成长股，低市净率为价值股[②]），再将标准普尔 500 指数的 500 只成分股按市值等分为两组，其中成长股 190 只，价值股 310 只。如今，这两只基金追踪 CRSP（美国股票和指数资料数据）指数，当前成长股 300 只，

① 包括其中的机构份额。

② 如此划分成长股和价值股看似不太严谨。但事实上，标准普尔的成长和价值指数 97% 的收益与编制方法更为复杂的罗素 1 000（大盘股）成长和价值指数重合。2003 年，先锋领航集团的成长和价值指数基金更换追踪目标为 MSCI 美国成长和价值指数，2013 年，两只基金再度更换追踪目标为 CRSP 美国大盘成长和大盘价值指数。

价值股 337 只。

先锋领航集团的成长和价值指数基金在创新层面上是成功的，但是从投资者体验角度来讲却是失败的。2018 年年中，两只基金的资产规模分别达到了 790 亿美元和 660 亿美元，是晨星公司基金分类中“策略 Beta”基金规模最大、历史最悠久的两只基金。策略 Beta 也被称作“聪明 Beta”或者“因子策略”，指相对于宽基指数，基金持仓偏重于成长、小盘、动量等因子，以增强收益或者降低组合风险。

尽管如此，如我在本书第 7 章所述，在过去的 25 年里，尽管两只基金的年化收益率都在 9% 上下，但基金投资者的实际收益率却低于净值的涨幅：成长指数基金年化收益率低了 2.7%；价值指数基金年化收益率低了 1.4%。当时设计成长和价值指数基金的初衷，是希望投资者长期持有，我多次告诫投资者不要去做无谓的择时交易。

但投资者没有听从我的建议。很多成长和价值指数基金的投资者对短线交易乐此不疲，他们相信自己天赋异禀，有本事知道哪类因子收益更高，知道哪类因子能涨多久。投资者将成长和价值指数基金用于择时交易，是我始料未及的。

更多指数基金面世

在推出成长和价值指数基金后不久，1992 年 11 月，先锋领航集团又创立了行业内首只平衡型指数基金。1996 年 4 月，我们将旗下欧洲、亚太、新兴市场三只指数基金合并成先锋全球股票指数基金。2018 年，该组合包括富时国际（除美国）全盘指数成分股。2018 年年中，该基金资产规模达 3 430 亿美元，成为先锋领航集团旗下规模第四大的指数基金。

先锋领航集团在指数基金创新方面始终走在行业前列，始终占据着先发优势。1996 年以来，先锋领航集团在美国创立了 59 只指数基金，如今先锋指数基金的投资者遍布欧洲、亚洲、拉丁美洲，以及加拿大。今天，先锋领航集团旗下的美国市场指数基金已经完整覆盖晨星公司九宫格（即大中小盘和成长、价值、混合三种风格），以及众多行业指数基金，还有投资于美国国债和信用债、市政债券的指数基金。先锋领航集团于 2000 年之前成立的指数基金总规模达 2.9 万亿美元，占据先锋领航集团所有指数基金资产规模的 86%。表 12-1 列出部分指数基金 2018 年的资产规模以及成立时间。

表 12-1 先锋领航集团旗下指数基金规模和费率

（按成立时间排序，数据截至 2018 年 12 月 31 日）

基金名称	成立年份（年）	资产规模（十亿美元）	费率（%）
500指数基金	1976	640	0.04
整体债券市场指数基金	1986	355	0.05
扩展市场指数基金	1987	67	0.08
大中小盘指数基金	1989—2006	296	0.07
欧洲和亚太市场指数基金	1990	33	0.10
整体股票市场指数基金	1992	742	0.04

续表

基金名称	成立年份（年）	资产规模（十亿美元）	费率（%）
成长和价值指数基金	1992	145	0.06
平衡指数	1992	38	0.07
债券指数基金	1994	94	0.07
新兴市场指数基金	1994	89	0.14
全球股票指数基金	1996	343	0.11
房地产投资信托指数	1996—2017	64	0.10
发达国家市场指数基金	1999	110	0.07
富时社会责任指数基金	2000	4	0.20
行业指数基金	2004	63	0.10
红利指数基金	2006	64	0.08
其他非美市场指数基金	2007—2009	61	0.11
信用债、国债、抵押支持证券指数基金	2009	64	0.07
短期通胀挂钩指数基金	2012	25	0.06
全球债券指数基金	2013	107	0.11
其他	2007—2017	48	0.17
共计		3 451	0.09

数据来源：先锋领航集团。

指数基金统治世界

2018年春，标准普尔公司发布了一份报告，比较了15年来各类主动管理型基金和相应类别的指数的收益情况，报告的标题为《标准普尔500指数和主动管理型基金业绩》，简称《SPIVA计分卡》。

报告的结果令人震惊。标准普尔的各类指数打败了93%左右的主动管理型基金，覆盖范围包括大中小盘各类基金（见表12-2）。其中，小盘价值指数战胜了86%的小盘价值基金，小盘成长指数战胜了99%的小盘成长基金。标准普尔500指数战胜了92%的大盘基金。报告充分证明了指数投资的威力。[①]

表12-2 美国股票型基金与指数基金收益比较

类别	标的指数	15年来指数战胜主动管理型基金的比例（%）
大盘	标准普尔500	92
成长	标准普尔500成长	94
核心	标准普尔500	95
价值	标准普尔500价值	86
中盘	标准普尔中盘400	95
成长	标准普尔中盘400成长	95
核心	标准普尔中盘400	97
价值	标准普尔中盘400价值	89
小盘	标准普尔小盘600	96
成长	标准普尔小盘600成长	99
核心	标准普尔小盘600	97
价值	标准普尔小盘600价值	90
平均		94
其他		
房地产投资信托	标准普尔美国房地产投资信托	81
全球	标准普尔全球1 200	83
国际（除美国）	标准普尔国际700	92
小盘国际（除美国）	标准普尔发达国家小盘（除美国）	78

① 这份报告的数据考虑到了幸存者偏差的影响。也就是说，15年前成立的基金，到现在为止只剩下40%。

续表

类别	标的指数	15年来指数战胜主动管理型基金的比例（%）
新兴市场	标准普尔/国际金融公司成分股	95
所有基金	所有指数	91

数据来源：标准普尔公司的《SPIVA 计分卡》，2017 年年末。

从 1975 年创立全球第一只指数基金，到今天掌管着 75 只指数基金，先锋领航集团在共同基金行业一直是指数化投资的先行者和倡导者。指数基金占美国股票型基金的份额已经从 1985 年的 4% 一路增长到今天的 43%（见图 12-1）。指数基金还在续写传奇。

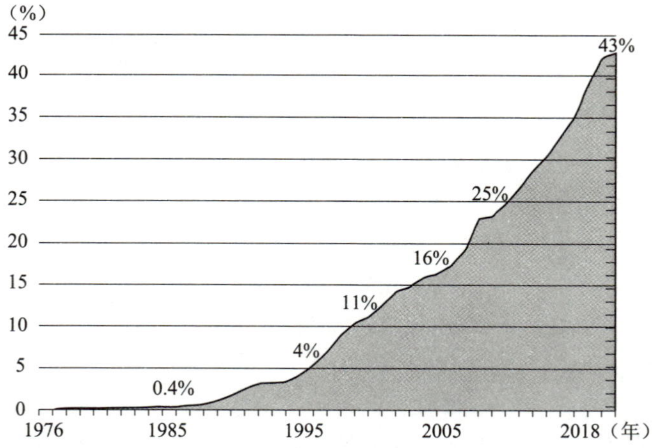

图 12-1 指数基金占股票型基金规模的比例（1976—2018 年）

数据来源：先锋领航集团，战略洞察力网站。

如今，先锋领航集团旗下的指数基金已经占据传统指数基金 80% 的份额，占据交易型开放式指数基金 25% 的份额。两者汇总，先锋基金已经占据美国指数共同基金市场份额的一半。

先锋领航集团的成功很大程度上来自投资者的信任，通过低成本运作，先锋领航集团帮助投资者实现了长期投资目标。另外，投资者接受指数化投资理念也起了重要作用。投资者愿意长期持有指数基金，而不是通过交易型开放式指数基金进行波段交易，见表 12-3。

表 12-3 指数基金产品规模和先锋领航集团的份额

	传统指数基金	交易型开放式指数基金	所有指数产品
先锋指数基金规模	2.6万亿美元	8 850亿美元	3.5万亿美元
行业指数基金规模	3.3万亿美元	3.5万亿美元	6.8万亿美元
先锋领航份额	78%	25%	51%

指数基金专注于分散化投资，通过长期持有实现投资目标。我相信，基于自身的投资体验，大部分投资者会发现，持有传统指数基金的策略优于通过交易型开放式指数基金进行交易。时间会证明我的判断。

指数基金的成功吸引了数百万投资者、数万亿美元的投资。但我要重申的是，我们最好小心一点，不要让那句古话“没有什么比成功更成功”变成“没有什么比成功更失败”。在本书的第三部分，我将就指数基金未来可能面临的挑战做一些分析。

第 13 章 温莎基金

从 1928 年到 1958 年，先锋领航集团的前身威灵顿基金管理公司只管理着威灵顿基金一只共同基金。公司专注于单一的保守平衡型策略，从一开始威灵顿基金就成为共同基金行业的平衡型基金的标杆。用今天的时髦话讲，威灵顿基金在当时的共同基金行业中占据了利基市场。

但是到 20 世纪 50 年代末，基金管理人为吸引股票经纪公司开始向客户销售基金产品，竞争越来越激烈。因为我们没有股票型基金，渠道人员只能干着急。

最着急的人是我。我当时给约瑟夫 · E. 韦尔奇写了一份措辞激烈的信。韦尔奇是公司总裁，直接向董事长兼首席执行官摩根汇报。我在信中观点明确：我们需要一只股票型基金，时不我待。[①]

当时摩根先生被我说动了，他是威灵顿基金管理公司的老板，新发基金如果有利可图，他自然不会拒绝。

① 1958 年年初，行业中成立了两只股票型基金。一只是雷曼兄弟的威廉一街基金，还有一只是拉扎德公司的拉扎德基金。前者首发募集规模 1.98 亿美元（相当于 2018 年的 17 亿美元），后者首发募集规模 1.18 亿美元（相当于 2018 年的 10 亿美元）。当时共同基金行业一年的资金净流入只有 11 亿，这两只基金的首发规模算是天量了。

由于公司人手短缺，创立新基金、准备募集材料的任务就落在我的身上。对于我这个年轻人来说，这样的机会求之不得。

我们选择了基德尔·皮博迪公司作为基金的主承销商，巴琪证券公司作为副承销商。这两家公司都遴选了优秀的投资银行参与基金销售，两家机构也一直负责销售威灵顿基金份额。连续几个星期，我们一起坐在摩根先生的办公室里，就基金的各种细节——投资目标、运营流程、基金董事会人选等来回商讨。新基金的董事会班子与威灵顿基金保持一致。我们定的基金名为"威灵顿权益基金"。（那是我的主意，我觉得叫权益基金比叫股票基金更好听。）

改名风波

我们没想到的是，新基金的名字给我们惹了麻烦。一位威灵顿基金的投资者召集原告律师团，指控我们的新基金不应当使用威灵顿之名。律师指称"威灵顿"是威灵顿基金的专属名称。

我们觉得原告的指控很可笑。但是特拉华州地区法院和州最高法院居然支持原告。我们上诉至美国联邦最高法院，最高法院拒绝受理。我们最终败诉了。

我们需要给基金起一个新名字。我提议叫温莎基金。后来，我们不少基金名字都是以字母 W 开头的，比如韦尔斯利收入基金、威斯敏斯特债券基金、怀特霍尔货币市场信托基金、沃里克市政债券基金、沃尔特·摩根成长基金等。这些名字一直被沿用到 1980 年，之后先锋领航集团统一了旗下基金的名称——名称全部以先锋开头。

威灵顿权益基金的发行开始于10月。尽管当时市场资金紧张，但我们还是募集了3 840万美元。1958年10月23日，基金开始运作。其实当时我们是准备不足的。

温莎基金早年业绩不佳，投资经理没有明确的投资方向。后来我们赶上了牛市：从1958年到1964年，标准普尔500指数每年上涨11%，但温莎基金的涨幅仅为7.7%。到1963年年中，温莎基金的规模才超过7 500万美元。传奇基金经理约翰·内夫的加盟，彻底改写了温莎基金的历史。

约翰·B.内夫

在掌管温莎基金之前，约翰·内夫在寻找新的职业机会。他当时在位于克利夫兰的美国国民城市银行的信托部门工作了8年，需要迎接新挑战。

那时候，威灵顿权益基金已经改名温莎基金。1964年夏，约翰·内夫成为温莎基金的组合经理。这份工作他干得得心应手。从那时起他就和我建立了战友般的情谊。

约翰·内夫如此描述我们的相识：“我俩一见如故，我有些特质特别吸引博格。我很清楚这一点。比如，我们都留着平头。”

约翰·内夫坚持价值投资理念，没过多久，他就用业绩证明了自己的价值。在约翰·内夫的掌管下，温莎基金呈现出保守和进取的双重特质。我这里所谓的保守，指的是他的投资策略，专注于投资困境股和高股息股票，这一策略有效地控制了基金的下行风险。

我所谓的进取，指的是内夫敢于重仓他看好的股票，结果是基金的短期业绩比其他持仓分散的组合可能波动更大。尽管如此，温莎基金开始在行业中崭露头角。

业绩优异，资金追捧

1965 年，温莎基金开始显露锋芒。1970 年，温莎基金的年化收益率为 12.6%，而标准普尔 500 指数的同期年化收益率只有 4.8%。1970 年到 1973 年是成长股的行情，温莎基金表现弱于大盘。但是从 1974 年到 1979 年，温莎基金的年化收益率为 16.8%，同期标准普尔 500 指数为 6.6%。（从 1965 年到 1979 年，温莎基金累计收益率上涨了 359%，标准普尔 500 指数上涨了 126%。）

在共同基金行业，如此突出的业绩表现自然引来了投资者和经纪公司的资金追捧。难能可贵的是，基金规模增长后，温莎基金的表现依然出色。而同期其他成功的基金在受到资金追捧后往往业绩转衰。

1981 年，温莎基金的资产规模还不足 10 亿美元。当时，大量的资金进入先锋领航的货币市场基金。在货币市场基金退潮后，温莎基金独领风骚。从 1981 年到 1984 年，温莎基金的净申购达到 9.65 亿美元，占同期先锋领航集团总资产现金流量的 17%，到 1985 年年末，温莎基金的资产规模超过 40 亿美元，成为美国最大的权益类基金。

业绩的均值回归似乎是共同基金行业不可避免的宿命（我们将在第 16 章做详细说明），但温莎基金成了例外。除了 1989 年到

1990 年的短暂回调，温莎基金从 1980 年到 1992 年的年化收益率达到 17.2%，每年超越标准普尔 500 指数 1.2 个百分点。

关闭申购

这时温莎基金已经取代了威灵顿基金成为先锋领航集团旗下的旗舰产品。但内夫和我都清楚，再高大的树也不可能一直长到天上去。终有一天，我们要停止温莎基金的申购。否则，基金规模的增长终有一天会成为业绩的敌人。

1985 年 5 月，约翰来到我的办公室说："我们应该关闭温莎基金的申购。"我们一拍即合。我和他的想法是一致的，为什么要去宰杀下金蛋的鹅？①

关闭基金申购在当时几乎是共同基金行业闻所未闻的事情。在传统的基金治理结构下，基金经理死都不愿意主动关闭旗下旗舰基金的申购，放弃可观的管理费收入。但是在先锋领航集团独有的治理结构下，这就不是一个问题了。我们没有动力盲目做大规模以赚取高额管理费。

我明白，先锋领航集团必须继续向我们的投资者提供价值导向的基金产品。因此，我们考虑发行第二只价值型基金；而这次，新基金不再依赖于威灵顿基金管理公司，而是启用独立的投资团队。但是，当我决定把这只基金命名为温莎Ⅱ基金时，我又遭遇了各种

① 1985 年温莎基金关闭申购的时候，规模为 36 亿美元，当时规模相当于标准普尔 500 指数总市值的 0.3%。如今，标准普尔 500 指数总市值的 0.3% 相当于 630 亿美元。

批评的声音。最典型的质疑是：你们用温莎的名字，想借约翰·内夫做卖点，温莎基金业绩是难以复制的。事实证明他们错了。[①]

温莎Ⅱ再创辉煌

1985年春，我们面试了一批专注于价值投资的管理人。最终我选择了巴罗汉利一家总部位于达拉斯的投资公司。这家公司投资理念清晰，经验丰富。公司的掌门人詹姆斯·巴罗忠诚可靠。我说服了基金董事会聘请该公司管理温莎Ⅱ基金。

1985年5月15日，我们公告关闭温莎基金的申购，并立即执行。如果提前公告，一定会造成大量资金蜂拥而入，这是我们极不愿意看到的。一个月之后，温莎Ⅱ基金开始募集。

我们选择的投资团队很好地履行了职责。33年后的今天，这家公司依然掌管着温莎Ⅱ大部分的基金资产。温莎Ⅱ的业绩甚至略好于温莎基金——温莎基金年化收益率为10.1%，温莎Ⅱ年化收益率为10.5%。这一成就主要归功于詹姆斯·巴罗。[②]

引入第二位管理人

为了实现温莎Ⅱ基金相对可预期的收益，我们决定进一步分散

① 1964年到1995年是温莎基金的约翰·内夫时代。在此期间，温莎基金年化收益率超过标准普尔500指数达到3.4个百分点。这一业绩在共同基金历史上是史无前例的。

② 巴罗的智慧掩盖了他在投资上的才华。有一次，先锋领航集团的董事问他是否担心市场出现调整，他回答说："不用担心，因为胖女人还没上场。"（这是英语谚语，西方歌剧结束之前，通常会有女高音出场表演压轴戏。——译者注。）

组合。1989 年，当基金规模超过 20 亿美元时，我们引入第二位管理人，即位于亚特兰大的景顺资产。我们将 2.5 亿美元的基金资产交付景顺资产管理。

这是先锋领航集团第一次将一只基金交由多位管理人管理。正如我在 1974 年所说，这样做的目的是实现基金相对可预期的收益。如果基金业绩不突出，那么只有靠降低成本胜出。这是先锋领航集团多年来践行的投资哲学。

先锋领航集团的两只温莎基金由不同管理人掌管，管理人都具备价值投资理念，同样经验丰富，业绩表现也是相似的。1985 年以来，温莎基金的波动率为 17.2%，温莎 Ⅱ 基金的波动率为 16.0%，标准普尔 500 指数的波动率为 16.5%。

在巴罗的掌管下，温莎 Ⅱ 基金从 1985 年到 2015 年的成绩可圈可点。截至 1989 年，温莎 Ⅱ 基金的回报率每年超过价值基金平均水平 1.4 个百分点。

从 1995 年到 1998 年，由威灵顿基金管理公司指派的内夫的继任者掌管着温莎基金。这些年温莎基金的业绩差强人意，年化收益率为 19.2%，温莎 Ⅱ 基金年化收益率为 27.7%。之后，均值回归再度起了作用。从 1999 年到 2007 年，温莎基金年化收益率为 8.0%，温莎 Ⅱ 基金年化收益率为 6.5%。自 2007 年以来，两只基金的业绩几乎一致：温莎基金 7.2%，温莎 Ⅱ 基金 6.7%。

图 13-1 展示了两只基金的相对累计收益情况。线条向上代表温莎基金表现更优，线条向下表示温莎 Ⅱ 基金相对占优势。尽管线条起起落落，但长期来看两者表现差异不大，温莎 Ⅱ 基金略优于温莎基金。

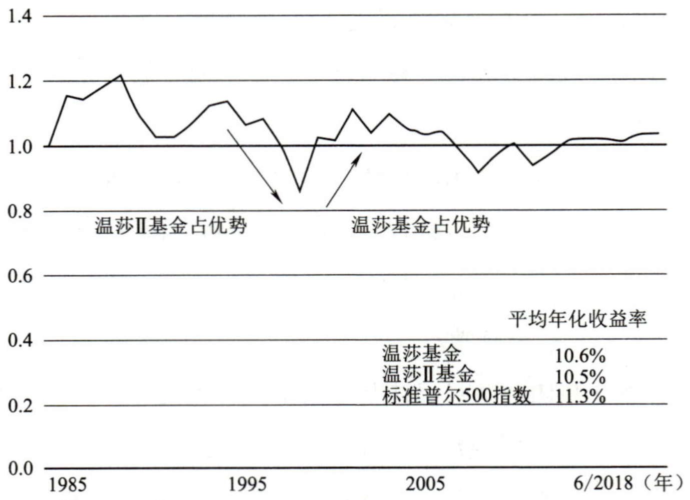

图 13-1 温莎基金与温莎Ⅱ基金相对累计收益率

数据来源：先锋领航集团。

从温莎基金的历史中我们能得到什么样的启示？第一，我想，最重要的是，我们有一位优秀的基金经理。先锋领航集团很幸运地找到了约翰·内夫管理基金，并且能够留住人才。如今约翰·内夫已经退休 23 年，我和他的友谊一直没有中断。

第二，敬畏时间。再优秀的基金经理也无法保证业绩常青。先锋领航集团的解决方案是为一个组合寻找多位基金经理，就像温莎Ⅱ基金那样。

第三，低费率。我相信业绩无法长久持续，但低费率长期有效。当然，这对基金投资者有利，同时要求基金组合的换手成本低。股票交易成本很高，频繁交易对于投资者而言是一场输家游戏。

第四，对投资者、媒体和公众保持真诚坦率是先锋领航集团不变的信条。要向他们解释清楚主动基金的收益源于哪里。业绩波动是不可避免的。

我一直坚持以上几条原则。在 1990 年温莎基金的年报中（当年温莎基金的收益率为 –27.9%，标准普尔 500 指数的为 –7.5%），我这样写道："我每年都亲自写致投资者的信，已经写了 25 年。今年这封信最难下笔。"可以说，温莎基金的历史，就是先锋领航集团坚守正道的历史。

第 14 章 PRIMECAP系列基金

1984 年夏发生的一件事，后来成为先锋领航集团历史上的一段佳话。当时我在加利福尼亚州，为先锋领航集团即将成立的成长基金寻找新基金管理人。我认为先锋领航集团需要一只成长基金，以改变过分依赖于温莎基金的局面。

20 世纪 80 年代初，温莎基金在约翰 · 内夫的掌管下，资产规模达到了先锋领航集团权益类基金的一半；到 1985 年，温莎基金的资产规模超过 40 亿美元，而且还在快速增长。温莎基金成为美国规模最大的权益型基金。经验告诉我，风水轮流转，温莎基金的规模不可能永远增长下去。

经历了 20 世纪 60 年代沸腾的岁月和 1972—1974 年的股灾之后，很多基金经理输得一塌糊涂。我在第 2 章对此有详细的描述。我们在存活下来的基金经理当中寻找合适的人选。

我考察了四家投资基金公司，都不太满意。其间，我听说米切尔 · J. 米利亚斯正在筹建新投资公司。从 1969 年到 1970 年，他曾经管理我们公司的基金，当时我们有密切的交往。后来他加入洛杉矶的美洲基金集团（隶属于资本集团）。1984 年年中我们再度见面，我感觉他就是我要找的人。

PRIMECAP基金

米切尔当时和霍华德·B. 舒共同掌管着AMCAP基金，对在资本集团受到的不公正待遇，他们积怨已久。因此，他们和另一位同事西奥·A. 科洛科特伦斯建立了一家新公司。这让美洲基金集团震惊了，因为集团的基金经理从来没有主动提出过离职。

三位合伙人创办了PRIMECAP公司。1983年9月15日，他们在附近的帕萨迪纳开业。PRIMECAP吸引了一些养老金机构的关注。当我一年之后造访时，我和米切尔、霍华德提出了我的想法：

> 先锋领航集团熟悉共同基金的运作、营销、监管。我们不想参与组合管理。你们是专业的基金投资人，但你们不擅长基金的运营等业务。因此我提议双方合作，我们来做运营和分销，你们作为基金的投资顾问管理基金资产。我们承担基金所有的开支和费用，你们不用花一分钱。

他们对此表示很感兴趣，但需要点儿时间考虑。尽管米切尔希望达成合作，但霍华德担心这和他们的商业计划有冲突。最后我说服了他。米切尔告诉霍华德，我们曾经在威灵顿基金管理公司有过合作，互相有充分的信任。因此，我们在没有聘请律师、没有签署契约的情况下达成了合作意向。

1984 年，PRIMECAP 基金成立，基金的运作人员和董事会都由先锋领航集团旗下其他基金的相关人员组成。当时先锋领航集团旗下全部基金规模 88 亿美元。新基金以种子基金的形式设立，初始资金 1 万美元，全部由我出资。（法律不允许先锋领航集团拥有旗下任何一只基金。）1984 年 11 月 1 日，我们在签完投顾协议之后，PRIMECAP 正式开始管理基金。

PRIMECAP 基金成立之初的业绩表现不错（见图 14-1）。从 1984 年到 1986 年，其业绩超越标准普尔 500 指数 16 个百分点。然后，从 1987 年至 1989 年，基金业绩不振，跑输标准普尔 500 指数大约 25 个百分点，拖累了基金成立以来的累计表现。基金董事会成员坐不住了，他们敦促我更换管理人，而我仍按兵不动。

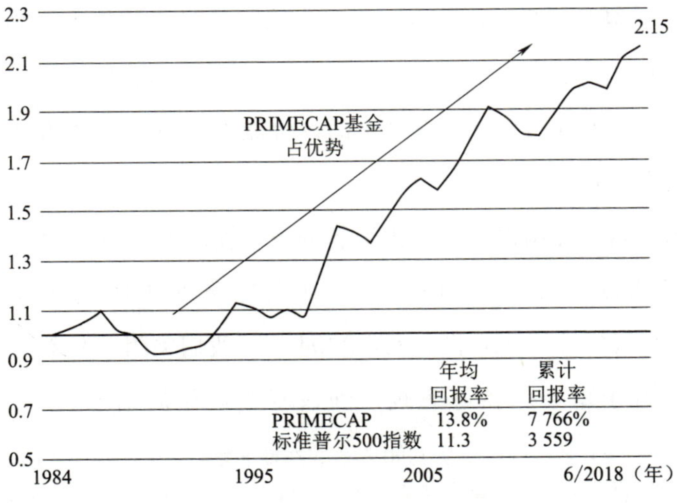

图 14-1　PRIMECAP 与标准普尔 500 指数累计回报率（1984—2018 年）

数据来源：先锋领航集团，晨星公司。

在之后的27年里，PRIMECAP基金的业绩依然起起落落（在共同基金行业里，这是再正常不过的事情）。不过其间，有17年基金业绩超过标准普尔500指数，有10年跑输标准普尔500指数，特别是1996年和"新经济"泡沫破裂的2001年，2002年这三年。尽管如此，当市场转暖时，该基金业绩大幅跑赢标准普尔500指数，年化收益率为17.4%，而同期标准普尔500指数只有12.8%。

成本是关键

PRIMECAP基金的成功很大程度上取决于基金的低费率。2017年，基金的费率只有0.33%，而市场中大盘成长类基金的平均费率高达1.33%。该基金13.8%的全生命周期年回报率比同类基金（10.5%）高出3.3个百分点，当时先锋领航集团的成本优势占了这3.3个百分点的40%。（这一优势一半来自公司运营的规模效应，另一半来自我们在投资顾问费率上的议价能力。[①]）低成本和长期复利再度发挥了威力。

随着基金业绩的提升，投资者的关注度渐渐提高。1992年，基金规模超过5亿美元。1994年，基金规模超过10亿美元，2001年，基金规模达到220亿美元。2004年，我们关闭了基金的申购[②]，但是得益于市场的良好表现，到该基金运作的第四个10年，其

---

① PRIMECAP基金的费率从1990年的0.75%下降到2018年的0.33%。运营成本从0.24%降到0.14%，基金投资顾问费用从0.51%下降到0.19%。尽管基金的费率在下降，但绝对金额依然很高。比如，2017年，我们支付给PRIMECAP管理公司的三只基金的投资顾问费合计达到1.91亿美元。

② PRIMECAP基金最初于1995年3月对新投资者关闭，于1996年10月被重新开放，然后在1998年4月至2001年4月再次被关闭。

规模已经增长到 650 亿美元。晨星公司给予基金“黄金级”的评级。

4P原则

先锋领航集团挑选到 PRIMECAP 作为管理人，靠的并非运气。因为这家公司符合先锋领航集团对管理人的选择标准。我在 1985 年基金年报中对此做了这样的阐述：

> 一年来，我们同 PRIMECAP 的合作是愉快的。我们选择管理人基于以下 4P 原则：
>
> （1）人才（People）。这是找谁管理的问题。PRIMECAP 有一批优秀的职业投资人，公司有 85 年的投资经验和行业口碑。
>
> （2）哲学（Philosophy）。投资目标是什么？本基金的投资目标是追求业绩成长。（2009 年到 2017 年，基金管理人做长线投资，其间年均换手率只有 7%。）
>
> （3）组合（Portfolio）。我们关注管理人如何实践投资哲学。PRIMECAP 管理的年金组合中，包括蓝筹股、成长股、高分红股票，以及并购概念股和利率敏感的股票。
>
> （4）业绩（Performance）。管理人的历史业绩并不是我们首先关注的。历史业绩当然重要，但是只有通过以上三项检验标准之后，我们才会关注其历史表现。毫无疑问，业绩必然有高有低，有好有坏。我们的目标是提供长期有竞争力的回报。

对于我来说，这四项标准是经得起时间检验的。

我担任基金董事会主席任期到2000年1月31日终止。尽管如此，在之后几年里，我依然关注着基金的运作。我在1999年的年度报告中这样写道:“在先锋领航集团新管理架构中，我依然会发挥积极的作用……我们将继续秉承持有人为先的宗旨。”

不管是作为基金的持有人还是作为基金行业的从业者和研究者，让我欣慰的是，PRIMECAP基金的业绩能够始终保持领先。在基金34年的历史中，有21年跑赢了标准普尔500指数，有13年跑输了标准普尔500指数。这说明即使最优秀的基金经理也不是常胜将军。PRIMECAP基金的历史业绩就是最好的注解。

资本机遇基金

1994年，在大牛市行情中，先锋领航集团董事会建议我创建一只新股票型基金。基金将采用更激进的投资策略，所以净值波动会比较大。我答应了。但事后看来，做出这个决策，更多是出于营销的考虑而不是投资价值。1995年,我们创建了先锋地平线基金系列，一共4只基金，包括资本机遇基金。①

我为这只基金选择了来自加利福尼亚州的Husic资本管理公司作为投资顾问。这家公司当时已经掌管了先锋摩根成长基金的一部分。Husic的操作风格更加大胆，包括大量运用做空工具，最终其策略以失败告终。1997年，标准普尔500指数全年回报率为

① 资本机遇基金是这一系列中幸存的3只基金之一。其他两只名叫国际股票基金和策略基金。第四只基金名叫国际配置基金，已经于2001年清盘。

33%，而资本机遇基金当年总回报率为 –8%。我们果断地终止了与 Husic 的协议。PRIMECAP 接受了我们的提议，接任基金的投资顾问。[①]

更换投资顾问让基金的业绩焕然一新。在 Husic 时代，资本机遇基金的年化收益率是 5.4%，大幅低于标准普尔 500 指数的 28.1%。在 PRIMECAP 掌管的 20 年里，该基金的年化收益率为 14.1%，标准普尔 500 指数只有 7.1%（见图 14–2）。

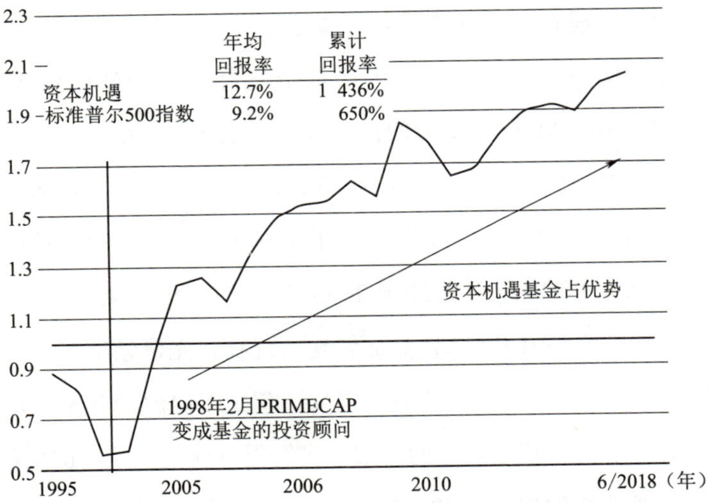

图 14–2 资本机遇基金与标准普尔 500 指数累计回报率（1995—2018 年）

数据来源：先锋领航集团，晨星公司。

事实再次证明我们的 4P 标准行之有效。晨星公司又一次给了我们“黄金级”的评级。当 PRIMECAP 接管时，基金规模是 6 300

① 我的继任者选择 PRIMECAP 公司的决定令我很高兴。

万美元，如今已经超过 170 亿美元。

现状

PRIMECAP 基金最早的三位投资经理分别是霍华德（已离职）、米切尔（2013 年年末退休）和西奥·科洛科特伦斯，后者至今仍是 PRIMECAP 公司的高管之一。此后又有几名专业投资经理——包括若埃尔·弗里德，阿尔·莫迪凯和莫·安萨里加入 PRIMECAP 团队。他们都参与管理先锋领航的基金，都是先锋领航的英雄。

除了 PRIMECAP 和资本机遇基金之外，PRIMECAP 公司还担任了 PRIMECAP 核心基金的投资顾问。这只基金创立于 2004 年，再次证明了 PRIMECAP 公司的投资顾问能力。自成立以来，该基金年化收益率为 10.6%，轻松超越了美国股市 8.4% 的收益率。该基金目前规模为 110 亿，已经于 2009 年年中关闭申购。

从 1984 年 PRIMECAP 基金创立到现在，先锋领航集团管理资产规模从 90 亿美元增长到 5 万亿美元。但 PRIMECAP 基金的规模并没有太大增长。基于双方的协议，我们很早就关闭了 PRIMECAP 和资本机遇基金的申购。和温莎基金一样，我们不愿意杀死下金蛋的鹅，我们希望控制基金规模，留给基金经理操作的空间。

从一开始，我们就牢记对投资者的信托责任。这种责任体现在 PRIMECAP 基金和之后的资本机遇基金上。

我们在 1984 年寻找的合作伙伴在今后的岁月里不断成长。PRIMECAP 公司在基金行业里只能算是一个小团队，它给先锋领航的投资者创造了优异的回报，自己也收获了丰厚的投资顾问费报酬。同时，它也为先锋领航的主动管理型基金建立了口碑。

当然，先锋领航在变，时代也在变，共同基金行业、金融体系、国家、世界都在发生着日新月异的变化。尽管如此，只要我们坚持我们的投资策略和核心价值，先锋领航集团就能继续在共同基金行业中保持领先地位。

第15章
债券基金

在共同基金行业的早期，行业里几乎没有债券基金。我从 1951 年 7 月进入威灵顿基金管理公司开始，就被灌输了平衡型基金的理念，我深刻地理解债券作为固定收益资产可以抗风险，而股票资产却以获取资本增值为目标。

当时，债券基金只是行业里一个微不足道的品种。1960 年，共同基金行业共有 161 只基金，债券基金只有 12 只，占 6% 的资产规模。1970 年，当时唯一的共同基金数据来源——威森伯格投资公司行业年鉴里甚至没有债券基金这一类别。但我是一个不走寻常路的人，1965 年我成为威灵顿基金管理公司的首席执行官，开始着手创建债券基金。

1969 年 5 月，行业刊物《机构投资者》刊发了一篇报道，抨击债券市场。这期封面是一头巨大的恐龙，配合标题《债券市场还有投资价值吗？》作者的立场当然是否定的。

1966 年，我牵头威灵顿基金管理公司合并了一家小型新公司波士顿投资顾问。该公司有 4 位合伙人管理着 Ivest 基金，它是当年沸腾的岁月风行一时的产物，我在第 3 章对此有过详述。Ivest 基金就像流星一般经历了短暂的辉煌之后坠入天际。

第一只纯债基金

我的波士顿合伙人不喜欢债券。当我在1970年建议设立债券基金时，他们其中一位企图阻止我。他说："你没意识到债券已成为历史，股票才是未来吗？"他的话音刚落，市场就经历了1972—1974年的大跌，跌幅达到50%。最终我说服大家创办了一只收益型基金，60%投资于债券，40%投资于高分红股票。这只基金直到今天还在运作。近半个世纪后的2018年，先锋韦尔斯利收入基金规模已经超过540亿美元。

1973年7月，我们创建了第一只纯债基金，现为先锋领航长期投资级债券基金。如今，先锋领航集团已经是行业中债券基金的领导者。

1974年先锋领航刚成立的时候，董事会阻止先锋领航为旗下自己的基金提供投资顾问服务，把投资业务全部交给威灵顿基金管理公司。但是作为首席执行官，我的职责之一是评价聘用的投资顾问的业绩——而公司几个月之前把我罢免了（见第3章）。这一事件导致了我们开始布局债券基金产品，并最终成为行业领导者。

固定久期的债券基金

1974年9月，先锋领航成立了。这时出现了一丝转机，新生的先锋领航得以创建债券基金。1976年，国会通过立法，共同基金投资市政债券的利息收益免向投资者征收所得税。从此后，市政债券成为一个新的投资品种。

首批市政债券基金是一些主动管理型基金。我在第 5 章已经介绍过，这些基金对基金经理没有任何久期约束，基金经理可以根据其对市场的判断随意延长或者缩短债券久期。我无法想象这些投资经理或者其他任何人能准确地判断利率走势。正是基于这种对择时交易的怀疑，我在两年前着手创办了第一只股票型指数基金。

这一次，先锋领航集团采取了完全不同的策略。我们成立了 3 只固定久期的债券基金——长期、中期和短期。[①]每只基金投资的都是高信用等级债券，通过发行 3 只固定久期的债券基金，我们让投资者根据自己的风险和收益目标选择适合的产品。

这一创新使得先锋领航在债券基金领域获得了竞争优势。将市政债券按久期分为 3 只基金，主动债券基金业绩的波动噪声得以消除。将债券基金按久期划分为不同种类，低成本债券的优势得以显现。

由于先锋领航集团特有的共同基金架构和一贯的低成本策略，提供固定久期的债券基金是公司的必然选择，先锋领航集团在行业中打造了低成本债券基金的良好口碑。

为了更好地贯彻这一策略，先锋领航集团需要对旗下基金的业绩表现有更强的掌控力。当时先锋领航集团的市政债券基金和货币

① 除了 3 只基金外，先锋领航集团还提供高收益免税债券基金和一只固定期限的免税债券基金。此外，先锋领航集团还创建了 7 只仅投资于单个州内的固定期限免税债券基金。

市场基金分别由花旗银行和威灵顿基金管理公司负责投资管理。

先锋领航集团的下一步工作就是设法打破陈规，让先锋领航集团能直接参与基金的投资管理业务。固定收益品种——债券基金和货币市场基金提供了这样一个机会。

先锋领航创设3只固定久期的债券基金，成为行业中的一次创举。但是我们为3只基金选择的投资管理顾问花旗银行却乏善可陈。事实证明，花旗银行投资集团的业绩并不出色。1980年，我们决定终止同花旗银行的协议。

与此同时，我们4.2亿美元资产规模的货币市场基金每年要向投资顾问威灵顿基金管理公司支付巨额的投资顾问费。我向先锋领航董事会提议改换两家投资顾问。[①] 同时，先锋领航也需要建立起自己的投资团队。只有这样，先锋领航才能获得规模效应，发挥成本优势。

1980年9月，先锋领航董事会讨论了这一议题，争论相当激烈：一方面，由于业绩不佳，更换花旗银行势在必行；另一方面，虽然撤换威灵顿基金管理公司将带来成本优势，但这一动议遇到阻力。此外，先锋领航自行组建投资团队也存在一定风险。

最后，我的提议获得了董事会的批准。我们将在先锋领航内部组建债券投资团队，命名为先锋领航固定收益团队。这是先锋领航介入资产管理的又一重大突破。1980年年末，我们成了一家全能型的资产管理机构，负责旗下所有基金的运营、分销和部分基金的投资管理。我们还创设应税债券基金，同样由我们新组建

① 1975年创立先锋标准普尔500指数基金的时候，先锋领航就已经介入基金的投资管理了。

的固定收益团队管理。

债券指数基金

先锋领航固定收益团队的第一任负责人是伊恩·A. 麦金农，来自费城的吉拉德银行。我每个月都会参加伊恩召集的工作会议。通过和他的团队的接触，我相信这个经验丰富的团队堪当重任。1986 年，我提议创建一只追踪美国宽基债券市场指数的债券指数基金。

先锋整体债券市场指数基金是先锋领航又一大创新，这只基金后来成为债券投资领域的巨无霸产品。2018 年年中，整体债券市场指数基金一号和二号两只基金管理规模总共 3 550 亿美元，毫无悬念地成为全球最大的债券基金产品。先锋领航集团管理的债券基金总规模超过 1 万亿美元，当之无愧地成为债券基金管理公司中的龙头老大。

在成功创设了债券指数基金之后，先锋领航集团再接再厉，一举创设了 7 只债券基金：1991 年成立了 3 只名为海军上将（低成本）的美国短期国债基金；1993 年成立了中期投资级应税基金；1994 年成立了短期、中期、长期债券指数基金。这 7 只基金产品在成立后规模稳步增加，到 2018 年年初总计已超过 1 450 亿美元。

此外，先锋领航集团旗下的基金中的基金、目标风险基金和目标日期基金等总共持有的债券组合规模达到 1 500 亿美元，还有大约 2 200 亿美元的货币市场基金。所有这些债券组合加总，先锋领航集团当之无愧地成为行业里固定收益基金规模的龙头老大（见图 15-1）。

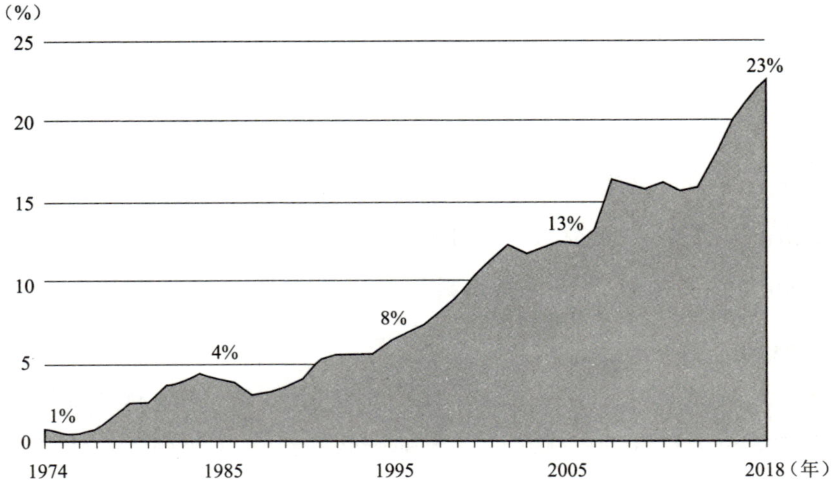

图 15-1 先锋领航债券基金的市场份额（1974—2018 年）

数据来源：威森伯格投资公司，战略洞察力网站。

先锋领航的债券指数基金、固定久期的债券基金和最低管理成本等共同成就了先锋领航集团在债券基金领域的行业领导者地位（见表 15-1）。30 年前，先锋领航集团的债券基金只占行业 4%，2005 年达到 13%，现在达到 23%，超过其他三家最大的竞争对手规模的总和。

时代不断变化，投资者对债券基金的认识也在变化。如今，固定久期的债券基金已经成为行业的标准配置。2018 年年中，先锋领航集团最早成立的几只市政债券基金全部成为行业排名前十的基金品种。先锋领航集团后来成立的应税债券基金同样遵循了我们在 1977 年首创时明确提出的固定久期策略。

表 15-1 十大债券基金管理人（截至 2018 年年中）

	管理人	资产规模（十亿）	市场份额（%）
1	先锋领航集团	1 041	23
2	贝莱德集团	418	9
3	太平洋投资管理公司	329	7
4	富达	285	6
5	美洲基金公司	146	3
6	富兰克林邓普顿	134	3
7	普信集团	115	2
8	纽文投资	110	2
9	摩根基金	104	2
10	诺德・安博特公司	99	2
	其他	1 833	40
	总计	4 612	100

低成本+被动投资

先锋领航集团成为债券基金的领导者，原因何在？我认为首先是先锋领航集团的低成本策略，其次是我们的被动投资策略。目前所有的债券基金中有 24% 左右是通过指数化方式运作的。先锋领航集团在债券指数领域是领先者，管理着 58% 的债券指数基金资产，而行业第二位的贝莱德集团只占 24% 的市场份额。

先锋领航集团的成本优势是我们成功的关键，其低成本一方面来自我们坚持的被动化投资策略，另一方面来自先锋领航集团特有的组织架构（见图 15-2）。先锋领航集团的债券基金的费率平均只有 0.17%，比我们的竞争对手（0.27%）低了40%，比行业平均水平（0.87%）低了80%。

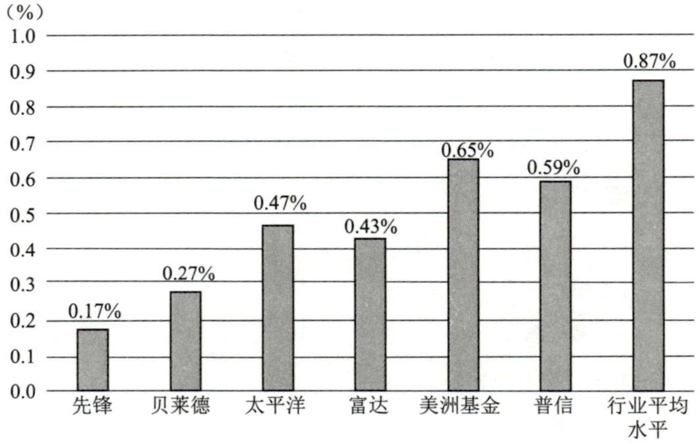

图15-2　债券基金费率（2017年）

数据来源：晨星公司。

在其他条件保持不变的情况下（就像在一个固定久期的债券基金世界一样），较低成本的基金费用能够创造更高的收益。先锋领航债券基金比同行拥有更高的收益主要基于其低成本优势。此外，免销售佣金对个人投资者和企业退休储蓄计划的管理人也有很大的吸引力。

首先，我们需要关注主动管理型债券基金和债券指数基金的费率（即年度费用与基金净资产的比值）差异。其次，我们[①]不仅关注费率

① 先锋领航的主动管理型基金的费率比同行低，即便是聘请外部投资顾问的基金也是如此。比如，先锋吉利美基金目前规模是250亿美元，费率只有0.14%，该基金由威灵顿基金管理公司管理，投资顾问费用是0.01%。2017年，威灵顿基金管理公司在吉利美基金中获得了250万元的投资顾问费，威灵顿基金管理公司总共管理着1 400亿美元的先锋债券基金，年度总投资顾问费5 750万美元。

本身的高低，还关注主动管理型债券基金费率对当期收益的侵蚀。

我们来比较一下三类债券基金。信用债券基金的总收益率为 3.05%，费率平均为 0.78%，费率对总收益率的侵蚀为 26%，实际净收益率为 2.26%。比较先锋领航的信用债券指数基金，总收益率为 3.22%，费率为 0.07%，占总收益率的比例不超过 2%，净收益率为 3.15%，比主动型债券基金高出 35%（见图 15-3）。

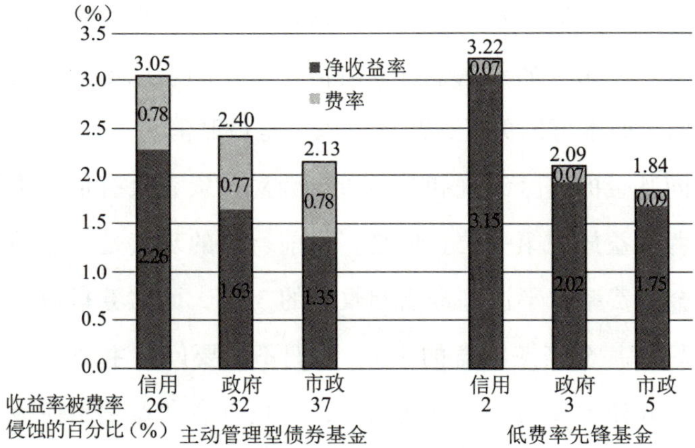

图 15-3　债券基金收益率和费率（2018 年）

数据来源：晨星公司。

同样，主动管理型政府债券的费率对收益率的侵蚀达到 32%，而低费率基金的费率对收益率的侵蚀只占 3%。主动管理型市政债券基金的费率对收益率的侵蚀达到 37%，而低费率基金费率对收益率的侵蚀只占 5%。只要简单地算一笔账，在不提高基金风险水平的情况下，选择低费率的基金能将年化收益率从 2.26% 提高到 3.15%（信用债券），或者从 1.63% 提高至 2.02%（美国国债），或者从 1.35% 提高至 1.75%（免税市政债券）。投资债券基金，千万不要忽视费率的影响。

销售佣金是拖累债券基金收益的另一个重要因素。目前，几乎所有的债券指数基金都是免佣基金。但在主动管理型债券基金中，依然有 2 300 多只基金向投资者收取销售佣金，支付经纪公司或者投资顾问的销售费用。目前，债券基金的销售佣金一般在 1% 到 4% 之间，平均水平为 2.5%。2.5% 是怎样一个水平？打个比方，相当于持有债券基金第一年的当期收益都贡献给了销售机构。这笔钱本来可以节省下来。如果基金行业对信托责任的意识更强，债券基金的销售佣金原本可以更低，甚至可以完全被取消。

共同基金的基金经理和基金董事会对投资者负有信托责任，要把投资者利益放在第一位。但是，目前行业的现实是，主动管理型债券基金的费率水平占基金当期收益的 37%，而债券指数基金的费率水平只占基金当期收益的 2%。我们不禁要问，主动管理型基金管理人收取如此高的投资顾问费用，把投资者利益置于何地？基金的销售机构履行了对投资者的信托责任了吗？经纪公司在向客户销售基金的时候，把投资者利益置于何地？我觉得现在行业是时候该好好检讨主动管理型债券基金过高的费用成本问题了。

债券投资的未来

过去 35 年里，美国债券的收益率不断大幅下行，债券价格一路攀升。彭博巴克莱综合债券指数的收益率从 1981 年的 14.6% 一路下滑到现在的 3.3%，降幅达到 83%（见图 15-4）。

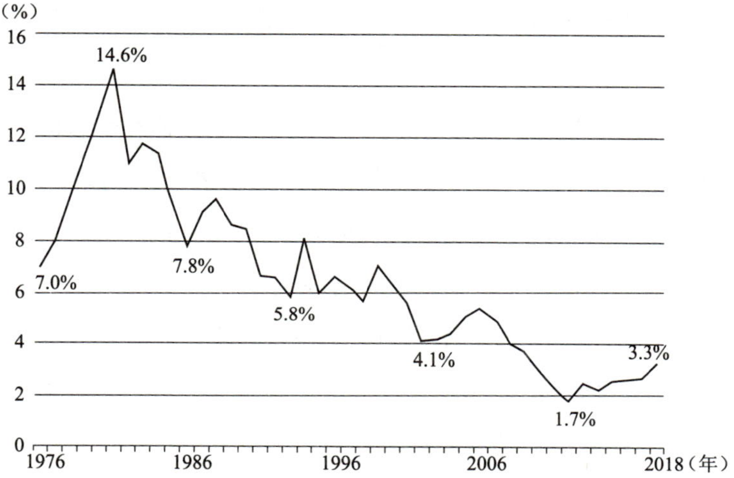

图 15-4 彭博巴克莱综合债券指数收益率（1976—2018 年）

数据来源：晨星公司。

现在的低利率已导致很多所谓的专家担心债券市场的泡沫会破裂，并导致收益率上涨和价格波动。金融市场风云突变，这样的预测也不是没有可能。但我相信即使泡沫破裂，影响的主要还是短期的投机资金，对长线投资者的冲击有限。

毕竟，如果一个投资者购买了 30 年期的美国国债，每年的票息收益是 3%，30 年后本金归还，没有泡沫风险。

对于大部分投资者来说，债券资产应当长期持有，并平衡好短债的低波动和长债的高收益，不要频繁交易，不要试图通过利率变动获取价差收益。

尽管目前处于债券低利率环境，但债券基金发展势头良好。2017 年，被投于债券基金的资产达到 3 350 亿美元，其中大约 50%（1 620 亿美元）被投于债券指数基金。得益于先锋基金的低费率、免佣金等优势，我相信未来先锋领航集团的债券指数基金规模有望持续增长。

由于利率的波动难以预测，债券资质就成为债券投资的关键因素。得益于先锋领航集团低成本优势、投资者至上的组织架构和规模效应，我相信先锋领航集团在债券基金上将继续保持领先优势，继续扮演债券市场重要的机构投资者角色。

我从来不是一个盲目乐观的人。在我看来，时代不停变化，固守旧观念、不懂得拥抱变化和投资的不确定性，必将导致失败。在第三部分，我将重点展望未来。

第16章 共同基金的失败者

第 11 章到第 15 章我们主要回顾了先锋领航集团历史最悠久、规模和影响最大的几只共同基金，主要介绍了成功的案例，但我不想给读者留下这样的印象，貌似先锋领航集团有点石成金的能力，实施的每个投资策略、聘用的每位投资顾问都能获得成功。

在本书的前几章，我曾经坦承我们在历史上犯过的错误，包括 1984 年创建先锋领航专业投资组合基金和 1995 年创建的地平线基金。这两个失败的教训都告诉我们，追逐市场热点开发的产品最后往往都会对投资者造成伤害，还会损坏基金管理人的名声。

有一些失败的案例并非源自一个错误的决定，而是来自执行的失误，这种失败往往是经年累月造成的。在第二部分的最后一章，我想先讨论两只基金：先锋美国成长基金和先锋资产配置基金。最后我想谈谈先锋成长股票基金，它天生带有投机性，是错误择时交易的牺牲品。

先锋美国成长基金

先锋美国成长基金的前身是 1959 年由威灵顿基金管理公司的

波士顿合伙人创设的 Ivest 基金。这只基金在 20 世纪 60 年代一飞冲天，但到 20 世纪 70 年代一蹶不振。1982 年，我们决定将 Ivest 基金拆分成两只基金，分别是先锋美国成长基金和先锋国际成长基金。拆分后不久，我们不再聘用威灵顿基金管理公司担任投资顾问。

更换投资顾问是一步好棋。我们选择了来自芝加哥富有经验的林肯资本管理公司担任先锋美国成长基金的投资顾问。1987 年 8 月 31 日，即 1987 年黑色星期一发生的 6 周前，林肯资本才正式接管这只基金。1987 年 10 月 19 日，标准普尔 500 指数跌去了 23%。但林肯资本的掌门人、行业传奇人物 J. 帕克 · 霍尔和他的投资团队冷静应对。霍尔以成长股投资见长，经历过比 1987 年更严重的市场波动。

从 1987 年掌管成长基金以来，霍尔和他的团队创造了优异的投资收益；到 2000 年年中，美国成长基金的年化收益率为 17.1%，而同期标准普尔 500 指数的年化收益率只有 15.6%。基金资产规模从 1.5 亿美元增长到 190 亿美元，但之后开始走下坡路。

霍尔于 2001 年退休，当时正值美国"新经济泡沫"破裂，股市大幅调整。从 2000 年的高点到 2001 年 6 月霍尔退休，标准普尔 500 指数跌了 14%，而美国成长基金下跌逾 44%。

当时我已经卸任先锋领航集团首席执行官一职。资料显示，2001 年 6 月，先锋领航集团更换了美国成长基金的投资顾问，新投资顾问是大联资产管理公司。但是它同样回天乏术。就在大联刚开始掌管美国成长基金的时候，我见到了大联的掌门人约翰 · 布兰迪。

在佛罗里达州西棕榈滩的一次欢迎活动中，我和布兰迪见了面。他说："我听说你不相信我能跑赢标准普尔 500 指数。"我小心地回答："对于任何人来说，这都不是一件容易的事。"他颇为大度地对我说："你看过我的历史业绩吗？"（当时我只知道他是明星基金经理。）

在更换投资顾问之后，基金的业绩没有多大改观。从 2001 年的高位到 2002 年的低位，标准普尔 500 指数的最大回撤是 –40%，而美国成长基金的最大回撤高达 –70%。

2010 年，我们终止了同大联的投资顾问协议。之后，美国成长基金采用多基金经理的方式运作。我们聘请了威廉布莱尔投资公司、贝利·吉福德公司、詹尼森联合公司（Jenison Associates）、杰克逊广场公司（Jackson Square Partners）和威灵顿基金管理公司共同掌管美国成长基金。从 2010 年起，该基金的平均年化收益率为 18.7%，超过同期标准普尔 500 指数的 16.4% 和大盘成长基金的 16.7%。

从中我们吸取了三个教训：第一，优秀的基金管理团队也有业绩糟糕的时候；第二，改聘基金经理能否扭转乾坤，这要靠运气；第三，基金经理的历史业绩不代表未来。最后还要补充一点，先锋领航集团采用的多基金经理制大部分时间是成功的，但多基金经理制也不是万灵药。

图 16-1 展示了美国成长基金与标准普尔 500 指数的相对累计回报率。从 1961 年投入 1 美元，计算美国成长基金和标准普尔 500 指数基金的累计回报率。将标准普尔 500 指数的回报率除以美国成长基金的回报率。曲线上扬说明我们的基金表现强于标准普尔 500 指数。我把这一图线叫作 1/1 图，我发现它在评估共同基金的长期收益时非常有用。

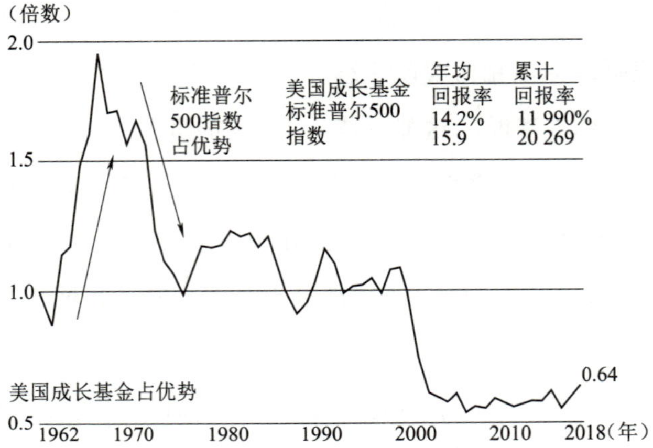

图 16-1 美国成长基金与标准普尔 500 指数累计回报率（1961—2018 年）

数据来源：先锋领航集团、晨星公司。

57 年来，美国成长基金的累计回报率是 11 990%，而标准普尔 500 指数的累计回报率是 20 269%。美国成长基金的相对业绩甚至跌到过 0.64。这样的业绩是很难让投资人满意的。此图还展示了均值回归的威力。在 20 世纪 60 年代末 70 年代初沸腾的岁月中，Ivest 基金一飞冲天，业绩表现一度超过标准普尔 500 指数两倍多。但是到 1973—1974 年的熊市，基金业绩一落千丈，大幅跑输指数。

之后该基金又经历了两轮业绩波动，先跑赢，后跑输大盘指数；然后，到 2000 年熊市，业绩一落千丈。之后，美国成长基金业绩稍微跑赢标准普尔 500 指数，没有再出现大起大落。

先锋资产配置基金

创建先锋资产配置基金纯属偶然。当时，我对传奇的量化投资

经理威廉 · L. 福斯和他创建的梅隆资本管理公司很感兴趣，我很想聘请梅隆资本成为我们新的资产配置基金的投资顾问。

这只新基金的策略是灵活的战术资产配置，即基金经理可以根据对未来市场的判断调整持仓中股票资产和债券资产的比例。先锋领航集团的部分董事会成员对这一策略的长期有效性深表怀疑。尽管如此，董事会还是批准了基金的发行，基金 1988 年 11 月 3 日成立。

先锋资产配置基金的缺省资产配置是 60% 的股票（标准普尔 500 指数）和 40% 的美国国债。根据国债收益率和标准普尔 500 指数收益率的相对比值，基金经理可以提高或者降低股票的持仓比例。该基金的业绩比较基准为 60% 的标准普尔 500 指数加 40% 的美国整体债券指数。

尽管很难相信如此简单的策略能创造持续的超额收益，但从 1989 年到 2007 年，先锋资产配置基金的年化收益率达到 11.2%，超过 60/40 股票和债券组合 10.0% 的年化收益率。2007 年年末，该基金资产规模达到 116 亿美元。

几乎一夜之间，该基金业绩发生突变。2007 年年末，该基金几乎 100% 的仓位配置在权益资产；而之后市场从最高点下跌了近 50%。当时我已经退居二线，无法解释当时出现的情况。

2008 年，基金的回报率是 –36.3%，比平衡指数组合 –22.2% 的表现差许多。2009 年到 2010 年，资产配置基金依然没有起色。从 2007 年到 2011 年，基金累计回报率是 –13.7%，而平衡组合基金的累计回报率是 10.0%。2012 年伊始，该基金的资产规模已经缩水到 20 亿美元以下。先锋领航集团最后决定将它与平衡型指数基金合并。先锋平衡指数基金的资产保持 60/40 的恒定股债配置。

由图 16-2 可见，资产配置基金整个生命周期累计收益回报率同先锋平衡指数基金的累计回报率几乎相同。[①]（右下角的 0.97 接近 1.0，表示两者回报率很接近。）但先锋资产配置基金的业绩波动却比指数基金大很多：1996 年之前跑赢指数，之后遭遇两波下挫，到 2006 年之前又是一轮涨幅，之后业绩突变。事实证明梅隆的投资策略是失败的。

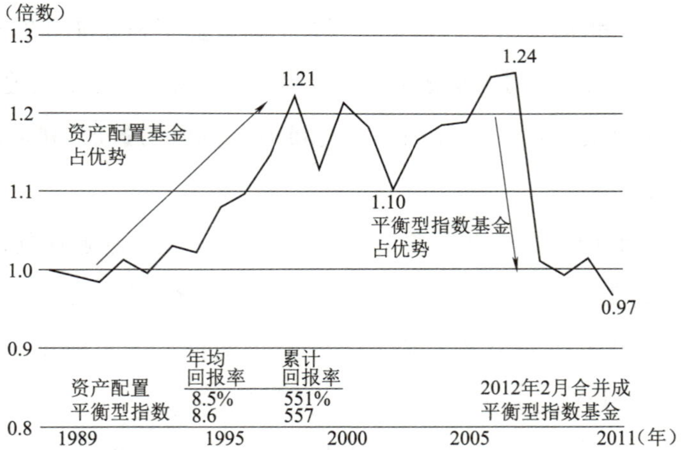

图 16-2　先锋资产配置基金与先锋平衡指数基金累计回报率（1989—2011 年）

数据来源：先锋领航集团、晨星公司。

先锋成长股票基金

前述的两只基金——1983 年创立的先锋美国成长基金和 1988

---

① 先锋平衡指数基金 1993 年以前的年回报率根据其 60/40 追踪标准计算得出。

年创立的先锋资产配置基金是由我亲自参与创建的，因此我对这两只基金的失败负有责任。1996 年我退居二线，之后发布的新基金和我没有关系。这里我想谈谈 2000 年 3 月在牛市最高点时先锋领航创立的先锋成长股票基金。

先锋成长股票基金的前身是 1992 年创立的特纳成长股票基金，管理人是特纳投资公司。在被并入先锋领航集团之前，该基金业绩优异，平均年化收益率为 23.4%，大幅超越标准普尔 500 指数的 19.4%。

特纳投资公司管理的成长股票基金持仓偏向于科技股，基金在新经济泡沫时代业绩表现出色。但基金的资产规模一直不大，到 1999 年年末只有 2 亿美元。特纳成长股票基金被并入先锋领航集团后，先锋领航集团继续聘用特纳投资公司担任基金的投资顾问，同时派出先锋领航集团的人担任基金董事。

先锋领航集团吸收特纳成长股票基金的目的是做大基金规模。但我们足够清醒，明白该基金过去业绩优异，只是因为站在了科技股的风口上。果然，当科技泡沫破灭后，该基金的业绩一落千丈。

先锋领航集团吸收成长股票基金的最初一段时间内，每个月都能吸引数亿美元的申购资金。其规模从 1999 年的 2 亿美元涨到 2001 年年初的略低于 10 亿美元。

但是投机资金的期望最终落空了，基金之后的业绩表现也玷污了先锋领航集团和特纳投资公司的美名。从 2000 年到 2003 年年初的市场最低点，基金累计回报率为 –61%，而同期标准普尔 500 指数的累计回报率为 –38%。如此糟糕的表现是投资人难以接受的。

到2002年年末，该基金资产已经缩水到5.4亿美元。之后规模有所增大，到2007年达到12亿美元（主要原因是市场复苏）。之后标准普尔500指数大跌50%，该基金资产再度缩水到5亿美元。当时该基金的表现和标准普尔500指数已经相当接近，这和该基金最初的投资风格已大相径庭。2014年2月24日，先锋成长股票基金被并入先锋美国成长基金。

从图16-3可以看出，先锋成长股票基金在新经济泡沫破裂前表现优异，但就在先锋领航集团将它纳入麾下之后业绩就现出了原形，之后再没有大起色。

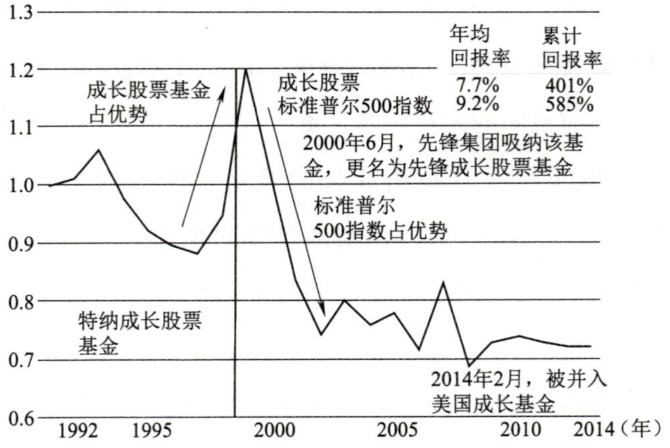

图16-3　先锋成长股票基金与标准普尔500指数累计回报率（1992—2014年）

数据来源：先锋领航集团、晨星公司。

对于美国成长基金、资产配置基金和成长股票基金，我想多说一两句：资产管理远没有想象的那么简单。托尔斯泰说过一句话："即使最好的将军也会犯错。"事后总结一下，坚持以下七条原则也许可以帮助我们避免做出错误的决定：(1) 具备良好的判断力；(2) 认真研究基金的持仓；(3) 认识到基金的生命周期往往长过基金管理人；(4) 认识到好的营销策略往往不能带来好的投资结果；(5) 基金历史业绩不代表未来；(6)“常在河边走，哪有不湿鞋”；(7) 基金业绩的相对可预期至关重要。清醒地认识过去能帮助我们在未来避免犯相似的错误。

我相信对于大部分投资者而言，持有标准普尔500指数基金等传统的指数基金符合以上七条原则。在先锋领航集团过去半个世纪的历史中，我无数次地传达过这样的理念。尽管指数基金的想法听上去如此简单，但不管对于公司还是投资人和股东而言，它都是正确的选择。

最后我想谈谈资产结构的变迁。读者在阅读先锋领航集团历史的过程中，可能注意到了几条关键的投资策略贯穿于先锋领航集团和其前身威灵顿基金管理公司的发展历程。比如，从1928年到1958年，我们100%的资产被投于单一的平衡型基金，而到了2018年，先锋领航集团只有4%的资产被投于主动管理型混合基金。

先锋领航集团管理的主动管理型股票资产占比在1979年达到最高45%，到2018年占比只有9%；主动管理型债券资产占比在1986年达到最高39%，到2018年占比只有9%；货币市场基金资产占比在1990年达到最高39%，到2018年占比只有5%。指数基金是目前先锋领航集团最大的资产类别，占比从1975年的0到今天的74%。

表 16-1 先锋领航集团管理资产类别（2018 年）

类别	最高占比（%）及年份（年）	目前占比（%）
主动管理型平衡基金	100（1929—1957）	4
主动管理型股票基金	45（1979）	9
主动管理型债券基金	39（1986）	9
货币市场基金	39（1990）	5
指数基金	74（2018）	74

数据来源：威森伯格投资公司，战略洞察力网站。

直到 1990 年，先锋领航集团管理的指数基金规模只有公司管理基金总规模的 6%。那时候，先锋领航集团还在多点布局，扩充产品线；一直到指数基金的规模出现爆发式增长。今天，我敢大胆预测，未来指数基金占先锋领航集团管理资产的规模还将继续增长。

当然，先锋领航集团和指数基金在未来都将面临挑战。目前股票的估值已经远高于历史水平，投资者的收益预期如果完全基于历史回报，估计他们最终会失望。此外，如今指数基金的规模集中在三家公司——先锋领航集团、贝莱德集团和道富环球投资管理公司。这三家公司集中持有美国公司的股票，这也可能带来一些其他问题。我将在本书第三部分“投资管理行业的未来”中讨论这些问题。

第三部分

投资管理行业的未来

STAY THE COURSE

第三部分与前两部分不同。这里，我想谈谈投资管理行业的未来。我们可以说变化贯穿了整个共同基金行业的发展史：最开始只有少数几家公司，主要投资蓝筹股；之后行业经历了沸腾的岁月，炒作之风盛行；然后是货币市场基金崛起；再后来是明星基金经理独领风骚；现在到了指数基金大发展的时代，从最初的传统指数基金到近年来流行的交易型开放式指数基金……可以预见，变化依然是共同基金行业的主题。

在本书第三部分，我想谈谈未来投资管理行业面临的三个主要挑战。第 17 章讨论共同基金的组织架构问题，也就是共同基金如何做到真正的互惠，即将投资人的利益放在第一位。

第 18 章讨论像标准普尔 500 指数这样的宽基指数，驳斥学术界对它的不实之词；另外还想谈谈大量机构持有指数基金带来的影响。

第 19 章我将大胆预测联邦政府对共同基金和其他资产管理行业新的立法及其影响。我把这项法规称作《2030 金融机构法案》，当然，2030 这个年份纯属我的臆测。《2030 金融机构法案》将取代古老的《1940 年投资公司法案》，这项法案主要监管的是封闭式基金，而这类品种现在早成了明日黄花。《1940 年投资公司法案》难以应对目前出现的新挑战，比如指数基金的崛起。在第 19 章最后，我还要谈谈其他几个新出现的问题。第三部分有一个共同主题，就是以投资者利益为先。

第 17 章
共同基金的“互惠”

共同基金的发展（1951年和2018年）

我想援引我 1951 年在普林斯顿大学完成的毕业论文的最后一句话作为本节开始的论述：

> 共同基金通过以下两项功能实现其经济效益：助力经济增长，让个人和机构投资者分享经济成长的果实。

正如我们现在所知，我在 1950 年至 1951 年研究过的规模只有 25 亿美元的小型共同基金行业，今天已经达到了 20 万亿美元的规模。共同基金持有的股票占到美国所有上市公司投票权的 30% 左右，远高于 1951 年时的 1%。得益于“二战”结束后股市的上涨，基金行业迎来了大发展。尽管如此，共同基金行业作为一个整体是否真正让投资者分享了经济发展和上市公司价值增长的成果呢？在我看来，它做得还很不够。

价值创造之败

自 1924 年美国第一只共同基金创建至今，已经过去近一个世纪。但直到最近十几年，投资者才真正认识到这样一个事实：

> 股市收益最终来自上市公司，而金融市场的存在会侵蚀收益。

先锋领航集团一直坚信，机构投资者虽然标榜能跑赢市场，但大部分时间，共同基金行业难以战胜市场。基金投资者的收益被过高的成本和费用侵蚀了，整个行业无法实现对投资人的承诺。

基金经理无法为投资者创造价值，尽管听上去有点儿耸人听闻，但我们的这一论断现在已经被广泛接受。由此引来了共同基金行业一场波澜壮阔的指数基金革命。这场革命的领导者就是先锋领航集团。

保罗·沃尔克力挺指数基金

作为指数化投资的倡导者，我得到了保罗·沃尔克的有力声援。沃尔克是美国历史上最伟大的金融业领导者之一，他于 1979 年到 1987 年担任美联储主席。他曾说：

> 指数基金的投资理念基于这样一个简单的逻辑，即大部分的主动基金经理无法战胜市场。今天，共同基金行业几乎就代表着整个市场。作为一个整体，即使不算上任何成本，也不考虑效率损失和税费因素，他们也难以打败市场。如果算上种种拖累因素，可以说能持续战胜市场的基金经理犹如凤毛麟角。

基金经理也许很难接受这样的结论。约翰·博格的观点在行业中被当作异端邪说。他自己也承认，先锋领航集团特有的组织架构和管理风格是难以复制的。

我们大多数人都利用共同基金和其他集体投资机构来管理我们的储蓄。我们都要感谢博格，感谢他对投资者利益至上这一理念的坚持。①

特殊的组织架构

保罗·沃尔克的这段话道出了先锋领航集团一直坚持的目标，即投资者利益至上。对于我来说，这意味着共同基金必须真正为投资者所有。今天，真正做到这一点的只有先锋领航集团。

先锋领航集团是行业里唯一一家由基金管理自身事务的公司。行业内其他公司无外乎三种情况：个人所有、共同所有，或者由国内外大型金融机构所有。

在以上三种公司结构中，基金管理公司寻求的是股东的资本回报最大化，这主要基于基金管理费收入。但是这一目标直接同基金投资者的利益相冲突，投资者追求投资回报的最大化。可管理人拿走的每一分钱都是共同基金投资者的收益。

从表面上看，管理着 1 000 亿美元资产的基金公司需要聘请外部机构处理基金事务，聘用投资顾问，并把基金份额卖给投资人。但是，行业中只有先锋领航集团一家实现了真正的投资人自治。

为什么大基金公司要请外部机构？因为这是公共基金行业的潜规则。假若这样的公司治理结构不违反《1940 年投资公司法》，那

① 摘自保罗·沃尔克为《博格投资——聪明投资者的最初 50 年》一书所写的序言。

么其实质与该法案精神是相悖的。1981 年美国证券交易委员会做出这样一项决定:

> 《1940 年投资公司法》的主要原则之一,是共同基金的运作必须坚持投资者利益的最大化,而不是外部投资顾问、承销商等机构利益的最大化……先锋基金的运作秉承了这样的原则。[①]

在此之前,我在本书第 1 章曾提到美联储前主席科恩在 1966 年的一段话,他一针见血地指出基金行业存在的问题,我在这里再次引用:

> 最主要的原因在于……其实这些基金仅为基金管理公司与基金销售机构赚了大钱。

共同基金组织架构以管理人赢利为目的,这有没有错呢?也许,存在的就是合理的。但我认为如此的结构同《1940 年投资公司法》的立法精神是冲突的。

独立董事制度形同虚设?

《1940 年投资公司法》要求,投资公司必须接受独立外部机构的监督。但这项制度基本上形同虚设。目前大部分所谓的外部董事

---

① 美国证券交易委员会行政诉讼文件第 3-5281 号,1981 年 2 月 25 日。

（表面上独立于基金管理人）领取高额报酬[①]，又不用承担太多义务，对管理人的不当行为睁一只眼闭一只眼，对业绩不佳、高额开支和不当营销等手段都无所作为。

对基金外部董事提出质疑的不光我一个人。巴菲特曾经说过，独立董事本应该充当凶悍的猎狗角色，可事实上，大部分独立董事是看到主人就摇尾巴的宠物狗。[②]

共同基金的成长

共同基金就像一名婴儿，基金管理人充当着父母的角色。有时候，作为父母的管理人会做一些投机取巧的事情，比如为了追逐短期的商业利益迎合市场热点，获得高额的管理费收入。有时候，管理人甚至以盈利为目的转让牌照。[③]巴菲特曾经严厉地批评过共同基金管理人放弃对投资人的信托责任变现收益的行为。

> 在管理人挂牌出售公司的时候，为什么共同基金的董事会不选择最符合自身利益的竞价者，而是选择出价最高的机构？如果选择前者，可以省下一大笔费用。转让方无视信托责任，却通过出售公司大赚一笔。要是独立董事发挥作用，受让方本可以以更低的成本运作现有基金。

① 行业最大的五家共同基金支付独立董事一年的报酬平均达到 40 万美元。

② 伯克希尔·哈撒韦公司股东年会，2009 年 5 月 2 日。

③ 我曾多次撰文批评共同基金行业股东利益和投资者利益冲突的问题，以及基金管理人以盈利为目的公开上市等问题。见《共同基金常识（10 周年纪念版）》（约翰·威利国际出版公司，2009 年）。

和孩子一样，共同基金会慢慢长大，甚至衰老。父母照顾得当，孩子就可以独立成长，开始自己的生活，建立起自己的价值观。但共同基金行业的现状却不是如此。共同基金一直没能真正脱离创办它的母体独立发展。

托马斯·潘恩 1776 年的《常识》一书吹响了美利坚殖民地摆脱英国统治的号角。在书中，潘恩做了这样的类比：

> 人的前 20 年的人生，是为之后 20 年做准备的……让一个岛国永久统治这片广袤的大陆，这是不可想象的事情。

先锋领航试验

先锋领航是行业中独树一帜的公司。先锋领航创办（或者重生）于 1974 年。先锋领航的建立过程就是威灵顿基金长大成人、脱离母体的过程。[①]我们把这个过程叫作"先锋领航试验"。我们打破了共同基金行业既有结构，推动了指数基金的建立。目前，指数基金已经占到了先锋领航集团管理资产规模的 3/4 和先锋股票型基金规模的 1/2。

从指数基金到之后的交易型开放式指数基金，指数投资在全球投资管理行业得到广泛应用。但是我们的另外一项创举——共同基金的组织架构尽管获得了同样巨大的成功，但 44 年来却没有为同行所仿效。[②]

---

①　见本书第 2 章。

②　我经常问自己一个问题，没有追随者，我还算名副其实的行业领导者吗？

共同基金互惠模式时代即将到来

除先锋领航集团之外，共同基金行业普遍存在的组织架构早已不适应行业发展的需要，我相信在未来 10 年或 20 年内必将发生变化。推动变化的因素不会来自内部，而是来自投资者降低基金运作费率的要求。投资者越来越意识到成本节约所带来的复利优势。①

尽管先锋领航集团的成功经验有目共睹，但这些年来没有哪家机构愿意追随先锋领航集团的脚步，改革基金行业的组织架构。不是我宣传呼吁得不够，而是推动行业变化的真正时机未到。

第一次失败的尝试：IBM 基金

类似的契机第一次出现在 1994 年。当时 IBM（国际商业机器公司）为鼓励雇员进行退休储蓄，发起了一系列共同基金，主要是指数基金，交由 IBM 下属的信用投资管理公司管理。当时基金规模有 6.5 亿美元。IBM 决定将基金转手，于是公开挂牌拍卖。

我得知此消息，抓住机会向 IBM 基金的独立董事提交了我们的方案，我们没有提交给 IBM 的母公司，是因为我们明白 IBM 拍卖公司的目的是赚钱。我们设想，即使方案不被接受，至少我们努力了。

① 很少有投资者知道，如果股票市场的总回报率是 7%，今天投资的 1 美元，50 年后（对于年轻人来说，50 年投资期限的假设是合理的）将变成 29.46 美元。如果每年的投资成本是 2%，股市扣费后年均回报率是 5%，那么 1 美元在 50 年后只有 11.47 美元。

当时我们的董事总经理杰里米·G. 达菲尔德代表先锋领航集团向 IBM 提出：我们将 IBM 基金同先锋领航集团的同类指数基金合并，但我们不会因此向 IBM 支付费用。尽管如此，由于先锋指数基金的费率很低，合并后第一年就能为基金持有人（主要是 IBM 的在职员工和退休员工）节省 120 万美元的支出。①

最后我们没有赢得竞标，IBM 将基金作价 1 400 万美元出售给了罗得岛的 Fleet 金融集团。②

对这样的结果我很失望。在我看来，IBM 基金的独立董事将股东的利益置于投资人的利益之上。当时我情绪激动，做了一件前所未有的事情。

我同《华尔街日报》记者萨拉·克利安见了面，并把这事情告诉了她。两天后她写了一篇报道。1994 年 4 月 26 日，一篇题为“IBM 出售基金遭诟病”的文章上了《华尔街日报》头版。

在撰写这篇报道的过程中，萨拉·克利安给 IBM 基金的三位独立董事打了电话。一位拒绝发表评论；一位进行辩解；还有一位是哥伦比亚大学教授麦克·图希曼，他的回答是“我不知道这件事”，然后匆匆挂了电话。

第二次失败的尝试：普特南

第二次机会出现在 2007 年。普特南管理公司曾经是共同基金

---

① 我们比较当时先锋 500 指数基金的费率 0.19% 和 IBM 基金的费率 0.40%，先锋领航集团的成本优势超过 50%，到 2018 年，先锋领航集团费率进一步降低到 0.04%，下降了 79%。

② IBM 同 Fleet 金融集团的协议早已不复存在。但是让人欣慰的是，如今 IBM 的 401（k）计划大部分被投资于指数基金，平均费率只有 0.12%。

行业早期的领导者。1965 年公司进行首次公开募股，1970 年被保险经纪商威达信集团（Marsh & McLennan）收购。

这项收购让威达信集团获得了一棵摇钱树，但对于普特南管理公司的基金投资人来说，这却是一场灾难。举个例子：普特南在发行一只名为高收益政府信托基金的过程中向投资人误导高收益。当时美国长期国债收益率为 6%，而基金鼓吹的收益率能达到 12%。最后基金的实际收益远不及承诺的水平。基金分红大幅降低，规模不断缩水，对投资人造成很大伤害，基金的大部分投资人是主要依靠基金收益维持生活的退休职工。

在 2000 年到 2003 年的熊市中，大部分普特南旗下的权益类基金业绩跳水。当然我们不能把所有问题都归咎于威达信集团的不当管理。但不可否认的是，威达信集团采用激进的营销方法和高风险的投资策略导致基金业绩大幅跑输市场基准。

业绩不佳仅仅是普特南基金面临的部分问题，更重要的是道德沦丧。公司的基金管理人深陷所谓的“跨时区交易”的丑闻，这严重损害了投资者的利益。其主要方式，是投资人在纽约时间下午 4 点的时候进行的一笔跨时区的交易，净值计算使用的是基金当天的公允价值，但交易发生的实际成本是亚太时区 14 小时之前的收盘价格，其中存在着套利空间。直到引起当年纽约州总检察长艾略特·斯皮策的关注之后，这种不法行为才被遏制。

普特南管理公司的总裁劳伦斯·拉瑟通过这些不当交易获得巨额报酬（媒体报道高达数亿美元），普特南基金的所有者威达信集团赚得盆满钵满，受害的只有普特南基金的投资者。（拉瑟最后被美国证监会罚款 7.5 万美元。）[①]

普特南基金投资失败加上丑闻缠身。我相信这是一个极佳的介入机会，彻底改变公司的组织结构，把它变成真正的"互惠基金"。2008 年年初，我同普特南基金的董事长见面。尽管他名义上是独立的，但其实他曾经担任威达信集团的高管。另外我还同基金的其他两位独立董事进行了会面。我提出的建议是将基金改造成互惠架构，引入新的独立管理团队，但保留现有人员，大幅削减投资顾问费用。他们三人不约而同地拒绝了我。

2007 年年末，威达信集团将普特南基金以惊人的 39 亿美元卖给了加拿大金融巨头大西部人寿保险公司。基金所有人又一次大获全胜，基金投资者再一次遭受重创。10 年来，基金业绩乏善可陈。它对受让方来说也不是一笔好买卖，因为基金规模从 2000 年年初的 2 500 亿美元缩水到 2018 年年中的 720 亿美元，减少了 70%，而其间股票市场的累计回报率是 140%。普特南基金已经回天乏术了。

在以上两个案例中，我都向独立董事提出了改造的建议，但两次均以失败告终。但是我们并没有停止努力。

在基金行业的现状下，我的态度显得有些不合时宜。当前基金行业的激励有利于基金管理人，而不是投资者。但我相信改变一定会发生，我判断最可能发生变化的公司有以下特征：（1）管理资产规模巨大；（2）业绩不佳；（3）费率过高；（4）管理人道德缺失；（5）发生并购，细节被质疑；（6）基金董事会拥有强势的核心人物；

① 我在《文化的冲突》（约翰·威利国际出版公司，2012 年）一书中对普特南基金卷入的丑闻有更完整的叙述。

（7）监管当局加强对管理人信托责任的要求。

此外，来自基金行业的自发要求也不容忽视。如今行业的价格竞争越来越激烈，不排除有公司会通过改造公司架构的方式来削减基金开支，应对价格竞争。亚当·斯密曾说过：“消费是一切生产的唯一目的。”（同样，投资者的利益是共同基金的唯一目的。）我相信这一天终会来临。

美国证券交易委员会的声音

1965年，美国证券交易委员会向国会提交了名为《投资公司发展对公共政策的影响》（PPI）的报告，美国证券交易委员会将互惠模式称为共同基金的“内化”。报告中这样说：

> 美国证券交易委员会目前尚不会进一步立法，强制要求投资公司进行组织架构的内化。如此措施将直接影响当前基金行业外部管理架构造成的对费用报酬的负面效应，以及其他基金和外部服务机构的利益冲突。
>
> 基金达到一定规模后，投资顾问协议给基金带来的收入对基金投资行业的发展影响深远……美国证券交易委员会认为，可以鼓励尝试采用其他内化组织架构的方式，允许管理公司收取合理报酬[①]……这一措施还将解决过去几年管理公司在薪酬分配方面存在的问题。美国证券交易委员会不排除考虑采取更为

① PPI是1970年《1940年投资公司法案》修正案的基础。但美国证券交易委员会试图建立合理报酬标准的努力最终受到了基金行业和游说团体的侵蚀。前一版相对强硬的表述也有所修改。

全面的措施。

如今，公共政策制定者对于《1940年投资公司法》和当前行业普遍采取的做法之间的差异的容忍程度，将影响监管当局对“互惠基金”进行行业立法的态度。

从1965年美国证券交易委员会发布这份报告至今，主动管理型股票型基金规模已经从350亿美元上升到7.5万亿美元。但是其资产加权费率从0.50%提高到了0.78%。投资者支付主动管理型股票型基金的费用从1965年的1.76亿美元上升到了570亿美元。管理规模增长了21 000%，但费用支出增长了32 000%。

总结起来，尽管行业规模提升导致了规模效应，但几乎所有规模经济的效益都成了基金管理人的利润。基金投资人并没有从规模效应中获益。现在是时候考虑“更为全面的措施”了。

第 18 章
标准普尔500指数基金面临的挑战[①]

上一章讲到我努力推动行业公司治理结构的改变。这一章主要谈谈我对共同基金产品的改革理念。我所谓的共同基金，指的是大型、分散化的投资组合，往往持有同一行业中多个公司的股票。目前有不少学术文献对共同基金提出各种质疑，而标准普尔 500 指数基金又是其中的众矢之的。

指数基金已被认作“为个人投资者创造的最重要的金融产品”[②]，尽管如此，我还在时不时地出面为指数基金辩护。

正如我在书中多次强调的，指数基金在共同基金行业取得了巨大的成功。1987 年，指数基金的规模只占到股票型共同基金资产规模的 2%，现在，指数基金即将占到股票型基金规模的一半以上。指数基金改变了投资人对资产管理行业的认识，指数基金也推动了基金成本的阳光化。

正因为这些成功，最近几年指数基金遭遇各种质疑。这听上去可能有点儿不可思议，指数化投资理念确实让投资人分享了股市和

① 大型、分散化的股票投资组合面临类似的挑战。
② 摘自伯顿·马尔基尔给本书撰写的序言。

债市的收益，质疑的声音主要来自主动管理型基金经理和学术界。

来自华尔街的质疑

显然，华尔街并不喜欢指数基金。因为指数化投资理念认为主动管理型基金经理无法持续创造超额收益，指数基金不产生投资顾问费用，指数基金换手率通常很低，等等。通常，我对来自华尔街基金经理的质疑不屑一顾，因为大部分的质疑都空洞而主观，根本不值得认真对待。

正如资产管理公司联盟伯恩斯坦曾经发布白皮书，宣称"指数基金比激进思想更糟糕"。《华尔街日报》专栏文章呼吁指数基金的投资者用脚投票。而资产管理公司骏利亨德森投资认为，指数基金的投资者应当将其投票权转让给主动管理型基金。这些指责在我看来都是无稽之谈。

来自学术界的质疑

学术界对指数基金的质疑声音更大。这些质疑集中在所谓的"普通所有权"问题上。文献指出，资产规模庞大的指数基金会同时持有大量的相互竞争的上市公司股票，而这将不利于行业内的竞争。比如，标准普尔 500 指数基金持有大量的航空股，于是批评者认为，基金将不鼓励航空公司进行同业竞争。[①]

尽管这些学者并没有提出有力的证据证明这个问题确实存在，

① 有意思的是，批评者总是拿航空业说事儿，从来不谈其他行业。

但他们提出了解决方案。在一篇名为《限制机构投资者反竞争能力的建议》[①]的文章中，芝加哥大学法学院教授埃里克·波斯纳，微软研究中心首席研究员、耶鲁大学访问学者格伦·韦尔和耶鲁大学教授菲奥纳·斯科特·莫顿提出，大型机构投资者，包括主动管理型基金和指数基金，应当只投资某个行业的单个上市公司。

他们的论据是，如果大型机构投资者持有一个行业多家公司的股票，他们就会或明或暗地要求这些公司降低员工薪酬，提高产品价格以使利润最大化。这就被认定是反竞争行为，直接违反了 1914 年的《克莱顿反托拉斯法》。

这一建议如果被立法通过，就会对主动管理型共同基金造成重大打击，因为基金分散化的效果会被削弱。此外，它对指数投资、对标准普尔 500 指数基金的影响也将是致命的。对于大型基金组合而言，分散化投资的重要原则将会被定义为非法。

此外，定义清楚哪些股票属于同一行业也不那么简单。学者们没有明确，指数基金需要卖出多少只股票才能满足要求。为此我给他们写了两年的信，问他们一个简单的问题：标准普尔 500 指数基金可以持有多少只股票？指数名称是叫标准普尔 143 指数、标准普尔 215 指数，还是标准普尔 350 指数好？他们从来没有正面回答我的问题。

多少行业合适？

文章作者提出了 49 个不同的行业，并且指出确切定义一个行业不是一件容易的事情。他们认为实际行业数应该比 49 更多。比

① 《反垄断法》期刊，2017,81（3）。

如标准普尔公司定义了 135 个行业和子行业，如果这样，那么标准普尔 500 指数就应该叫标准普尔 135 指数。

学者们没有提出他们自己的行业概念，而是把这项任务交给了政府反垄断机构（在美国，它指的是司法部和联邦贸易委员会）。这真是个糟糕的主意。

为什么要消灭指数基金?

我觉得这根本不是问题所在。如今每只标准普尔 500 指数基金（以及每只大盘指数基金）都可以选择买入行业中不同的公司或卖出部分公司，就像主动管理型基金一样。但频繁买进卖出增加了交易成本。这样一来，它们就不再是指数基金了。

而且这样做，每只标准普尔 500 指数基金的收益就会有差异，它们互相就会产生竞争，这使得指数基金的低成本优势荡然无存。这项建议尽管标榜是在推进投资民主化，但实际会摧毁指数基金。①

同时，学者们也没有考虑到这样做带来的税收负担。为了满足他们的要求，指数基金得卖出几百只甚至几千只个股，而这些个股买入成本远低于现在的市值。我估算投资者的资本利得 2 000 亿美元，可能要缴纳 250 亿美元的潜在税款（投资于税收递延退休账户指数基金的投资者不受影响）。

帕斯卡的赌注：结果比概率更重要

我不禁想起了帕斯卡关于上帝是否存在的赌局。他的结论是：

① 甚至美国联邦政府 5 000 亿规模被动管理的养老储蓄计划也将不复存在。

结果比概率更重要。先来说概率。只允许指数基金在一个行业投资一家公司能降低垄断风险，这一判断是难以量化的。但后果是这样做会破坏指数基金分散化投资的优势。标准普尔 500 指数基金将不复存在。这对投资者带来的伤害是难以估量的。而这造成的后果比可能的反垄断效果要严重得多。政策制定者必须权衡公众利益和可能的危害。

指数化投资面临挑战

尽管限制机构投资者的持股听上去荒诞不经，但指数基金和机构管理的其他组合这些年的规模增长确实引发了一些议论，这也是正常现象。如果这种趋势持续下去，也许有一天，大型机构投资者将垄断美国每一家大公司的投票权。

在美国，指数基金增长迅速。其持股市值占美国股市总市值的比重从 2002 年的 3.3% 提升到 2009 年的 6.8%，再到 2018 年的 14%。其他共同基金持有美国股市市值约 20%，这使得共同基金的总持股比例达到近 35%，共同基金成为美国最主要的普通股单一持有者。

美国机构投资者（包括养老计划、储蓄计划和共同基金等）总共持有美国股市总市值的 63%。我们需要密切关注机构投资者持股的现象，要认真研究这一现象对金融市场、公司治理和公共政策的影响。

寡头垄断现象

我们还必须关注指数投资本身可能带来的寡头垄断现象。[①]行业中有三家公司瓜分了指数基金市场80%的份额。其中先锋领航集团占据50%的份额，贝莱德集团占据20%的份额，道富环球投资管理公司占据10%的份额。指数行业的寡头垄断现象跟企业的寡头垄断有本质的不同，但我相信政策制定者一定会关注指数基金行业寡头垄断造成的持股集中等问题。

指数基金的寡头垄断有一个特点，就是指数基金的寡头机构能吸引资金，靠的不是行业壁垒（虽然规模优势效应是其他机构难以复制的），而是价格优势。到2018年年初，指数基金的费率水平已经降到了资产的0.04%（4个基点）。

低费率意味着基金管理人的低利润。先锋领航集团一直以来将运营开支压缩到成本线水平，不以盈利为目标。简单来说，大部分主动管理型基金管理人不喜欢被动型产品的理由，就是指数基金节省的开支都成了投资者的收益。

寡头垄断的结果是消费者承担更高的价格。但在指数投资领域恰恰相反，随着投资者成本意识的提升和指数基金规模效应的显现，投资者承担的费率趋于零。2018年8月，富达成立了两只费率为零的指数基金。

目前，美国公司的投票权向大型机构投资者集中的趋势越来越明显，对于指数基金而言，需要引入更多的竞争。但是对于主动管

① 经济学意义上的寡头垄断，指的是市场中只有少数几个卖家面对大量的买家，卖家有抬高价格的意愿。而指数基金的寡头垄断现象指的是行业中少数机构争相压低费用，将潜在的以盈利最大化为目标的竞争对手排挤出市场。

理型基金经理来说，进入被动投资领域无利可图。

很多观察家指出，指数基金成为美国公司大股东的趋势将会越来越明显，市场也需要更多的被动型产品。他们甚至认为被动基金即便持有美国公司 80% 的股票都不是问题，对此我不同意。如果所有被动基金持有美国上市公司 80% 的股票，那么大型共同基金至少持有 30% 的股票。我认为这种集中不符合美国的国家利益。

新镀金时代?

指数基金面临的种种非议当中，有一项是我比较忧虑的：它会加剧美国家庭的收入差距，使美国进入新的“镀金时代”。格伦·韦尔和埃里克·波斯纳 2018 年 5 月 1 日在《纽约时报》撰写了一篇专栏文章，名为《新镀金时代背后真正黑手》，指出了指数基金的这种所谓的垄断优势：

> 过去 20 年里，美国的经济增长率比 20 世纪中叶已经跌去了一半。20 世纪 70 年代以来，美国最富裕的前 1% 的人口的财富增长了两倍。而劳动阶层的收入占比下降了 10%。这些现象表明，美国正在进入镀金时代。

和其他许多人一样，我对此也表示担忧。但这些专家将大型机构投资者持有具有竞争关系的上市公司股票列为第一重罪，位列大公司对劳动力市场的控制权和其他获得垄断权力的新方式之上。作者指出，“随着机构投资者市场占有率的提升，消费者将支付更高的价格"，但没有给出合理的解释。

我承认，我们如今生活的时代和19世纪末的镀金时代有几分相似。比如，今天的财富很多是由金融部门创造的。未来，任何对投资管理行业感兴趣的人都必须回答这样一个问题，就是如何提供更好的产品和策略，战胜投资分散化、低成本的指数基金。

基金行业如果真正为投资者着想，考虑社会效益，就不应纠缠于数字和一些似是而非的证据和结论。帕斯卡是正确的，结果比概率更重要。

第19章
2030年金融机构法案

公共政策的制定者对证券投资行业的未来有很大的影响力。目前，在证券投资行业中，共同基金是主流，现在，共同基金的监管法案是《1940年投资公司法》，它已经运行了将近80年。自1940年以来，共同基金行业经历了巨大的变化。该法案通过的时候，整个行业资产规模不过4.5亿美元，占今天20万亿美元的0.002%。当时，行业只有68只开放式基金，如今数量达到7 956只。

共同基金行业这些年来经历了许多变化，也出现了很多新情况。比如，《1940年投资公司法》颁布时，行业里不存在指数基金。目前，指数基金规模7万亿美元，占共同基金资产的35%，占股票型基金资产的50%；此外还有货币市场基金（目前规模2.7万亿美元）、交易型开放式指数基金（目前规模3.4万亿美元）。总之，目前共同基金行业与1990年时相比，不管是规模、广度和影响力，都不可同日而语。

况且，《1940年投资公司法》主要监管的对象是封闭式基金，到2018年，封闭式基金的总资产只有2 750亿美元，只占全部共同基金资产的1%。开放式基金是当前共同基金行业的绝对主流。

基金和基金管理人

我认为《1940 年投资公司法》最大的缺陷是它关注的是投资公司。在当时的情况下，一家公司只管理有限的一两只基金。今天，几乎所有基金管理人旗下都有多只基金。行业里最大的 10 家公司平均管理着 184 只基金，10 家公司所有共同基金占到行业资产的 63%。因此新的监管法案应该以基金管理人为监管单位。

以基金或基金管理人为监管对象的不同之处，也许用下面的例子最能说清楚。《1940 年投资公司法》限制单只共同基金持有单家上市公司超过 10% 的有投票权的股票。[①]在这里，我并不认为这种限制（甚至更普遍的限制）应该适用于特定基金管理人的总投资。我的意思是说，在共同基金经历了翻天覆地的变化之后，再用监管单只基金的法案去监管行业已经不合时宜了。

基金管理人的共有制

《1940 年投资公司法》也没有考虑到目前存在的基金管理人上市的情况。保险证券公司（Insurance Securities，Inc.）是行业中的领导者之一，也是首家试图将自己出售给新东家的基金管理公司。当时遭到美国证券交易委员会的强烈反对[②]，在经历了长时间的法律诉讼之后，美国证券交易委员会于 1958 年败诉。1960 年，管理公

① 从技术上讲，这一比例限制只适用于投资公司资产规模的 75%。但是，从实践角度来讲，这一差别并不重要。

② 在第三部分的前面，我已经回顾了共有制的其他问题。

司的共有制开始激增，不久，十几家基金管理人纷纷效仿。之后，大型金融机构开始收购基金管理公司，不管是共有的还是私有的。

今天，共同基金行业的共有制已经成为一种普遍现象。50 家最大的多元化基金管理公司中，有 41 家要么为公众持有（14 家），要么为大型金融集团所有（27 家）。只有 8 家为私人所有。只有先锋领航集团是最独特的一家，持有人即股东。

我并不是在这里呼吁加强监管，我只是认为随着行业生态结构的变化，当夫妻店转型成为行业巨头，当管理人越来越受到公众的监督时，行业监管也需要与时俱进。

机构投资者和公司治理

《1940 年投资公司法》完全忽略了开放式基金的组织结构问题。即将出台的《2030 年金融机构法》（我猜是那一年）决不能再犯同样的错误。不言自明的是，金融机构（包括共同基金、养老基金和其他机构投资者）总共持有 83% 的美国上市公司股权，这些金融机构能否做到投资者或股东的利益优先，需要法规来规范。

股东拥有权力，当然也有责任。当前美国州的法律不足以确保履行这些责任。我们需要在联邦政府层面建立一种信托责任的标准，要求基金管理机构将受托人责任放在第一位，也包括机构持有人履行虚拟投票权义务。

过去 10 年，共同基金和其他金融机构在制定更为积极的治理政策方面取得了很大进展，但是仍有很多工作要做。接下来的立法需要着力处理机构投资者整体以及其在公司治理方面的责任问题。

《1940年投资公司法》权限不足

《1940年投资公司法》最大的问题之一是它只监管投资公司。当然这有其时代背景，当时美国还没有企业养老基金（直到1950年才出现），捐赠基金规模几乎可以忽略不计。当年最大的机构投资者是银行信托基金，受联邦和州的银行法监管。

1945年，机构投资者持有的美国有投票权的公司股份总额只有5%左右。今天，这个数字占到63%。[①]美国上市公司的股票持有人从个人投资者转向了机构投资者，代表了共同基金和养老基金投资者的权益。

这一转变实质上是复杂的。最大的共同基金的管理人同时也是大型养老基金的管理人。2018年，最靠前的300家机构投资者持有17万亿美元市值的美国股票，占到威尔希尔5 000指数总市值的70%。其中一半为共同基金持有，另一半由养老基金和其他机构投资者持有。按机构类别进行监管是完全行不通的。

指数基金崛起的意义

指数基金经常被诟病的一点是，它使得基金经理不愿意推动公司治理结构的改善。因此指数基金很容易成为攻击的对象。尽管指数基金是被动投资工具，但持有人却是主动的。为什么？因为指数基金管理人负有信托责任，需要行使投票权。

当主动管理型基金经理对公司的管理层不满意时，他们可以选择卖出股票。而指数基金做不到这一点。指数基金的管理人只能行

① 而家庭持有的美国公司股份占比从95%下降到37%。

使股东权利，要求管理层做出改变，或者更换管理层。指数基金作为一个群体是拥有投票权的。

投票权的集中带来的问题需要引起美国证券交易委员会、联邦政府，甚至整个社会的关注。我们需要建立一种行为准则，如《1940年投资公司法》序言中所称的，“为国家公共利益和投资者利益服务”。

很多行业的观察家与我有类似的观点。2018年9月20日，哈佛大学法学院教授约翰·科茨发表了一篇论文，专门针对指数基金和公司治理的问题，“特别是指数基金由少数几个人控制，掌握着美国上市公司的生死权”这样的重大问题，科茨教授提出了他的解决方案。他的结论是：“这个问题短时间内难以解决。”

我再举两个例子。第一，我预期未来股票和债券的收益与历史相比业绩会走低。基金管理人必须让投资者——包括个人投资者和养老基金投资者意识到这种情况。

我比较担心养老基金，特别是州和地方政府管理的养老基金。此前养老基金出现巨额的赤字。我认为养老基金的管理人有必要告知投资者组合的预期收益情况。当前7.5%的年化收益率我觉得是难以为继的。

第二，养老基金受托人必须当心收费服务模式的影响。所谓收费服务，指的是为了找到优秀的管理人，养老基金支付给中间人的费用。我觉得“2030法案”会取消这一费用，或者至少要求披露这笔费用，应该对此做出明确的安排。此外，还有必要披露每位管理人的业绩情况。

本书第三部分的三章内容对投资管理行业的未来提出了一些建议。其中最重要的一点就是，服务好美国个人投资者总计 30 万亿美元的资产规模。

在投资管理行业这些年发生的变化的背后，不变的一点是，机构投资者是客户资金的管家，承担着对客户的信托责任。美国劳工部对退休计划的出售者的信托责任要求在新一届政府上台后被废除，美国证券交易委员会对此的态度还不明确。不管政府有没有明确的监管法规，我都相信，信托责任是规范投资管理行业最基本的原则，对行业中每个从业者都有约束作用。

是的，机构投资者必须履行对客户的信托责任，将客户的利益放在最高位置。作为金融投资体系的推动者，整个行业必须和政策制定者一道解决未来可能面对的各种问题，包括管理人所有权问题、指数基金的组织结构问题、投票权集中的问题，以及强化监管和立法问题。目标必须是既符合投资者利益，也符合国家利益的政策。

第四部分

回忆往昔

STAY THE COURSE

众多投资者对我的职业经历、我所推动的指数化投资理念等或多或少都有些了解，在前面几章我也谈了不少。在最后一章，我想谈谈我个人的体验，我如何服务社会，以及我的一些喜怒哀乐。我在帮助别人获得成功的过程中感受到了快乐，在我的人生旅途中，我也接受过别人的诸多帮助。我想在这里谈谈对我产生重大影响的人，也会引用一些对我的人生观产生重要影响的金句。

这部分有点儿像个人回忆录，我将按字母顺序列出重要的人和事。其中有些帮助我形成了我的价值观，有些塑造了我的个性，等等。这部分内容和我习惯的行文方式不一样，希望读者能接受。

用字母顺序排列可能是比较奇怪的处理方式。我没有刻意使用全部 26 个字母。我希望每位读者都能从中感受到乐趣，并有所收获。

第 20 章
真正重要的事

建议（advice）。人生在世，总有起起落落，有开心和不开心的日子。我最中意的古老的波斯谚语这样说：一切都会过去的。

美国印第安大学基金（American India College Fund）。美洲大陆早期殖民者宣称，这块印第安人世代居住的土地属于他们这些白种人。从哥伦布发现美洲大陆以来，美洲印第安人受到了侵略者和之后的美国联邦政府和美国白人社会的不公正对待。我对此一直心怀愧疚。因此，我每年拿出一笔钱捐赠给美国印第安大学基金，迄今为止已经帮助了 500 多位世居民族学生。

从 1996 年到 2002 年，我担任美国印第安大学基金的受托人，每年我都会收到学校寄给我的学生的照片，照片中的他们或面带微笑，或神情严肃，我知道他们都在为自己的未来努力着。

“老鹰和熊”

1996 年，当我在等待接受心脏移植手术的时候，我决定在阿迪朗达克普拉西德湖畔的家庭住宅建造一个纪念图腾。从华盛顿州西北部的卢米部落处，我订购了一根图腾柱，由美洲原住民艺术家戴尔·詹姆斯雕刻。柱子高 25 英尺[①]。22 年来，该图腾柱一直矗立在河畔一座小山丘上。

图腾柱由一棵巨大的雪松雕刻而成，上面镌刻着"老鹰和熊"的传说。

> 老鹰对雕刻者说："我时日无多了，我感受到两个世界的牵引力，当我看到我的妻子和孩子时，温暖和爱意充满内心。我请你帮我刻一根伟大的图腾柱，一根讲述家庭的图腾柱，上面写着一个男人和一个女人的爱情故事。老鹰象征我，熊象征妻子，让我的 6 个孩子能将老鹰和熊的故事代代相传。"

布莱尔学院（Blair Academy）。位于新泽西州的这所寄宿学校在我人生中具有重要意义。我和我的双胞胎兄弟戴维从 1945 年 9 月起在这里上学，到 1947 年毕业。（我的哥哥威廉毕业于 1945 年 6 月。）

对于我们俩来说，能离开当时一贫如洗的家是一件开心的事情。但我们没有能力支付学费。而我们的母亲想办法说服布莱尔学院给我们提供了奖学金和勤工俭学的机会。我们在学校的食堂做服务生。在我高年级的时候，我已经做了服务生的头儿。

我在布莱尔学院的老师（其中四位早在 1912 年就在布莱尔学院工作）从那时起就发现了我的潜力。他们对我的作业要求严格。我的第一次代数课考试，杰西·盖奇给了我 40 分，但期末考试我拿

① 1 英尺 =30.48 厘米。——编者注

到了 100 分。亨利 · 亚当斯和马文 · G. 梅森在我的英文课作业上用红笔写满了批注。尽管卷面不好看，但我的写作能力在他们的培养下取得了长足进步。

尽管起步比较晚，但我一直努力学习，最终，毕业的时候我获得了“优秀学生”称号。这可能是我有勇气坚持前行的第一个暗示。

回馈母校

我在学校收获那么多，我一直用我的方式回馈学校。如今，博格兄弟奖学基金已经帮助超过 160 人进入布莱尔学院学习。每年都有十几位学生获得奖学金。1989 年的博格讲堂和 1999 年建立的阿姆斯特朗 – 希金斯艺术中心是以我的父母和祖父母的名字命名的。

此外，我还亲自为母校做事情，比如，从 1973 年到 2002 年，我是学校受托人理事会的成员，直到今天都是荣誉主席。管理学校受托人理事会是一件富有挑战性的工作。但我是幸运的，我有一位好的导师，他就是我的前任，已故的 J. 布鲁克斯霍夫曼，他 1936 年毕业于布莱尔学院。他为我做了很好的榜样。

布莱尔学院的复兴

作为学校理事会主席，我的一项重要工作是为学校找一名合适的校长。1989 年，我找到一位热情善良的年轻人 T. 钱德勒 · 哈德威克（36 岁）。他和他的妻子莫尼一起将布莱尔学院打造成美国顶尖的大学预科学校之一。

理事会主席和校长之间保持稳固的关系是治理好学校的关键。这对学校的发展至关重要。我坚持这样一个原则：校长是学校的当家人，理事会主席是他的帮手。哈德威克夫妇为学校服务了 24 年，2013 年卸任。但伊芙和我与这对夫妇的亲密友情一直延续到今天。

布莱尔学院的宗旨是什么？我在 2007 年校友会的一次公开发言中做了阐述：

> 我们的目标很宏伟……我们坚持通识教育，给学生创造机会，坚持教书育人的理念。在布莱尔，我们给有潜力的学生提供更多受教育的机会，让他们获得更大的成功，培养他们的个性和价值观。这可不是轻易能实现的目标。这些年轻人是我们的未来，是文明传承的关键……

书籍（books）。我喜欢写书，喜欢用写作表达我对共同基金行业的建议和批评。目前，我已经写了 12 本书，其中 10 本跟先锋领航集团有关。先锋领航集团是行业中的变革者。本书第 10 章对此有详细的叙述。

我为什么要写作？因为我喜欢写作。写作能帮助我将零碎的想法整理成清晰的客观的思路。而且书籍能将我们的思想留在这个世界上。

我的第一本书《博格谈共同基金》（1993 年）和第六本书《共同基金常识》（2007 年）在读者中反响很好，其他 9 本书的评价也不错。[①] 到 2018 年年中，我出版的书总销量达到 94.1 万册。近 1 000 位读者在亚马逊网站上留下了评论，其中大部分是正面评价（5 颗

① 目前这本书是我的第 12 本书，也是我的最后一本书。

星的占比达 74%，4 颗星的占比达 16%）。在我的《共同基金常识》一书中，读者留下如下的评论。

（1）每位成功的投资者都渴望的甘泉。

（2）我刚刚读完这本书，没想到如此吸引人。能够写得再长一点儿就好了。书中的建议都很棒，可读性也很强（就像一个好朋友在娓娓道来）。另外，这本书最近更新了第二版。不过我想就算再过 10 年，这本书依然有价值。博格先生对投资界又做了一个重大贡献。我强烈推荐大家读一读这本书（我已经买了第二本送给家人）。

沃伦 · 巴菲特（Buffett，warren）。来自奥马哈的智者巴菲特也是标准普尔 500 指数基金的支持者，在这方面他甚至不逊于我。在伯克希尔 · 哈撒韦公司的年报中，他有 7 次提到了先锋领航集团的标准普尔 500 指数基金。曾经有一个赌局，关于标准普尔 500 指数基金跟某个对冲基金的组合究竟谁的收益高。巴菲特向他妻子的地产受托人建议将 90% 的资产投资于标准普尔 500 指数基金。我认识巴菲特至今已有 25 年，他为我的好几本书写了推荐。

在 2017 年伯克希尔 · 哈撒韦的年度股东大会上，巴菲特在 4 万人的会场中喊我的名字：

约翰 · 博格对投资者的贡献可能超过任何一个美国人。杰克，你在哪里，能站起来吗？

然后会场响起雷鸣般的掌声。我当时有点儿尴尬，当然那是我终生难忘的时刻。

沟通（communication）。我一直认为人与人之间的直接的、富有同情的、真诚的、优雅的沟通十分重要。这里我引用我的老友杰里米·达菲尔德对我的评价。他是我认识的受过良好教育的、最坦诚的人之一。

杰里米是澳大利亚人，1969 年移民美国，1979 年加入先锋领航集团，1996 年组建先锋领航澳大利亚分部，2010 年离开公司。他这样描述我的沟通风格：

> 约翰将沟通当作一件要务……首先，你必须非常努力地表达你的思想……博格写书，演说 575 场，在学术期刊上发表论文 29 篇，接受电视采访 100 次，给股东写了 250 篇年度报告……他的言辞具有很强的感染力。我想这来自他高尚的情操和对投资者权益的捍卫。他是个黑白分明的人，眼中绝容不下沙子。

先锋领航出海

杰里米为我写过一首诗，这首诗也体现出他本人出众的沟通能力。每每读这首诗，我就会心潮起伏。

在先锋领航之海
波涛依旧
浪头一重又一重

那是你的安息之地
而天空
海鸥依旧展翅高歌
歌声湮没在连天的炮火中
继续战斗吧
请你从我们低垂的手中接过火炬
让它的光辉照亮海疆
若你背弃了与逝者的盟约
我将永不瞑目
即使风云依旧

决心（determination）。几年前，我问我的家人和朋友，他们认为我最大的特质是什么。他们异口同声说：决心。我想尽管决心对于完成一件事情是必不可少的，但如果走得太远就会变成顽固不化。同时，我也不喜欢人云亦云。（“一定有更好的办法。”）我还因果断、适应性、勇气和自信而受到嘉奖（我祈祷哪一项不要越界而变成傲慢）。

狄兰·托马斯（Dylan Thomas）。不要温顺地走进那良夜。怒斥，怒斥光明的消逝。

动力（engine）。《小火车头做到了》为我能想到的成功的职业生涯提供了最好的简短的建议：

我相信我能，我相信我能，我相信我能……我就知道我做得到，我就知道我做得到，我就知道我做得到。

家庭（family）。我的家庭很美满，我的人生完整而充实。当然最该感谢的是我的妻子伊芙，我跟她结婚已经62年了。她集可爱、善良、坚强、聪明、韧性于一身。几年前，在一个公众场合，有人介绍说我和妻子当时在庆祝金婚。在场的人问我们婚姻的秘诀是什么，我的答案脱口而出，至今想来仍无懈可击。我说："两个秘诀。第一，娶到一位圣人；第二，永远不要忘记对她说：'是的，亲爱的。'"

我有6个子女，12个孙子孙女。我们家庭每一位成员都健康幸福，跟其他所有人一样，也面对着生活的种种挑战。如今我有6位重孙，都是男孩，其中两个是2018年出生的。

我们今天读到很多关于平衡工作和家庭的文章，这听上去好像工作不是生活的一部分。如果说工作、生活需要平衡，那么我的天平肯定偏向工作的一边。尽管如此，我对家庭尽心尽责，我相信家人对我也没有怨言。

原谅（forgiveness）。我承认我以前是个有仇必报的人。后来我的态度开始缓和，相信"只有忏悔才能原谅"。1974年，我的波士顿合作人突然把我炒了鱿鱼。这当然是他们不择手段，因为当时他们的冒进让公司差一点儿万劫不复。那时候我准备采取报复行动，后来意识到那样做只会两败俱伤。

我想起了美国的开国元勋约翰·亚当斯和托马斯·杰斐逊。他们一直是政敌，直到1801年杰斐逊总统卸任。之后他们和解了，并成为朋友。他们长期保持通信，直到 1826 年 7 月 4 日两人同时离开人世。这一天刚巧是美国《独立宣言》签署 50 周年。

我被这个故事深深感动了。1991 年，在公司合并 25 年之后，我决定做出修复关系的姿态，即使没有看到他们忏悔的表示。我会见了多兰和桑代克，他们两人就是当年策划炒掉我的人。我的态度很明确："25 年了，过去的就让它过去吧，我们重归于好。"于是我们冰释前嫌。后来，他们为我和妻子在波士顿的乡村俱乐部举办了一场晚宴。我想，我的宽恕在这里面起了一定的作用。（我必须承认我不是圣人，我心里以牙还牙的念头并没有彻底消失。）

上帝（God）。我相信上帝存在。

守护天使（guardian angels）。我在第 10 章结束的时候写道：没有人是一座孤岛。人生旅途中，我受到了别人的各种帮助，特别是在我跟心脏病做斗争的过程中。1961 年，我在网球场上第一次突发心脏病，当时我只有 32 岁。直到 10 年后，我才被诊断出有致心律失常性右室心肌病（ARVD）。这种疾病如果不立即治疗，随时有生命危险。我的妻子不止 10 次把我送去医院（对于一个有 3 个孩子，后来有 6 个孩子的母亲来说，这并不容易），接受心脏电击。

后来我决定找最好的心脏病医生治疗。我找到了波士顿彼得·本特·布莱根医院（现在的布莱根妇女医院）的伯纳德·劳恩医生。从 1967 年起，我在这位优秀的医生那里接受治疗（他于 1985 年获得诺贝尔和平奖）。20 年来，他一直关注我的病情发展，直到 1987 年，他决定不再采用保守疗法。

心脏移植手术

直到那时，我都是在费城接受实验性疗法。1996 年，我的半个心脏停止了工作（幸运的是，停止工作的是右半边心脏，左半边心脏负责供血）。这时候我需要一个新的心脏。

当时我已经 65 岁，只是一个等待心脏移植的候选人，但苏珊·布罗泽纳博士同意我进入费城哈内曼大学医学院的移植项目。（移植病房的一扇门上写着:“没有出口。”这让我很担心。）

新心脏的潜在接受者在进入医院时（就像我观察的那样），“像堵车时一样民主”。由于接受心脏移植手术的人很多，我等了 128 天才进行了心脏移植（来自一名 26 岁的男性，上帝保佑他）。在这之前,我靠静脉注射维持心脏的活动。1996 年 2 月 21 日手术完成，两个星期后我出院了。当时我为自己能重获新生激动不已。

B 博士

自那之后，苏珊·布罗泽纳（简称 B 博士）成为我的医生，她是我的另一位守护天使。她富有经验，充满活力，正是因为她，我才能再享受 22 年的幸福生活。

布罗泽纳医生和劳恩医生都是我的守护天使。在我的生命中，前后有两颗心脏。因为疾病，我找了很多医生，我对他们心存感激。

对于一个跟疾病斗争了 60 多年的人来说，这需要强大的意志。劳恩这样说:

> 难以想象，你承受着病痛之苦，却依然在事业上做出这样

的成绩。我佩服你钢铁般的意志。当然，医术的进步增加了你的寿命，但你身上发生的奇迹并不仅仅是医学的功劳。

你的经历让我体会到，求生的欲望高于医学的进步。其中包含着对他人的责任，对变化的渴望。这些特质让你的身边围绕着家人和朋友，在任何时候都不放弃希望。因此，你获得了更有意义的人生。

刺猬和狐狸（hedgehog and the fox）。下面的文字出自大约公元前 670 年，古希腊哲学家阿尔齐洛科斯所写的一段文字。

狐狸知道很多事情，
但刺猬知道一件伟大的事情。

对我来说，这段话道出了我们投资管理行业的问题。我们这个行业不缺狐狸这样的角色，他们深谙复杂的资本市场和营销手段。但是刺猬知道一件大事，那就是成功的投资原则一定是简单的——做好服务，忠诚地管理好投资人的钱。（所以这个行业刺猬太少了。）现在你知道先锋领航集团到底是狐狸还是刺猬了吧。

公正的旁观者（impartial spectator）。下面这段文字摘自亚当·斯密的《道德情操论》（1759 年）。

那么是什么东西促使高尚的人在一切场合和平常的人在许多场合为了他人更大的利益而牺牲自己的利益？它不是人性温

和的力量，不是造物主在人类心中点燃的仁慈的微弱之火，即能够抑制最强烈的自爱欲望之火。它是一种在这种场合自我发挥作用的一种更为强大的力量，一种更为有力的动机。它是理性、道义、良心、心中的那个居民、内心的那个人、判断我们行为的伟大的法官和仲裁人。每当我们要采取的行动会影响到他人的幸福时，是它，用一种足以震慑我们心中最冲动的激情的声音向我们高呼：我们只是芸芸众生之一，并不比任何人更重要；并且高呼：如果我们如此可耻和盲目地看重自己，就会成为愤恨、憎恨和咒骂的合宜对象。只有从它那里我们才知道自己以及与己有关的事确是微不足道的，而且只有借助公正的旁观者的眼睛才能纠正对自爱之心的天然曲解。是它向我们指出慷慨行为的合宜性和不义行为的丑恶；指出为了他人较大的利益而放弃自己最大的利益的合宜性；指出为了获得自己最大的利益而使他人受到最小伤害的丑恶。在许多场合，促使我们去实践神一般美德的，不是对邻人的爱，也不是对人类的爱。它通常是在这样的场合产生的一种更强烈的爱，一种更有力的感情，一种对光荣而又崇高的东西的爱，一种对伟大和尊严的爱，一种对自己品质中优点的爱。

现在，请把上面这段话再读一遍，或者读两遍。

美国投资公司协会（Investment Company Institute）。从1969年到1974年，我在美国投资公司协会担任公职。这段经历在我的职业生涯中具有特殊地位。我当时有幸遇到两位导师，一位是协会总裁罗伯特·奥根布里克，另一位是协会主席 D. 乔治·沙利文，当时他还担任富达的执行副总裁。这两位都是行业资深人士，他们起了很好的表率作用。

今天美国投资公司协会的所作所为让人捉摸不透，它一直在维护投资管理公司的利益，它们往往会损害投资者的利益。如果是这样，不如干脆改名叫“投资管理人协会”吧。

如今，整个行业都在呼吁改革。比如投资顾问费用是不是过高了？对不当的营销手段需不需要加强监管？为什么指数基金的收益能超过大部分的主动管理型基金？经纪公司委员会到底是向基金持有人负责，还是向基金管理人负责？

我觉得，除了以上几项内容外，还有很多内容需要在美国投资公司协会的会员大会上讨论。为了推动这些问题的解决，我多次参加美国投资公司协会的会员大会，但每次都是空手而归。

1969—1970 年，美国投资公司协会主席

我在美国投资公司协会执行委员会任职 5 年，于 1969 年到 1970 年当了两年的美国投资公司协会主席。我着手起草了《1970 年投资公司法案修正案》。对此我很自豪。美国投资公司协会之后的四任主席都是由我介绍进入基金行业的。我所创建的指数共同基金，如今已经占到了股票型基金的近半壁江山。此外，我创建了先锋领航集团，如今是美国投资公司协会最大的成员。2017 年，我受邀参加美国投资公司协会的会员大会，并做了主题演讲。伦敦《泰晤士报》对此进行了报道。

约瑟芬·博格（Josephine Hipkins Bogle）。我的母亲是一位圣人，她如此美丽、富有魅力、活力十足。

我直到今天都不清楚她是如何熬过当时的困境的，她的一对双胞胎女儿夭折了。但据我所知，她从来没有怨恨过。

母亲把所有精力都用在三个孩子身上，确保孩子健康成长，交好的朋友，接受好的教育。

她的三个儿子都进入布莱尔学院，小儿子进了普林斯顿大学。幸运的是，她参加了我的毕业典礼，在我接受毕业证书（优秀）的时候她给我拍了一张照片（我依然珍藏着这张照片）。8个月后她去世了。她永远活在我的记忆中。

普拉西德湖（Lake Placid）。1958年以来，我和妻子伊芙常去我们在纽约州普拉西德湖的小屋。我们和我们的子女、孙子女都去那里消夏。我们都很喜欢那个古老幽静的地方，那里有巨大的船库，还有我们的电动船。我经常如此祷告：

大地苍茫
天空高远
山川延绵
湖水宁静
主啊，我们跟随你
我们赞美你
阿门

人生（life）。桑顿·怀尔德 1938 年创作的剧本《我们的小镇》讲述了新罕布什尔州格罗弗科纳小镇几个普通人的故事。主人公是一位叫艾米丽·韦伯的年轻女子。她在婚后生下第二个孩子后不幸去世。几年后，墓地的精灵允许她回到人间一天，去探望她在小镇上的家人。她回去后发现所有活着的人都忙于应付眼前的苟且，她大失所望，提前回到了墓地。剧中，艾米丽说了下面这段话：

> 再见妈妈，再见爸爸，再见人间。我没想到世界变化这么快。每天都发生着变化，我们居然没有察觉，我们居然没有停下脚步，去发现这世界的美好。活着的人啊，你们认真过好每一天、每一分钟了吗？是什么蒙蔽了你们的双眼？

导师、门徒和朋友（mentors，protégés，friends）。这部分内容完全可以写一整章。但这里我还是压缩篇幅，只提几个必须提及的名字。

我的第一位伟大的导师是普林斯顿大学（1947 年入学，1950 年博士毕业）的詹姆斯·P. 哈林顿，他是普林斯顿体育协会学生票务办公室的经理。他拥有工程学学位，他为我树立了人生的信条：责任、可信赖、守时、勤奋、一丝不苟。我和他们夫妻俩相处了两年，当时我是学生票务办公室的助理，后来也担任了经理。我们一直保持着朋友关系，直到后来距离将我们分开。

1951 年，我从普林斯顿大学毕业，去了威灵顿基金管理公司。公司的创始人成为我的新导师。沃尔特·L. 摩根于 1920 年毕业于普林斯顿大学。除了他之外，还有公司执行副总裁约瑟夫·韦尔奇，负责营销的副总裁威尔金斯，以及公司的法律顾问安德鲁·杨。他们都无私地分享了自己的职业经验。他们是看到了我身上的一些潜力吗？到摩根先生 100 岁去世的时候，我认识他 50 年。后来我才知道，他把我当亲儿子一样看待。

门徒

在我的职业生涯中，我聘用不少的总裁助理协助我。其中很多人都是大学本科毕业的年轻人，也有研究生毕业的。过去几年，有不少助理协助过我，而他们的工作表现也各不相同。有些后来获得了巨大的商业成功，有些跟我依然保持着朋友关系，有些终成路人。我承认，今天的门徒未必会成为今后的朋友。（我也不是暗示"一日为师，终身为父"。）不过总体而言，我的门徒为我的人生增添了色彩。

其他朋友

如果要在这里列出我的朋友，名单会相当长，涉及各行各业。在这里我只举几个：一位是另类投资领域行业的老大；两个是大学金融学教授；我在普林斯顿大学 1951 届的同学和另一个普林斯顿大学 1949 届的同学，后来当上了美联储主席；执掌布莱尔学院 24 年的一对夫妇。

还有一位特殊的朋友，我跟他的友谊维持了 75 年；一家共同基金管理公司的前 CEO；一位美国中西部州的参议员；一位专业投资人，曾经租用一架塞斯纳奖状飞机把我、伊芙和我的几个孩子接去奥马哈参加伯克希尔·哈撒韦公司的年度大会；美国最大的两所大学捐赠基金的经理；三位编辑，其中一位负责一份重要的地区性报纸，一位是资深的利率观察家，还有一位是《时代周刊》前总编辑。

最后，向几位朋友公开致谢。首先是埃丽卡和洛蕾塔，她们在先锋领航集团负责为员工提供餐食，年复一年。还有鲍勃、比利和他们的同事，负责接送我上下班，总能安全及时地抵达。

在这里，我想引用音乐剧《南太平洋》里的一句向以上这些朋友表达感激之情：

> 一旦你找到了朋友，就不要让他们走。

美国宪法中心（National Constitution Center）。我在1998年获得一个为祖国效劳的机会，我成了美国宪法中心的主席。我的前任是费城市的市长埃德·伦德尔，他被任命为共和党全国委员会主席，于是卸任市长一职。当时宪法中心的掌门人是乔·托塞拉，他提议由我接任主席一职。最初我是拒绝的，我说："你有很多合适的人选，而且我也抽不出时间。"

"真正的主席"

他们很坚持，最后我同意了。"在你们找到更合适的人选之前，我可以暂时接管。"7年之后，也就是2005年，我终于卸任，接替我的是美国前总统克林顿，再之后是另一位前总统老布什。我任职的7年过得飞快：领导董事会，筹款，安排计划，国会听证，还要推进各项计划落地。需要说明的是，乔承担了很多具体的工作。

我们的国家宪法中心博物馆坐落在费城独立广场的北侧，南面就是独立纪念馆。在2000年的奠基典礼上，我在克林顿总统之前发言，总统的讲话名为"成为美利坚合众国公民意味着什么"。博物馆的落成典礼于2003年7月4日举行。

这份工作给我带来很大的欣喜，我们把宪法精神带给每一位美国公民。此外，与乔共事也是愉快的经历。他是罗德奖学金的获得者，2016年，他被选为宾夕法尼亚州联邦财政部长，乔是一位优秀的合伙人。在这个时代，我可以跟随我对我们国家、她的价值观和她的制度的热爱。

总统（presidents）。1969年，在纽约举办的万国博览会上，当我正在参观米开朗琪罗的圣母怜子像时，我发现一张熟悉的面孔，他一个人站在那里，身边没有保镖。我认出他是哈里·杜鲁门总统。我过去和他握了手。

我第二次和总统握手是在1970年5月27日，在美国白宫。在美国股市暴跌之后，我同其他35位华尔街金融机构首席执行官和高管被邀请去白宫参加总统举办的宴会。宴会的目的是平息投资者的紧张情绪。（这是真的。）

"总统先生"

当尼克松总统让我们提问时，其他人都没有出声。我开口说："总统先生，您的竞选口号是要团结大众。那么您怎么看如今越来越严重的种族隔阂和代际隔阂？"他当时肯定没有想到一向支持政府的华尔街人士会提出这样的问题，他回答得十分生硬。当我们离开宴会大厅时，我和总统面对面并握了手，他看上去对我很不满意。

之后，我在纽约一次 30 人的聚会上见到了林登·约翰逊总统。他给了我和我的小儿子安德鲁一张签名照片。我把照片用相框装裱起来。

其他两位总统

担任宪法中心主席期间，我和我的两位继任者——克林顿和老布什都有交集。克林顿给我的书《博格长赢投资之道》的第二版写了序言，该书出版于 2010 年。

我发现这些总统有几个共同点，他们都有风度，有智慧，善于表达。但每个人也有自己的特质。比如杜鲁门总统讲话言简意赅。我见到尼克松总统的时候，他表现得比较紧张。约翰逊总统十分自信，甚至有些自负。克林顿总统魅力十足，不管是做国情咨文演讲还是单独跟人面对面交流。（他慷慨地为我的书签了名，送给我的 12 个孙子孙女）。老布什在我看来更像出生于康涅狄格州的庄园，而不像倔强的得克萨斯人。

勇往直前（press on，regardless）。这句话来自《圣经》保罗的忠告。在我舅舅克利夫顿·阿姆斯特朗·霍普金斯家，这句话成了家训。舅舅是康涅狄格州格林尼治游船俱乐部的负责人。他给他的船命名为勇往直前号。别忘记，这句话的意思是不仅困难的时候要勇往直前，在安逸的时候同样需要勇往直前。

普林斯顿（Princeton）。陌生人，你现在到了地球上最高尚的家园。

在古希腊剧作家索福克勒斯创作了《俄狄浦斯在科罗诺斯》的2000年之后，这句话刻在了普林斯顿大学校园里的一块纪念碑上。这句话象征着普林斯顿大学在我的人生中扮演的角色。在普林斯顿大学读本科的时候，我获得了丰厚的奖学金，我勤奋学习，大一时曾在学校食堂做过服务生。

崛起于芸芸众生

在我大二的时候，我从食堂服务生摇身一变，成为学校体育协会学生票务办公室经理詹姆斯·哈林顿的助理。一年后我成了经理。这份工作需要花费大量的时间和精力，需要很强的责任心，特别是在赛季。当年我们学校获得了常春藤联赛的冠军。我每次都只能看开球，忙得无法看完整场比赛。篮球的赛季没有那么忙碌，棒球比赛的售票情况则很糟糕。

从D+到A+

我喜欢这份工作，也愿意承担更多的责任。但是这份工作很耗时间。1948年第一学期，我的期末成绩单让人担忧，不过后来慢慢有了进步。从3个C和一个D+，提高到一个B和一个A，而我的高年级论文最后得了最高分，这也算是我坚持前行的一个案例吧。

大学期间我几乎没有玩乐的时间，尽管如此，我还是认识了一些好朋友，毕业后我也定期参加校友聚会。每年一度，我会参加色彩斑斓的巡游活动，也经常参与普林斯顿大学的讲坛，分享关于金融与道德方面的观点。

奖学金和助学金

另外，我也经常和一些获得博格兄弟奖学金的年轻朋友在一起。目前我们资助的学生已经超过 160 名。同时，我还是佩斯中心公益项目的发起人。2016 年我的儿子小约翰·博格和他的妻子林恩向普林斯顿大学捐助，成立了约翰·C. 博格公益助学金项目。到 2017 年，28 位大一学生获得了夏季实习参与公益事业的助学金。能帮助这些年轻的学子，我们感到很欣慰。

我作为普林斯顿大学的学子，获得了母校授予的各种荣誉称号：1999 年获得伍德罗·威尔逊国家服务杰出成就奖，2005 年获得荣誉法学博士学位，2008 年获称“最有影响力的 25 位普林斯顿人”。

1951 年普林斯顿大学的校歌这样唱道：

> 拿骚，我的孩子们，我赞美你，
> 万岁，万岁，万岁，
> 活着就要回馈，
> 赞美拿骚！

贵格会信徒（Quakers）。我在圣公会受洗，去的是长老会的教堂，但我知道内心深处我是真正的贵格会信徒。我个人终生恪守严格的贵格会戒律。我觉得我创办的先锋领航集团很好地体现了传统的贵格会价值观，简朴、高效、乐于奉献、坚定等等。用贵格会创始人乔治·福克斯的话来说，就是“真理是你的引路人”。但我必须承认，有些贵格会价值观在我身上没有体现出来，比如耐心、共情、谦卑、寡言等。

同事（staff）。我在先锋领航集团长期共事的同事有埃米莉·斯奈德（33 年），迈克尔·诺兰（17 年），以及凯西·扬克（16 年）等。如果没有这些人的参与和耐心，我的这本讲述先锋领航集团创业史和指数基金革命的书肯定无法这么快问世。

教与学（teaching and learning）。经常有人问我，怎样活着才算有价值？我的回答是："首先不能成天躺在床上。此外，每天学一点东西，向别人传授你的知识。愿意向陌生人表达你的赞赏。这样你每天都能睡得很好。第二天把上面这些重复一遍。"

丁尼生（Tennyson）。诗人丁尼生的《尤利西斯》最后一段这样写道：

来呀，朋友们，探寻更新的世界，
现在为时未晚。开船吧！
坐成排，划破这喧哗的海浪，
我决心驶向太阳沉没的彼岸，
超越西方星斗的浴场，至死方止。
也许深渊会把我们吞噬，
也许我们将到达琼岛乐土，
与老朋友阿喀琉斯会晤。
尽管已达到的多，未知的也多啊，
虽然我们的力量已不如当初，
已远非昔日移天动地的雄姿，

但我们仍是我们，英雄的心
尽管被时间消磨，被命运削弱，
我们的意志却坚强如故，坚持着
奋斗、探索、寻求，而不屈服。

普信集团（T.Rowe Price）。我一直很欣赏这家公司，这家公司的专业操守、低调的作风以及员工都是我喜欢的。1980 年，我的助手詹姆斯·里佩离开先锋领航去了普信，这对我的打击很大。但同时我为他高兴，因为他找到了完美的东家。

但普信也让我陷入难堪。1994 年，为了了解先锋领航集团的竞争对手的情况，我象征性地投资了普信的股票。当时我以每股 42 美元的价格买入 100 股。

成功的投资

从此我每年能收到公司的年度报告，不过对于股价的涨跌，我一直不怎么关心。没想到这笔投资让我赚了大钱。早先投资的 100 股被拆分了五次，现在总共获得 3 200 股。以 2018 年年中每股股价 121 美元计算，我当年投入的 4 200 美元到现在值 38.4 万美元。光每年的分红收入就是本金的两倍。问题是，我买竞争对手的股票并赚了钱，这是一件好事吗？我说的尴尬就是这个。

作为先锋领航集团的创始人，我们经营公司的大部分利润都给了投资者。普信集团和我们其他的竞争对手经营公司能获得如此丰厚的利润，对此我表示羡慕。这些利润部分来自管理和营销，部分得益于股市大涨和基金行业的规模效应。但利润主要被经营者拿走了，而基金本来应该服务的投资者却没有从中受益。

工作（work）。我从9岁开始工作。我当过报童、店员、邮局员工、服务生等。在中学和大学时代，我当过餐馆的服务生（包括暑假和休息日）。大学毕业之后，我开始了我的共同基金事业。

在这么长时间的职业生涯里，只有一份工作对我来说只是"工作"，那就是我在新泽西州一家保龄球馆里当服务生。除此之外，我的工作都是愉快的、有价值的，也能给我带来精神上的满足感。

关于工作的幸福，托马斯·卡莱尔说过这样一句话：

> 得到工作的人是幸福的，因为除此之外别无所求……工作是神圣的。

林－曼努尔·米兰达创作的百老汇音乐剧《汉密尔顿》中，如此表现亚历山大·汉密尔顿对工作的态度：

> 美国的开国元勋努力工作，不断进取，
> 比别人更聪明，成为自学成才的典范。

米兰达在接受国家公共电台采访时如此讲述他眼中的汉密尔顿：他所有的著作都体现着一种精神，一种改变世界的精神。

我认为汉密尔顿实践并升华了卡莱尔著作的精神，下面的小诗就是明证：

夜幕已经降临，
工作吧！
明亮的阳光闪耀，
工作吧！
直到最后一缕夕阳落下，
直到夜深人静。

你和我，和我们这个世界。这章的最后，我想谈一个存在主义，有关我，有关读者你，有关世界上的每一位。

我们也许把自己看得很渺小，不过是世界上 70 亿人口中的一分子。但是我们每个人都热爱生活。在整个历史长河中，我们的人生稍纵即逝。但我们绝不是那么微不足道。

我们的地球不过是太阳系中的一颗行星。太阳系不过是银河系中的一部分。银河系的直径达到 10 万光年。银河系又不过是整个宇宙的 2 000 亿分之一。每个星系都有超过 1 000 亿颗星星。从这个意义上来说，人实在太渺小了。

但是，人的价值不能用这样的标准来衡量。我们来到世界上是有使命的。我们是来拯救我们的行星的。此外，我们的一生要活得有意义，我们要养育子女，服务社会，也要为祖国、为世界贡献力量。

我们必须做最好的自己，帮助他人。我们要让世界变得更美好。尽管我们的一生很短暂，但是把我们的短暂一生过得精彩，难道不是我们应该做的吗？

我们需要每天提醒自己，我们可以做得不一样。在我并不完美的人生中，我就是努力这样生活的，甚至比我想象的还要长。回过头看我 90 年的人生，我可以相信，我建立先锋领航集团的初衷和使命（为投资者利益服务）将永世长存。

我把“坚持前行”作为投资最基本的规则，不去理会市场每日的涨跌，抓住长期增长的机会。同时，“坚持前行”也是我们对待人生起伏的态度。请选择有价值的、体面的人生。

译后记

巴菲特曾经说："如果非要在华尔街给谁立一个雕像，以纪念为普通投资者做出最大贡献的人的话，那么这个人非约翰·博格莫属。"

约翰·博格是先锋领航集团的创始人和前任首席执行官，也是指数基金之父。他毕业于布莱尔学院与普林斯顿大学，并将其 67 年的职业生涯奉献给了共同基金行业。

目前先锋领航集团的管理规模已经接近 6 万亿美元。这取决于先锋领航集团独特的股权结构。传统的基金公司都会有自己的股东，还会有自己的持有人。通常的方法是按资产管理规模收取固定的管理费，在扣除运营成本与人员工资之后，剩余的盈利归公司股东。

通常而言，管理费越高的基金公司剩余的利润越多，公司股东获得的利润也就越多；反之，如果降低管理费，就会导致公司股东利润降低，通常情况下股东是反对基金公司降低管理费的，这就会出现股东利益与持有人利益不一致的情况。

但是在行业竞争激烈，股东意识到降低基金费率会为基金公司获得更多持有人的时候，同时也为了长期利益，股东会在降低费率这件事上妥协，毕竟公司倒闭对股东没有什么好处。

先锋领航的公司架构非常独特，被约翰·博格称为真正"共有"的基金公司。

对于传统公司而言，如果你持有某基金旗下的基金份额，就仅代表你是这个基金公司的持有人，但是基金公司所有权是归大股东的。但是先锋领航集团没有外部股东，作为先锋领航集团创始人的约翰·博格也没有先锋领航集团的股权。如果你持有先锋领航旗下的基金份额，不仅代表你是先锋领航的持有人，而且是先锋领航的股东。当然，你在赎回基金份额的同时，也丧失了股东的权利。

所有先锋领航的基金没有固定管理费率，基金在扣除运营成本与人员工资之后，所有的盈利都计入基金资产，被所有的基金持有人享有。

对于先锋领航集团而言，持有人与股东都是先锋领航旗下的基金持有人，而且先锋领航集团的主要产品都是指数基金。对于先锋领航集团而言，主要的工作就是降低基金运营成本（费率），因为省到就是赚到，基金费率越低持有人的盈利越多。

先锋领航这样独特的组织结构，解决了大多数公司股东与持有人之间的矛盾，创造性地使公司股东与持有人合二为一，结果就是：

指数基金费率越低，长期投资复利效果越显著；同时吸引更多的投资者来投资，基金的规模也越大，相对固定的运营成本占比越来越小，基金的费率越来越低……

仅以翻译此书，向伟大的约翰·博格致敬！

望京博格

附录I 博格的继任者

1996 年 1 月 31 日，我卸任先锋领航集团首席执行官一职，继续担任董事会主席。我一直觉得应该将管理权交给年轻人，最终我的健康状态加速了这一决定。从 1961 年 32 岁时第一次心脏病发作以来，在接下来的 36 年里，它一直困扰着我。我一直在努力与周期性并发症做斗争。在费城的曼哈顿医院经历了 128 天漫长的等待之后，我于 1996 年 2 月 21 日进行了心脏移植手术。（现在又有一个令人难忘的里程碑了！）在之后的 22 年里，我过得很健康，谢谢。

在心脏移植之后的 20 多年里，我一直都很活跃（甚至过度活跃）。我担任先锋领航集团博格金融市场研究中心（Bogle Financial Markets Research Center）的负责人。我们在那里研究金融行业，研究内容主要集中在共同基金行业。我每天都会待在先锋领航集团的办公室里。在那里还有我的研究主任迈克尔·诺兰、埃米莉·斯奈德和凯西·扬克，我们的研究成果将以演讲或者书籍的形式发布（包括本书）。

我继续参与先锋领航集团员工的各种活动，包括他们的周年活动和退休纪念，并以先锋领航集团在指数基金，尤其是（1975 年我创建的）传统指数基金方面的持续增长趋势而自豪。

约翰·布伦南

我选择的继任者是约翰·布伦南，他于1982年加入先锋领航集团并担任我的助理，这是他从哈佛商学院毕业之后的第二份工作。我们建立了非常密切的关系（包括在公司定期的壁球比赛中），不久之后他就晋升了。1985年，他开始任首席财务官，并且获得公司同人的信任。在我曾与之合作的所有人中，没有人拥有布伦南那样实现目标的能力。

他于1996年1月31日成为先锋领航集团的首席执行官。他将先锋领航集团的市场营销能力推向前所未有的高度，并且建立了公司内部的数据驱动绩效管理体系。

布伦南做出了先锋领航集团建立先锋交易型开放式指数基金的决定，并最终负责建立一个支持该业务的部门。虽然我决定先锋领航集团谨慎小心地进入国际业绩市场，但是他将我们的国际化业务全面推开了，即便起初布伦南对积极的国际化扩张持怀疑态度。我在任期中，仅将国际业务推广到欧洲，而布伦南与其继任者威廉·麦克纳布将国际业务推广到亚洲与美洲。

威廉·（比尔）·麦克纳布

布伦南在担任首席执行官12年后于2008年辞职。他的继任者并没有让大家感到惊讶，沃顿商学院的工商管理硕士比尔·麦克纳布，1986年离开大通曼哈顿银行加入先锋领航集团，并且很快升职。1995年，他成为我们机构营销的负责人。

比尔就是我们所说的“善于交际的人”。在他把我们的机构营销部打造成（据我所知）我们行业中最强大的部门之前，他就与全体员工进行了接触。虽然这算不上一个里程碑，他重新回归先锋领航集团，让我看到了一个更个人化、更人性化的公司，他将带领先锋领航集团更好地为客户服务。

的确如我所愿，比尔决定，先锋领航集团将为个人投资者提供投资顾问服务，并且在 2015 年使我们的（个人投资者）投资顾问服务达到里程碑的地位。这是一项勇敢的战略举措，它让先锋领航集团与那些向其客户推荐先锋领航产品的注册投资顾问（RIAs）展开了直接的竞争。

虽然一些注册投资顾问与其他经纪公司对新的竞争者感到不快，但现在这个已经不是什么问题了。先锋领航集团还进入不断增长的“机器人顾问”市场，基于低成本的计算机驱动机器人顾问向个人投资者提供资产配置建议，事后证明，这项决定是非常及时且正确的，截至 2018 年中期，先锋领航集团机器人顾问服务的资产规模突破 1 000 亿美元（其中很大一部分来自先锋领航集团的现有客户）。

我特别欣赏比尔在行使共同基金股东权力时咄咄逼人（褒义）的态势。

2018 年，先锋领航集团拥有美国所有上市公司超过 8% 的股份。对我来说，我们在公司治理中的作用就是尽我们最大的努力，让上市公司管理层的决策以基金持有人利益最大化原则进行。比尔在这方面的大胆举动让我感到很高兴。

莫蒂默·（蒂姆）·巴克利

比尔于 2017 年 12 月 31 日卸任首席执行官一职，继续担任董事长。他的首席执行官继任者是蒂姆·巴克利，他于 1991 年加入先锋领航集团，担任助理。两年后，蒂姆进入哈佛大学商学院，拿到工商管理硕士学位之后回归先锋领航集团。

我发现蒂姆是一个非常有智慧的年轻人，在接下来的 19 年里，他先后成为我们技术部门的领导者、个人投资者部门的领导者，以及投资部门的领导者。蒂姆在先锋领航集团的广泛领导经验为他成为首席执行官做好了准备。我们的客户应该得到优质的服务。

蒂姆在管理 5 万亿美元的企业时面临着巨大的挑战。这些挑战包括：在黑客时代，要维护基金持有人的个人隐私和信息安全；避开今天遍布基金行业的兜售主义；迎接即将到来的大数据革命；应对人工智能的挑战；处理指数基金和其他大型机构投资者对美国大型上市公司所有权和控制权的公共政策影响。

这些与我当时面临的挑战太不一样了！虽然我的任务是从零开始，为新公司的生存制定战略、主持实施，并带领新公司走向成功，而蒂姆领导着一家发展势头强劲的公司。先锋领航集团管理规模巨大且具有行业领导地位，但这并不意味着没有挑战了，而是面临的挑战更大了。我祝他一切顺利。

附录2　先锋领航集团历年数据

年份（年）	管理规模（年底/百万美元）	长期资产的市场份额（%）	总成本（百万美元）	费率（%）	市值增长（百万美元）	净资金流入（百万美元）	资金周转率（五年移动平均/%）	基金数量（包含ETFs）	员工数量	每十亿资产员工数量	长期资产中指数基金占比（%）
1974	1 457	4.30	10	0.66	—	-52		6	28	19	—
1975	1 758	4.16	11	0.66	360	-60		8	47	27	—
1976	2 035	4.26	11	0.59	411	-133		10	97	48	0.80
1977	1 831	4.02	12	0.60	-105	-99		13	99	54	1.40
1978	1 919	4.15	12	0.62	105	-17	-4.4	13	106	55	4.10
1979	2 380	4.48	12	0.58	315	146	-2.0	15	133	56	4.10
1980	3 326	4.97	16	0.58	840	106	-0.3	18	167	50	4.30
1981	4 161	4.86	20	0.53	781	54	1.6	20	272	65	3.90
1982	5 660	4.82	31	0.63	913	586	5.4	21	360	64	3.40
1983	7 316	4.95	40	0.61	306	1 350	10.3	24	431	59	4.80
1984	9 877	5.40	48	0.56	821	1 739	13.6	32	663	67	4.40
1985	16 408	5.19	69	0.53	2 222	4 308	21.4	37	886	54	2.90
1986	24 961	4.73	101	0.49	2 736	5 817	28.2	44	1 124	45	2.50
1987	27 007	4.13	102	0.39	1 874	173	25.5	48	1 497	55	4.50
1988	34 172	4.42	120	0.39	6 942	222	20.9	53	1 588	46	5.10
1989	47 562	5.07	145	0.35	9 080	4 311	18.6	53	1 873	39	6.80
1990	55 711	5.40	172	0.33	3 792	4 357	11.7	57	2 230	40	9.70
1991	77 027	6.19	211	0.32	8 198	13 117	9.4	57	2 631	34	12.8
1992	97 412	6.56	258	0.3	4 821	15 564	13.3	68	3 112	32	14.4
1993	125 755	6.53	336	0.3	11 303	17 040	16.6	69	3 520	28	16.1
1994	130 743	6.49	392	0.31	2 853	2 135	14.4	79	3 545	27	18.8

（续表）

年份（年）	管理规模（年底/百万美元）	长期资产的市场份额（%）	总成本（百万美元）	费率（%）	市值增长（百万美元）	净资金流入（百万美元）	资金周转率（五年移动平均/%）	基金数量（包含ETFs）	员工数量	每十亿资产员工数量	长期资产中指数基金占比（%）
1995	178 317	7.15	485	0.31	32 957	14 617	14.8	83	3 927	22	24.2
1996	236 006	7.82	606	0.29	31 498	26 191	13.1	87	4 798	20	31
1997	322 441	8.69	762	0.27	50 844	35 590	12	87	6 400	20	36.6
1998	431 693	9.77	1 044	0.28	63 087	46 165	11.4	92	8 113	19	41.5
1999	537 405	9.94	1 299	0.27	62 313	43 399	13.1	94	9 886	18	48.8
2000	561 236	10.42	1 479	0.27	4 183	19 649	11.6	99	10 129	18	47.2
2001	577 942	11.26	1 521	0.27	−18 604	35 310	9.9	96	11 200	19	46.5
2002	555 789	11.8	1 466	0.26	−59 473	37 320	8.2	115	10 495	19	44
2003	689 980	11.77	1 623	0.26	100 170	34 021	6.5	121	10 007	15	47.2
2004	818 513	12.2	1 753	0.23	72 999	55 534	6.1	132	10 251	13	49.3
2005	928 862	12.37	1 888	0.22	63 062	47 287	6.5	133	11 205	12	50.5
2006	1 122 722	12.58	2 187	0.21	145 238	48 621	6.3	148	12 000	11	53.4
2007	1 304 606	12.86	2 280	0.19	101 388	80 496	6.5	154	11 944	9	56.2
2008	1 045 935	14.62	2 060	0.18	−331 385	72 714	6.4	157	12 534	12	55
2009	1 336 082	14.82	2 409	0.2	167 843	122 304	7.1	165	12 587	9	56.3
2010	1 563 797	15.25	2 594	0.18	137 260	90 454	7.3	181	12 483	8	60.7
2011	1 649 177	16.21	2 551	0.16	8 087	77 294	7.2	180	12 872	7.8	62.3
2012	1 973 503	16.85	2 643	0.15	184 861	139 465	7.5	180	13 500	6.8	65.2
2013	2 441 655	17.62	3 091	0.14	338 693	129 459	7.7	182	14 000	5.7	69.7
2014	2 848 11	19.13	3 513	0.13	187 680	218 776	7.1	177	14 200	5	71.6
2015	3 073 030	20.91	3 671	0.12	−5 189	230 107	7.4	194	14 000	4.6	72.7
2016	3 612 844	22.8	3 738	0.11	263 776	276 039	8.2	198	15 000	4.2	75
2017	4 547 219	24.06	4 174	0.1	591 101	343 274	8.4	210	17 000	3.7	77.4
2018/6	4 671 986	24.23	4 610	0.1	43 175	81 593	7.8	217	17 000	3.6	77.9